开国皇帝有话对你说系列

姜若木◎编著

深谋远虑 雄才大略；台前幕后 英明睿智。

谛听创世圣君的神武往事；领会纵横千古的人生密码。

创世圣断

李渊

有话对你说

中国书籍出版社

China Book Press

图书在版编目（CIP）数据

创世圣断：李渊有话对你说 / 姜若木 编著. —北京：中国书籍出版社，
2013.4（2021.6重印）
ISBN 978-7-5068-3419-3

Ⅰ. ①创… Ⅱ. ①姜… Ⅲ. ①唐高祖（566~635）—人物研究 Ⅳ. ①K827=421

中国版本图书馆CIP数据核字（2013）第065296号

创世圣断：李渊有话对你说

姜若木　编著

责任编辑	李国永
责任印制	孙马飞　马　芝
封面设计	高　杨
出版发行	中国书籍出版社
地　　址	北京市丰台区三路居路97号（邮编：100073）
电　　话	（010）52257143（总编室）　　　（010）52257153（发行部）
电子邮箱	chinabp@vip.sina.com
经　　销	全国新华书店
印　　刷	北京洲际印刷有限责任公司
开　　本	710毫米×1000毫米　1/16
印　　张	16
字　　数	210千字
版　　次	2013年6月第1版　　2021年6月第2次印刷
书　　号	ISBN 978-7-5068-3419-3
定　　价	49.80元

前言

在中国历史上，大唐王朝是中国最强盛的时代之一。大唐王朝在文化、政治、经济、外交等方面都有辉煌的成就。唐朝的声威显赫和大唐盛世的创建者李渊是分不开的。

李渊出身于北朝的关陇贵族。隋朝末年，隋炀帝荒淫无道，天下大乱，农民起义此起彼伏，大有燎原之势。李渊乘势起兵于太原，几经征战，最终建立了有近300年历史的唐朝。

对于李渊，因为紧随其后的李世民光芒太过耀眼，或多或少遮住了李渊的光辉，甚至历史上一些史籍对其记载也不甚公允。事实上，李渊是一位出色的军事家、政治家，其7岁袭位唐国公，宦海沉浮，在暴虐的杨广统治之下，李渊能够成功地保全自己也体现了他的人生智慧。李渊能够在出镇山西的时候，暗中发展，积蓄力量，最终在混乱的时局中，抓住时机，趁势起兵，开始了自己的功业之路，这一系列做法都体现了李渊对于成功的把握。

李渊攻占长安，稳定关中之后，就开始了自己的漫漫征程，他派兵遣将，能够任用人才，用人所长，逐渐平定了国内的割据势力，这些都体现了他的用人有道。

他掌控全局，制定宏观的政策计划，协调部署，指导全国的征战，体现了他的管理之道。他能够料敌制胜、深谋多算、善于决断。他既富

创世圣断

李渊有话对你说

远见、又善施行，体现了他的谋略过人……

旧史书把大唐创业之功多归于李世民，将李渊描写成一位庸庸碌碌、无所作为的人，是不符合历史事实的。李渊作为大唐开国皇帝，有着极其重要的成就。

我们编写此书，并不是要对于李渊的历史进行重写，而是希望通过对于李渊的讲述，还原一个生动具体的李渊，让读者能够穿越历史长河，听到关于李渊的真实的声音；更重要的是通过对李渊一生中的主要的成功之处的梳理，解析出李渊的成功之道，创业之术，供广大读者阅读思考，借鉴吸收，并用之于实践，来指导我们走向成功，以利于我们在当今社会中的发展和成长。

由于时间的仓促和编者水平的所限，本书中难免有一些疏漏之处，对于历史的见解也难免有个人之见，欢迎广大读者在发现不足之处时，能够批评指正，和编者共同商榷。

目 录

时代的车轮滚滚向前，时代的客观形势能够产生出许多的机遇，在时代的浪潮中，想要获得成功，就要善于等待时机、抓住机遇。文学家苏洵曾经说过："取天下与守天下，无机不能。"可见机遇对于我们走向成功的重要性。李渊处于一个动荡的年代，在群雄争霸的年代，李渊能够抓住机遇，成就自己，是很值得我们借鉴和学习的。

第 一 章

······

李渊对你说机遇

创世圣断

李渊有话对你说

第二章

李渊对你说做人

一个人不管有多聪明，多能干，背景条件有多好，如果他不懂得如何去做人、做事，那么他最终的结局肯定是失败。做人做事是一门艺术，更是一门学问。做事先做人，让我们从李渊的成功中借鉴做人、做事的处世智慧。

第三章

李渊对你说用人

正所谓得人才者得天下，人才的力量在古代的军事政治斗争中，起着决定性作用，因此，自古天下竞争，在一定程度上可以说是对人才的争夺。因此一个人想要获得成功，就要能够识人、用人，因此，用人之道也就成了成功人士必备的素养。李渊在自己的人生路上，能够获得成功，很大程度上得益于其用人有道。

管理是一门学问，也是一门艺术。管好人、用好人对一个团队来说是至关重要的。管理是保证一个团队能够有效地运行所必不可少的条件。在当今社会的竞争中，管理的优劣对于竞争的成败有着决定性作用，随着人类的进步和社会的发展，管理所起到的作用也越来越重要。

第四章

李渊对你说管理

"谋略"是一种军事术语，最早见于我国公元前5世纪的《孙子兵法》一书。简言之，谋略就是计谋策略。古今中外许多成功人士把古代兵家谋略广泛运用于个人发展、企业的经营管理等活动中，并且都取得了很好的成效。从他们的成功经验上看，有勇无谋者败，这是军事规律，也是经济规律，更是人生的智慧。

第五章

李渊对你说谋略

目录

创世圣断

李渊有话对你说

《第六章》

⋯⋯

李渊对你说人生成败

追寻成功是我们每个人的理想，但是很多人却并不知道，在我们走向成功的过程中，需要注意些什么。因此，我们就应该向成功人士学习他们的成功之处，为我们自己走向成功奠定坚实的基础。在每个成功人士的成功之路上都有许多值得我们借鉴的地方，因此，观古鉴今，往往能够给予我们很大的启迪。

第一章

李渊对你说 机遇

　　时代的车轮滚滚向前，时代的客观形势能够产生出许多的机遇，在时代的浪潮中，想要获得成功，就要善于等待时机、抓住机遇。文学家苏洵曾经说过："取天下与守天下，无机不能。"可见机遇对于我们走向成功的重要性。李渊处于一个动荡的年代，在群雄争霸的年代，李渊能够抓住机遇，成就自己，是很值得我们借鉴和学习的。

创世圣断

李渊有话对你说

学会顺势而为

　　每个时代都有其客观的社会形势，在时代的潮流中，总会有一些时代的宠儿，能够站在时代的风口浪尖，引领着时代的走向。时势造英雄，只有能够把握住时代大势的人，借势而起，借势而行，才能够走在时代的前沿，成就自己，走向成功。下面我们来看一下大唐开国皇帝李渊是怎样把握时代大势的。

　　李渊生活的时代正是中国历史上大动荡的时期。自东汉灭亡以后，三国分裂的局面逐步形成，中间虽然经过西晋的短暂统一，但仅仅36年，又出现了东晋与十六国的并立，继之又是南北朝的对峙。如果从西晋灭亡算起，已经持续270多年的分裂状态，随着历史的发展，这种状态必须结束，这是什么原因呢？

　　首先，长期以来形成的传统文化使人们向往统一，反对分裂。中国的传统文化，源远流长。秦统一六国后，实行书同文、车同轨、行同伦，进一步提高了传统文化的凝聚力。这种凝聚力就是统一的纽带。例如，共同的文字，可使人们具有共同的提高文化素质的一种工具，共同的道德观念，可使人们具有相同的是非标准。对统治者来说，无不想取得为人们所公认的正统地位。南北朝时，南朝的《宋书》，视北魏为"索虏"，专立《索虏传》叙述北魏的历史。《南齐书》中有《魏虏传》，显然也是贬魏。该书对北魏建国称"僭称魏"，还有什么"伪太子"、"伪太后"、"伪尚书"等称谓，这样写的目的当然是要说明南齐的正统地位。反之，北朝的《魏书》也针锋相对，反唇相讥，专立什么《僭晋司马睿传》、《岛夷桓玄传》、《海夷冯跋传》、《岛夷刘裕传》、《岛夷萧道成传》、《岛夷萧衍传》等等；同时，还讥讽司马睿是"窃魁帅之名，无君长之实"，只不过是"一方小盗，其孙皓之不若矣"。这说明北魏也自认为是中国的正统王朝。统治者争取正统地位，当然是为了要做统一国家的皇帝。

儒学是传统文化的主要内容。南北朝时，由于政治上的分裂，儒学的发展也受到影响，有人指出："南北所治，章句好尚，互有不同。江左《周易》则王辅嗣（王弼）、《尚书》则孔安国、《左传》则杜元颛（杜预）。河、洛《左传》则服子慎（服虔）、《尚书》《周易》则郑康成（郑玄）。《诗》则并主于毛公，《礼》则同遵于郑氏。大抵南人约简，得其英华，北学深芜，穷其枝叶。"按照著名史学家的解释："这些话实际是说，北方保持东汉（古文经学派）的学风，南方发展魏晋的学风。"南北差别很大，"北方经师说经，墨守东汉经师的家法，讲明训诂章句，不敢在家法外别出新义，是一种保守的停留在书面上的学风。南方经师，兼采众说，阐发经义，贵有心得，不拘家法，是一种进展的从书面进入书里的学风。大抵北方经学崇尚郑（玄）学，排斥王（肃）学，当然更排斥玄学；南方经学不仅郑王兼用，并兼采玄学。"南北儒学的不同，自然各自认为自己代表儒学的正统，希望对方接受自己的观念。南北人们观念的差别，反映在史书中，又体现了史学家不同的历史观。这一切都说明了政治上的分裂影响着文化的发展；文化的发展，从思想上要求政治上的统一。

其次，民族融合的发展需要统一。西晋以后，大量的少数民族进入

中原地区，民族关系错综复杂，但在长期的共同生活中，由于中原地区先进的物质文明和精神文明的影响，再加上互相通婚，到南北朝后期，民族界限已逐步缩小以至消失。但是，经过长期的民族融合以后，中原地区的文化已经不再是单纯的汉族文化，而是在传统的汉族文化中增加了许多少数民族文化的内容。这就是说，一方面是少数民族的汉化，一方面是汉族的胡化。两者的结合，使传统文化增加了新的内容。北魏开始的均田制，就是鲜卑贵族推行的促进民族融合的政策之一；西魏开始的府兵制度，就是鲜卑贵族与汉人上层分子在政治上合流的政策；关陇集团的形成与隋、唐皇朝的相继建立，是鲜卑贵族与汉族统治集团合流的标志。不难看出，从北魏开始的鲜卑族与汉族的民族融合，到隋、唐初两族统治集团的合流，正是一个由分裂到统一的过程。从这个过程看来，民族界限的消失，意味着分裂因素的削弱；反之民族融合的发展，要求由分裂走向统一。

再者，政治经济的发展更需要统一。南北朝后期，除了南方的陈朝以外，江陵（今湖北江陵）还有后梁，北方有北齐和北周。几个政权同时并存，都是地方割据势力，实际上是把中国分裂。在割据势力中，腐败的政权严重地影响着社会经济的发展。例如，北齐"自河清（562—564）之后，逮于武平（570—575）之末，土木之功不息，嫔嫱之选无已，征税尽，人力殚，物产无以给其求，江海不能赡其欲。所谓火既炽矣，更负薪以足之，数既穷矣，又为恶以促之，欲求大厦不燔，延期过历，不亦难乎！"陈与北齐大体类同，"后主生深宫之中，长妇人之手，既属邦国殄瘁，不知稼穑艰难。……宾礼诸公，唯寄情于文酒，呢近群小，皆委之以衡轴。谋谟所及，遂无骨鲠之臣，权要所在，莫匪侵渔之吏。政刑日紊，尸素盈朝，耽荒为长夜之饮，嬖宠同艳妻之孽，危亡弗恤，上下相蒙，众叛亲离，临机不寤……”这样的政权，只能激化社会矛盾，阻碍生产的发展。

与此同时，北周则进行了多种社会改革，政治、经济、军事、文化各个方面都有新的起色。隋文帝灭北周后，又从刑法、吏治、选拔人才、发展生产、户籍、兵制等各方面进行了改革。正因为如此，北周统一了北齐，隋统一了梁陈。这种统一，实际上是先进的政治、经济、文化对落后地区的促进，也就是清除了落后地区阻碍社会前进的障碍。无疑，统一完全符合历史前进的要求。

历史的前进需要全国统一。隋文帝顺应了历史前进的要求，完成了统一全国的任务。但是，统一国家的历史作用尚未充分发挥，就被隋炀帝的倒行逆施所中断了。要想使统一国家的历史作用充分显示出来，必须再把统一局面恢复起来。

隋炀帝继位以后，纵情声色、穷奢极欲，特别是兴师动众，大肆征发徭役，远远超出了劳动人民的承受能力。当时，隋朝最盛之时，全国才有4600多万人，仅进攻高丽的战争，直接、间接参加者就有三四百万。其他方面，如修长城、开运河、建东都等等，更是难以计算。但是可以肯定，大部分青壮年劳力都离开了生产岗位。这是对生产力最严重的破坏。“耕稼失时，田畴多荒”，正是生产力遭到破坏的实际情况。大量劳动者不能从事生产，直接的后果首先是劳动人民缺衣少食。《隋书·食货志》载：“天下死于役而家伤于财。……疆场之所倾败，劳敝之所殂殒，虽复太半不归，而每年兴发，比屋良家之子，多赴于边陲，分离哭泣之声，连响于州县。老弱耕稼，不足以救饥馁，妇工纺绩，不足以赡资装。……宫观鞠为茂草，乡亭绝其烟火，人相啖食，十而四五。”不仅如此，“重以官吏贪残，因缘侵渔”，以致“百姓困

第一章
李渊对你说机遇

005

穷，财力俱竭，安居则不胜冻馁，死期交急，剽掠则犹得诞生，于是始相聚为盗"，这样一来，大规模的农民起义也就不可避免了。

李渊就是在这种形势下降生的。李渊的童年，与其他的孩子们一样天真无邪，充满幻想。他也曾坐在窗前数着星星，编撰许多美好的故事，也曾有着自己的苦闷和烦恼。

父亲李昞的去世，使他幼小的心灵受到创伤，也失去不少的欢乐。北周建德元年（572年），李渊袭封唐国公。对一个年仅7岁的孩子来说，这是无上的荣耀，但也意味着他要肩负起李氏家族兴旺发达的重担。在那动荡的年代，王朝频繁更替，要想避开政治风暴，维护一个家族的兴旺，不是一件容易的事，而把这样一副担子压在一个孩子肩上实在是太重了。

袭封爵位那天，鼓乐喧天，前来祝贺的权臣贵戚络绎不绝。李渊站在堂前答拜客人，幼稚的动作显得既可笑又可怜。司仪的喊声震耳欲聋，客人的恭维话令人肉麻。晚上，他到母亲的房间请安，毕恭毕敬地听了一番教诲。

从袭封爵位的第二天起，李渊就成了个小大人。一举一动，一言一行，都要按规范去作，即所谓坐如钟、立如松。有时李渊按捺不住童心，就偷偷跑出去玩耍，可一旦让母亲知道就要受到训斥。

一日，母亲来到李渊的书房，很严肃地给他讲述了一段先祖的事：当年，七世祖李暠亲自为诸子写诸葛亮的训诫，并教诲说："古今之事不可不知！看诸葛亮的训诫，应璩的表谏，寻其终始，周公、孔子之教尽在其中。为国足以致安，立身足以成名。"母亲的教诲在李渊的心中打下了孔孟之书不能不读，古今成败不可不知的烙印。从此他对读书更加用心了。

关陇世族集团的权势是靠武力得来的，军功成为这个集团成员仕进的重要条件之一。因此，其成员普遍崇尚武艺。李渊为了自己的前途与家族的利益，每天苦练武功，闻鸡起舞。

随着年龄的增长，李渊逐渐变得成熟。他倜傥豁达，为人直率，宽仁容众，别人对他颇有好感。他练出了一身好武功，刀马娴熟，尤其是有一手好箭法，虽不能百步穿杨，但也是箭不虚发。他常用七世祖李暠的《述志赋》激励自己，尤为喜爱其中评论历史人物、抒发情怀的一段："思留侯之神遇，振高浪以荡秽；想孔明于草庐，运玄筹之罔滞；洪操桨而慷慨，起三军以激锐。咏群豪之高轨，嘉关张之飘杰。誓报曹而归刘，何义勇之超出！据断桥而横矛，亦雄姿之壮发。"

读书开阔了他的眼界，使他对一些问题看得更清更远了。每当读《史记》、《汉书》等史书时，他就非常羡慕那些叱咤风云的历史人物，为此而浮想连翩；有时也感到毛骨悚然：君臣之间，朝堂之上，在那美丽的纱幕后面却是阴谋诡计和凶杀，为了争夺权力，君臣相杀，父子相拼，比比皆是。历史上如此，现实又如何呢？

50多年前，北魏的胡太后毒死孝明帝元诩，另立3岁小儿元钊为帝。尔朱荣借口为孝明帝报仇，率兵进入洛阳，拥立元子攸为帝（孝庄帝），杀胡太后及百官公卿2000多人。元子攸不甘充当傀儡，又联络旧贵族及朝臣，诱杀了尔朱荣。而尔朱荣的弟弟尔朱兆等起兵复仇，攻陷洛阳，杀掉元子攸，立元恭为帝（节闵帝）。残酷无情的厮杀，把忠、孝、仁、义全淹没了。北魏永熙三年（534年），宇文泰毒死孝武帝元修，另立元宝炬为帝（西魏文帝）。不久，宇文泰的儿子宇文觉废掉魏帝，改国号为周。在这次政变中，李渊的祖父李虎也是

参与者之一，并以攻魏代周有功被封为八柱国之一。这一幕幕刀光剑影的残杀，使李渊不寒而栗，深感仕途险恶。入朝为官如同大海行船，略有不慎，便有船沉人亡的危险。为此，他也读了不少专讲权谋的书籍，常常琢磨"揣摩之术"、"飞箝之术"、"反应之术"。

李渊

北周大象元年（580年），周宣帝病死。皇后和只有8岁的宇文阐（周静帝），孤儿寡母，无力控制政局。皇后的父亲杨坚以大丞相身份入宫辅政，总揽军政大权。李渊对姨父杨坚比较敬佩，两人之间的关系很亲密。杨坚辅政不久，就恢复了李渊的李姓。当年，西魏皇帝赐李虎姓大野氏，是家族的荣誉。今天，恢复李姓，也是家族的荣誉。两者皆表明最高掌权者对李氏家族的厚爱。

杨坚是个很有野心的人。握有兵权的一些地方军政头目，看到杨坚即将夺取帝位，就相继起兵反对杨坚。第一个起兵的是相州（今河南安阳）总管尉迟迥。接着益州（今四川成都）总管王谦、郧州（今湖北安陆）总管司马消难也相继起兵。杨坚派韦孝宽攻打尉迟迥，派王谊攻打司马消难，派梁睿攻打王谦。三处反抗很快就被平定下来，尉迟迥战败自杀，王谦被杀，司马消难逃亡陈朝。接着杨坚大杀北周宗室，年幼的周静帝被完全孤立了，皇后也只能愤怒、哀叹和不满。第二年的十二月，杨坚废周静帝自立，改国号为隋。

这件事对李渊震动很大。过去，他把王莽毒死自己的女婿汉平帝，废掉孺子婴，自立为皇帝看成是遥远的历史。今天，在他面前展现的是活生生的现实：一边是他的姨父杨坚，堂而皇之登上皇帝宝座；一边是他的表姐，搂着年幼的周静帝泣不成声。李渊怀着困惑、矛盾的心理告别了少年时代。

在这样动荡的时势中，李渊一边默默注视，一边留心学习，不断思考。也正是这样的时势，造就了李渊这样的英雄。所以，一个人要想抓住机遇，走向成功，一定要把握住时代的脉搏，认清时代的走向，在时代的潮流中搏击风浪，走向成功。

现代人的成功，同样要依靠时代的潮流，借势走向成功。举个简单的例子：在商品销售中，如何提高销售额是商家非常关心的问题，这里面有很多小窍门，这些小窍门里隐含着大学问。一般来说，一种销路不好的产品如果摆在另一种销售非常好的产品旁边，也会因此而销售大增。

不相关联的商品，也可以通过特定的时间联系在一起。巧克力本来在糖果类产品的货架上，鲜花则放在生鲜区的旁边。情人节时，如果买了鲜花，又去糖果货架上去找巧克力，就显得很不方便。有些人就会只买鲜花而不买巧克力。但是，如果把巧克力放在鲜花旁边，这样就可以巧妙地达到提高巧克力销售额的目的。

这就是商家的乘势之法，乘势对我们来说非常重要。顺势而为才能"水到渠成"，顺风而行总比逆风而行来得容易。再有智慧的人，如不懂得顺势、乘势而为，一味地按照自己的逻辑走下去，只会让自己的人生之路布满荆棘，平添许多挫折。项羽就是一个不懂得顺势、乘势而为的人。

公元前203年，垓下之战失败后的项羽逃至乌江，乌江亭长泊船而待，劝项羽急渡，然后称王于江东，待时再起。项羽却把失败归于天意，感到无颜见江东父老，于是将战马送给乌江亭长，手持短兵，独自搏杀汉兵数百人，最后自刎而死。楚汉战争以刘邦全胜而告终。次年二月，刘邦称帝，建立汉朝，中国重归一统。

大业未成，又损兵折将，固然是一个不小的打击，然而，面对乌江对岸的故乡会稽，面对生的希望，项羽却不听手下的忠言，一意了结性命。殊不知，"星星之火，可以燎原"。

正所谓，"识时务者为俊杰"，顺应时势的变化而崛起者方为英豪。真正的成功者，只要还有一线希望，就不会轻易放弃。现在失败了就等待来时，顺应现在的时势积蓄力量。只有你有恒心、有毅力，认清时势，顺应时势，总会有扬眉吐气的一天。项羽不懂得依势而行，顺势而为，只能落得如此下场。

每个人的身上，都有着走向成功的条件，然而有些时候正确把握形势才能取得最后的成功。认清时势，了解时势，才能让我们做出正确的选择。

时势不是一天造成的，而是一点一滴逐渐累积形成的，等它形成时，就锐不可当，而我们可以乘的"势"不仅仅是时势，也可以是家势，很多名门之后和富家子弟就是善于利用家族资源而成功的。

乘势而为，能够让我们少走弯路，减少不必要的阻力。懂得此道的人往往能用最短的时间获得最大的成功。

关注机遇与成功的时机

机遇作为人生中重要的转折点，有时候稍纵即逝，有时候也会姗姗来迟。想要抓住机遇，不但要时刻为机遇的到来做准备，还应该有一种等待机遇的耐心。在机遇到来之前，能够淡定地关注时机，等待机遇的到来。

我们知道，隋炀帝身为一个皇帝，贪淫好色，好大喜功，暴虐无道，使天下民不聊生。隋炀帝还有一个很大的特点，就是猜忌手下的大臣。隋炀帝的大臣经常会因为隋炀帝的猜忌而遭到杀身之祸。李渊作为守边重臣，同样遭到了隋炀帝的猜忌，为了保命存身，李渊开始酗酒、好色、贪污受贿，企图通过自污的办法来解除隋炀帝的怀疑。

隋朝末年，农民起义风起云涌，并引发了社会大动荡。在这大动荡时期，李渊虽然酗酒，但精神没有被麻痹；虽然贪色，而意志没有消沉。他只是以酒色为烟雾来迷惑隋炀帝，暗中却保持着清醒的头脑，时时观察分析政局的变化。因为隋炀帝的猜忌，手下的大臣杨玄感发动了起义，但最终被杨广镇压了。杨玄感起兵的失败，使李渊从中汲取了深刻的教训。他看到，隋炀帝对农民起义军的力量估计不足，并没有竭尽全力去镇压，而对于贵族官僚的举兵则极为害怕。如果在时机不成熟的情况下起兵，必然要引起隋炀帝的极大震动，把隋军的主力吸引过来，这样就会步杨玄感的后尘。因此，一定要沉着冷静地等待时机。他还认

识到，起兵反隋不可草草行事，必须有充分的准备和周密的谋划。而杨玄感起兵有些仓促，指挥作战也有错误之处。虽然李密曾提出进军的三种方案：上计为，乘隋炀帝率军攻打高丽之际，出其不意占据临渝关（今河北山海关），扼守其咽喉，断绝归路，不过旬月，粮草皆尽，其军不降则溃，可以不战而胜；中计为，率军西进，经城不攻，直取长安，收其豪杰，抚其百姓，据险坚守，使隋炀帝失其根基；下计为，攻取东都洛阳，以号令四方，若隋军固守，百日不克，援军从四面而至，其结果"非仆所知也"。杨玄感不听劝告，而采取攻洛阳的下策。当隋将宇文述、卫玄率两军援救洛阳时，杨玄感又错误地将兵力分为两路，东拒宇文述，西抗卫玄，使自己陷入被动地位。李渊把这些教训，深深地铭刻在自己的心中，来坐观风云变化。

　　大业十年（614年），农民起义的烈火愈烧愈旺，揭竿而起的新起义军越来越多。陕西刘迦论，自称皇王，建元大世，有10余万人；又有唐弼拥有10余万人，立李弘芝为天子，自称唐王。山东有左孝友，起义军达10万人；河北有卢明月，起义军达10余万人；河南有王德仁，起义军达数万人。此时，隋王朝的镇压也更加残酷。四月，隋将董纯与张大虎所领导的起义军交战于昌虑，起义军作战失利，被杀万余人；五月，隋左骁卫大将军屈突通率军镇压刘迦论领导的起义军，刘迦论和起义军将十万余人被杀害，被捕掠的百姓达数万人；十一月，隋江都丞王世充袭击孟让领导的起义军，起义军因缺粮而作战失利，起义军将士1万多人被杀。李渊感到起兵时机尚不成熟：农民起义虽然越来越猛烈，大大小小的起义军达到100多支，但比较分散，且隋朝的军事力量还相当强大，双方军事力量对比还没有发生根本的转变。所以李渊仍采取观望的态度，不敢有所行动。

大业十一年（615年）二月，隋炀帝命令郡县、驿亭、村坞皆修筑城堡，强迫农民迁到城堡里居住，企图用坚壁清野的办法扼杀农民起义。但是，由于大修城堡劳役沉重，最终导致更多的农民起义。上谷（今河北易县）人王须拔自称漫天王，魏刀儿自称历山王，各拥众10余万。谯郡（今安徽亳县）人朱粲，自称迦楼罗王，率众10余万，转战荆、襄、汉南一带。

或许是李渊饮酒纳贿的计策起了作用，隋炀帝对李渊的怀疑减少。在公元615年，隋炀帝到了太原，夏天到汾阳宫避暑，为保证安全，任命李渊做了山西、河东抚慰大使，负责镇压河东一带的农民起义军。李渊作出尽力为隋炀帝效忠的样子，率领军队去龙门（今山西省夏县与陕西省韩城一带）镇压毋端儿、敬盘陀等农民起义军。当他刚到龙门时，毋端儿率数千人兵临城下，李渊立刻率十余骑出城迎战，他射出70支箭，每一箭都有人应弦而倒，毋端儿军大惊，立刻溃退。李渊乘势追击，大获全胜，镇压了毋端儿起义军。这一战成功，使得隋炀帝开始看重李渊的能力了，隋民部尚书樊子盖镇压敬盘陀起义军不力，隋炀帝就让李渊代替樊子盖去绛郡（今山西省新绛县）行事。李渊分析了樊子盖失败的原因，发现樊子盖是从陕西关中率兵来山西河东地区，不分青红皂白，从汾河以北杀起，所有的村庄都被焚毁，起义者有投降的人也不放过。李渊改变了樊子盖乱杀乱烧的弊病，采取镇压和招抚相结合的办法。有愿意投降的，李渊把他们收编成自己的部下，结果有数万人加入了李渊的部队。他既为隋炀帝镇压了农民起义，又为自己扩大了实力，他的计谋也开始显露出来了。

李渊在山西为隋炀帝卖力镇压农民起义时，隋炀帝又在山西雁门关遇到了大麻烦。这年八月，隋炀帝到雁门关外去巡视北疆，没想到突厥

正准备对隋朝采取报复行动。在这之前，裴炬曾向隋炀帝建议："现在突厥始毕可汗势力增强，必须进行分割，以免将来威胁隋朝。办法是把宗室之女嫁给始毕可汗的弟弟叱吉设，让他做南面可汗。这样突厥就有两个可汗，势力也就一分为二了。"当隋朝使臣向叱吉设提亲时，叱吉设惧怕始毕可汗的力量，不敢接受隋朝的亲事。始毕可汗听说此事后，知道隋朝的用意，于是怨恨隋朝，准备报复。裴炬听说突厥有个大臣名叫史蜀胡悉，很有谋略，得始毕可汗信任，于是诈称与突厥进行谈判，把史蜀胡悉引诱到马邑，设伏杀死。还派使臣对突厥始毕可汗说："史蜀胡悉背叛可汗来投我，被我杀了。"始毕可汗闻讯更为愤怒，不断找机会对隋朝采取报复行动。

现在隋朝皇帝自己送上门来了，正好发动突然袭击。隋朝义成公主先已嫁给了始毕可汗，这时急忙先报凶讯。隋炀帝赶快躲进雁门，手忙脚乱地组织防守。始毕可汗率领数十万骑赶来，包围雁门郡的代州城，发起攻击。

雁门郡的41座城很快被突厥攻下了39座，只有雁门城和崞县县城没有被攻下。突厥的箭射到了隋炀帝的面前，他大惊失色。宇文述建议用数千精骑掩护隋炀帝突围，纳言苏威坚决反对，否决了这个方案。樊子盖和虞世基都建议隋炀帝向天下人宣布停止征伐高丽，请天下兵马勤王，来雁门援救皇帝。

此时隋炀帝生命受到威胁，不得不照大臣们的意见办，宣布停止辽东之役，重赏守卫雁门的将士，诏令天下勤王。李渊的次子李世民这一年刚16岁，也参加了勤王军，隶属于屯卫将军云定兴。李世民建议："始毕敢围天子，一定以为我大军不能很快前来援救。我们应当多举旗帜，数十里不断，再在夜里击鼓呐喊，突厥一定认为我大军来援救，会解围而去的。现在我们兵少，不宜与突厥直接交锋。"云定兴依计行事，果然奏效。恰好义成公主也为隋朝帮忙，派人告诉始毕可汗说"家里有急事，隋朝援军已经到了忻口。"始毕可汗于是撤围而去。这是李世民第一次参加战斗，已经表现出非凡的才干，这也算是李渊为隋炀帝出了一次力。

隋炀帝撤离雁门时，李渊率领勤王军赶到，隋炀帝心想太原离雁门不太远，应该作为防御突厥的一个基地，把这项任务交给李渊还是比较合适的，所以在公元616年，下令让李渊做了太原留守。当然，他对李渊并非完全放心，所以又派了两名亲信给李渊做副手，一个是虎贲郎将王威，另一个是虎牙郎将高君雅，让他们先镇压在太原附近活动的农民起义军甄翟儿。甄翟儿是魏刀儿手下的大将，他号称"历山飞"，率众10余万，战斗力很强。这年四月，进攻太原，隋将潘长文出城迎战，被甄翟儿打死。李渊与甄翟儿交手，实际也是为了向隋炀帝表示忠心。双方在西河郡永安县雀鼠谷摆开战场，李渊又依仗他骑射技艺高超而率骑兵冲入敌阵。李渊的骑兵只有几千人，而甄翟儿的军队有10余万，致使李渊被围在阵中无法脱身。这时，李世民率精兵赶到，将李渊救出重围。与此同时，李渊的步兵赶到，大破甄翟儿军，这又是李渊为隋炀帝所立的功劳之一。

李渊在太原为隋炀帝效力，是怀有深刻的政治用心的。他一方面要观察形势变化，看隋炀帝能否控制住局势；另一方面，他要发展个人的实力，以便在非常时候，能够应变。为此，他利用在太原拥有全权的留守的机会，收罗人才。

李渊在动乱的年代中，并没有急于做出动作，相反，他很沉得住气。他在等待时机，他怀着内心深处的理想，不断地发展自己，在对外

第一章 李渊对你说机遇

进行斗争的同时，不断吸纳人才，发展壮大，等待着机遇的到来。

罗曼·罗兰说："人生往往有些决定终身的瞬间，好似电灯在大都市的夜里突然亮起来一样，永恒的火焰在昏黑的灵魂中燃着了。只要一个灵魂中跳出了一点火星，就能把灵火带给那个期待着的灵魂。"所谓灵魂中跳出的那一点"火星"，就是当人们面对机遇时做出的选择。

发动舆论　创造声势

现代人很善于制造舆论壮大自己的声势。当今社会，最流行的词莫过于"炒作"，从明星的绯闻到政客的传奇，诸多事件其实都是幕后策划团队精心打造的。真正有心计的人，几乎都善于用舆论来为自己服务，牢牢地锁定目标，制造"非我莫属"的声势。下面让我们一起看看李渊是如何为自己"炒作"的。

李渊起兵之后，首先取得了霍邑大捷，稳定了自己的地位，但是为了谋求更大的发展，李渊决定发兵关中，夺取关中之地作为自己的根基。

在面对黄河天险时，李渊手下的谋士任环献计说到："关中众多豪杰义士，翘首以盼义军收拾京师。我在关中任职多年，了解众英雄的为人。请让我前去晓谕利害，他们必然望风而归顺义军。义军如从梁山渡河，直取韩城，威逼郃阳。冯翊太守萧造，乃一介文吏，定然望风请降。关中群盗，孙华最强。孙华之徒，早有归义之心。义军到来，孙华等定然望尘远迎。义军然后乘机南下，直取永丰仓。纵然未取得长安，关中也指日可定了！"当时孙华是关中义军中实力较强的一支，如果能够招降孙华，对李渊进取关中是很有利的筹码。

李世民、刘文静等人都认为这是一个可行的计划。李渊非常高兴，马上授任环为银青光禄大夫，参与军事谋划。

此后，李渊到达汾阳，写信招抚孙华。不久，孙华便率轻装的骑兵从郃阳渡河到达龙门，拜见李渊。

李渊让孙华与自己并坐，给予他优厚的待遇，用厚礼对他表示褒奖，并封他为左光禄大夫、武乡县公，授为冯翊太守。对于部下有功劳的人，孙华可以自行封赏，李渊也一并以厚礼相赐。

李渊率大军抵达黄河，同时派孙华先渡过河去，做好接应工作，然后又派左右统军王长谐、刘弘基和左领军长史陈演寿、金紫光禄大夫史大奈等率步骑兵六千人从梁山过河，在河西列阵以待，以掩护大军顺利渡河。

此时，黄河边上的百姓们听说李渊的大军要过河攻打长安，推翻炀帝统治，便纷纷前来献舟贡楫，一天之内就得船数百只，李渊便趁势建立了水军，吩咐专人统领这些船只，以备军用。

这天晚上，李渊刚睡下，长史裴寂悄悄来到他帐中，向他说道："唐公不久将要进入关中，有些事情需要提前着手做，尤其是舆论宣传，应该走在前面。"李渊听后，说道："这里没有外人，你不妨说具体些。"

裴寂向前凑近一些，低声说道："入关以后，长安即在掌中，改朝换代势在必行。回首历朝开国之初，为了大造舆论，就必须借助于天命之说……"李渊急忙打断他的话，说道："这可不能乱来呀！我们在太原起兵前不是已定下大计，是立代王杨侑为帝，尊杨广为太上皇吗？"

裴寂听了，诡谲地一笑，问道："若是杨广死了呢？"李渊沉默了好一会儿，才问道："依你的意思呢？"

裴寂说道："隋室的江山已经寿尽了，这已是天下公认的了。难道你乐意尊奉一个异姓的毛孩子当皇帝，而自己却以功高老迈之躯，整日地向他三跪九叩首，甘作卑微的臣下吗？"李渊听着，仍是一言不发地在暗中思忖着。

裴寂又说道："到那时，即使你乐意那样干，我断言，你那三个勇冠三军的儿子也未必会答应，尤其是那个谋略过人、有勇有谋的次子李世民，他是绝对不答应的！"李渊仍在静静地听着，一声不吭。

其实，李渊早已成竹在胸，只是不便于明说罢了。从太原出兵，到攻下霍邑，直至日前商议渡河之事，李渊一路滥封官员，赏赐丰厚，目的是什么？以一言归纳之：全是为了笼络人心！

李渊确是老谋深算，善于韬晦。他想做的事，开始总是不显山不露水，时时处处都不动声色。直到部下和亲信千呼万唤、水到渠成时，他才来一个顺水推舟，顺其自然地达到暗中早已渴望的目的。

此时的李渊，只是听裴寂喋喋不休地劝说，他暗中早在想：这裴寂确实比刘文静对自己更忠心！他等裴寂说得差不多了，便说道："别扯得太远了，还是说说你准备下一步打算怎么干吧？"

裴寂又向前凑近一些，在李渊耳边小声嘀咕了一会儿，然后问道："这么做可以吧？"李渊脸色不变地说："这事任你去做吧！不过，千万别走漏了风声，否则，性命难保！""这个自然，请唐公放心。"裴寂说完，便蹑手蹑脚地走出帐去。

三天后，有一兵士掘坑取水时，忽然发现一个石匣。便将石匣交于长史裴寂，他立即说道："这是新出土的一体圣物，不能轻易打开。"

于是，裴寂带着那石匣来到元帅大帐，交予李渊。

李渊命令全军将领一齐前来，打开石匣一看，内有一块似玉非玉的石头，细看那石块上下均有字迹。等到用水洗净那石块之后，字迹越发明显了，原来是用小篆写成的八个字。学识渊博的陈叔达走上前去，毛遂自荐道："我认识篆字，让我来瞧瞧吧！"只见陈叔达接过石块，仔细一看，向众人说道："这石块上面的四个字是：'天赐通灵'；石块下面的四个字是'李姓万世'。"将领们听了之后，都是你看看我，我看看他，然后一齐看着李渊。

正当众人沉默的时候，裴寂突然对大家说道："这是天赐的吉祥宝物，向天下万民预示了未来的真龙天子。不过，天机不可泄露，只有等到龙驾腾飞之日，方可验证。希望各位将领只可意会，而不能随意言传。"众人听了他一番神乎其神的妙论，也只有心领神会，听之任之了，只有刘文静仿佛有些大彻大悟似地问道："裴长史！那块玉石应该谨慎保管，最好交给唐公，由他自己珍藏为好，以免被不洁的人污损了。"裴寂听了，心里猛然一震，只好顺口说道："刘司马之言有理，就由唐公自己保管吧！"说完，忙将那玉石重新装入那石匣中，恭恭敬敬地捧着，双手递给了李渊。

等大家散去之后，李渊捧着那只石匣，回到帐里，不由扑哧一声，暗暗笑道："这裴寂的所作所为，大有一个神汉的本领，难道他的父亲，乃至祖父、曾祖父辈中，确有做过神汉的吗？不然，在裴寂的血液中怎么会屡屡渗透出神汉的影子呢？"尽管裴寂再三告诫将领们"天机不可泄露"，但是那块出土的天赐玉石，尤其是玉石上"李姓万世"的谶语，仍被全军将士传得沸沸扬扬，人人都说："李渊就是未来的真龙天子了！"

通过一个石匣，李渊成功地创造了舆论宣传，炒作了自己，为自己今后的发展创造了声势。不久之后，李渊攻破长安。十一月十五日，李渊主持仪式，迎立代王侑，在天兴殿即皇帝位，遥尊炀帝为太上皇。大赦天下，改元义宁，即以炀帝大业十三年为义宁元年。

人生就像一场棋局，有人输，有人赢，而输赢的关键就在于是否能够把握得住棋局。要想赢得人生的这场棋局，就应当有大局意识，也就是观看全局的能力，不要想着步步前进，俗话说，退一步海阔天空，所以，对于人生这盘棋来说，取势是胜败的关键。从上面李渊的事迹中我们也可以看到这一点。

很少人能拥有大局的观念，而能够把握大局的人则少之又少。在信息时代，人们每天都在接受着各种各样的信息。美好的信息、迷乱的信息、真的信息、假的信息等等，都让人难以把握好大局。拥有高瞻远瞩的大局观念对于一个人的成功与否起着关键作用。俗话说：顺势而为胜之，逆势而为败之。在人生中我们需要学会取势，取势是非常重要的，在做事情的时候需要有灵活性，要有适当的取舍才可以更快地取得胜利，只有懂得取势，才能趋利避害。

现代社会，每人个都想抬高自己的身价，从人群中脱颖而出。怎样才能抬高自己的身价呢？最直接的办法就是提高自己在对方心中的位置。这时，就要善于人为地制造一些声势，利用方方面面的力量，为自己摇旗呐喊，最终达到目的。

从陈胜吴广起义的时候开始，人们就已经懂得了炒作之道，并将这些手段不断推陈出新，直到我们当今社会，炒作更是比比皆是。炒作的目的，就是为了创造声势，让自己能够更加广泛地接触到机遇，只有得到了更多人认识和了解，才能在机遇到来的时候，获得更多的机会。

我们在自己的发展之路上，也要注意对社会舆论的利用，只有利用舆论，为自己创造声势，给自己创造更加多的发展机遇，才能够让自己更快地走向成功。

时机不到须忍耐

机遇是可遇而不可求的，在机遇到来时我们要经自己一切努力，抓住机遇，改变命运。但是值得注意的是，时机不够成熟的时候，我们要学会忍耐，在时机到来之前，能够沉得住气，能够静下心来，耐心等待时机。

当年李渊攻入长安之后，把代王杨侑安置在大兴殿后的顺阳阁下，自己则回到长乐宫，然后立刻派人向长安百姓宣布"约法十二条"，将隋炀帝的苛政酷令全部废除。

他对裴寂吩咐道："这十二条约法，要抄写十万份，除在长安城内广泛张贴以外，另派专人分赴关中各地，务要广为传布，让老百姓都知道我这十二条约法。"裴寂不敢怠慢，立即去办。他心里想：这比当年刘邦的约法三章还要深入人心呢。

李渊派人把姚思廉找到长乐宫，问道："我要立刻派人去筹办代王杨侑的登基大典，你以为如何？"姚思廉说："唐公此举，是大仁大义风范，当为世人瞩目，更加取信于天下。"李渊又问道："对阴世师、骨仪等人，依你看该如何处置他们？"姚思廉说："阴世师、骨仪等人犯有两大罪。无故毁坏唐公的祖坟、宗庙，其罪一也；顽固阻拒唐军进城拥立代王为帝，其罪二也。据此两大罪，实该处死。"李渊听了，高

兴地说："难怪人人都说你是有才有识的贤人，果然名不虚传，以后你就在我这大都督府里听用吧！"处死阴世师、骨仪等人，李渊长长地吐了一口恶气。

次日，由李渊主持的议政会一开始，裴寂就说道："如今大军二十余万，雄踞关中，唐公的威名远播海内，德行仁义，遍及天下，兴兵除暴，恩泽苍生。百日之内，就清除了长安城内的奸佞，如此神勇，如果不是上天的保佑，又怎能如此功业伟大？自古以来，改朝换代都是顺应民心，如今民心归唐，请唐公就此君临天下吧！"李渊一听，脸色陡然一变，说："请不要再提这件事了！各位跟随我转战千里，难道还不了解我？当初太原起兵时，我就言明'匡扶帝室，尊隋立王'的宗旨，本来就是为了隋朝的江山社稷着想，怎么能动篡位谋权的念头呢？何况现在隋朝的江山自有主人，我怎么能起二心？"

听了李渊的话之后，那位博古通今的颜师古又说道："据说，当年刘邦先攻入关中，进了咸阳，却没有立即称王，等到项羽赶到之后，刘邦又觉得后悔及了。这是历史故事了，但愿不要让故事重演！"这时，会上的文武将佐纷纷议论，都是劝说李渊立即"改隋称帝"，不要坐失良机，不要像刘邦那样后悔。

其实，李渊不是不想当皇帝，他只是认为时机不成熟，现在不能称帝。正如他话中说的那样，杨广还活着，我一旦称帝，不就是反叛吗？不是背上了"逆贼"的骂名了吗？所以他装作十分痛心的样子，对部下说道："当年刘邦入关以后，他没有及时立子婴为王，以致后来政治上被动，受项羽的欺压。如今，我将要尊立代王为帝，奉杨广为太上皇，名正言顺，既无后悔，也没有什么可担心的。"

当天晚上，李建成、李世民来到长乐宫里，李渊对两个儿子说：

"记得吗？汉献帝时期，朝政大权落在曹操手里，群臣纷纷劝他废汉自立，而曹操却有自己的主张，他对群臣说：你们是想把我放在火炉上烤啊……"听到这儿，两个儿子都笑了，李渊又继续说道："当时的天下，也是群雄并立，曹操若是称帝，岂不成了众矢之的？一旦群雄联合起来，对他大兴问罪之师，他能抵挡得住吗？"

李世民听懂了父亲的话，立刻接着说道："曹操不称帝，就可以挟天子以令诸侯，在政治上占据优势，可以向群雄大举问罪之师。"李建成担心地问道："一旦立代王为帝，大臣们会不会一下子倾向于杨侑，削弱了我们的势力？"李渊笑道："大臣们比你还精呢，谁看不出代王不过是我们手中的一个工具而已，早晚我会取而代之，要记住，现在不当皇帝，是为了以后更容易地当皇帝做准备。这样，我们就能永远立于不败之地！"两个儿子听后，都觉得父亲真是老谋深算，有远见卓识。不由得在心里赞叹道：姜还是老的辣！

次日，李渊便迫不及待地催促太常博士们，抓紧选择吉日良辰，以便祭告太庙，定下尊位，尽早立代王杨侑为隋朝皇帝，自己也好早日拿到那把尚方宝剑，向各地义军势力兴问罪之师。李渊心想：只要立杨侑为帝，杨广被尊为太上皇，他远在江都，那不过是个驾空了的虚位，一切军政大权仍在我自己手中。不过，今后的一切行动，虽然是以"匡复帝室"为名义，但不再是为了杨广而行，而是受这个小皇帝的"命令"而动，因而一切行动，都更加名正言顺了，实现真正的"挟天子以令诸侯"了。

李渊越想越得意，又派人找来太常博士问道："我听说明日就是一个吉祥日子嘛！"太常博士立即顺水推舟地说道："唐公说得对，明天确是一个好日子。"

公元617年，十一月十五日，李渊立代王杨侑为帝。这一天，长安城内张灯结彩，大街小巷热闹非凡。遵照李渊的命令，要让立代王为皇帝这件事"家喻户晓，妇孺皆知，以早日传遍关内外，让天下人莫不知之"。

庆典开始，李渊排列盛大的仪仗队，迎接代王杨侑在大兴殿登基，即皇帝位，是为隋恭帝。登基之后，杨侑按李渊的指示，下诏大赦天下，废弃隋炀帝大业的年号"大业"，改为"义宁"，尊远在江都的隋炀帝杨广为太上皇。

立杨侑做了皇帝之后，为了便于传达这个小傀儡皇帝的"圣旨"，以号令天下，李渊于十一月十七日从长乐宫迁入长安，住进武德殿里。依照李渊的意图，杨侑特赐他为假黄帝，使持节，并封他为大都督内外诸军事，尚书令、大丞相，又晋封为"唐王"。之后，李渊便在虞化门处理政务，而武德殿便成为他的"丞相府"。这些名目繁多的头衔、职位，由于国内四方割据，各自为政，实际上没有什么实权，更没有多大效力，但是，它毕竟是在名义上肯定了李渊的一切行动都是为了"匡复隋朝"，因此，他可以命令天下人服从，如若不然，他兴师讨伐，就能名正言顺，理所当然了。

在关于迎立代王或者自己取而代之的问题上，李渊很明智地选择了让代王先做皇帝。细观当时的形势，虽然起义风起云涌，但是隋朝还是有相当大的实力，所以尊隋能够避免和当时实力还很雄厚的隋朝发生正面冲突。另外，不选择称帝，能够保证自己在乱世之中，不做出头鸟，能够有效地保护自己。

俗话说："枪打出头鸟。"在我们的发展之路上，不能够耐心等待最佳时机，只会让我们成为出头鸟，最先被猎人打死。因此，在我们的发展中，要看到形势的发展，要学会忍耐，等待最佳时机的到来。

有些人，耐不住等待，在机遇初露端倪的时候，就投身时代的浪潮，这种人往往会被接下来的巨浪拍死。因为他们看不到机遇中隐藏的风险，不能够等待最佳时机的到来。没有能够耐得住等待的心，就会鲁莽行事，最终得不到成功。

耐心等待的好处，就是在等待的过程中，能够耐心地分析境况，确定正确的机会，正确的时机能够增加成功的可能性。著名的投资者吉姆·罗杰斯对耐心的等待做了很生动的描述："我只管等，直到有钱躺在墙角，我所要做的全部就是走过去把它捡起来。"也就是说，他在投资是过程中，一直在等待着最佳的时机，那个时机安全到就好像能够顺手捡拾落在墙角的钱一样。如果这个时机没到的话，那么，他就继续选择等待。也正是靠着这种忍得住，他成为了投资界的一个神话。

能够耐得住，是一种人生的修养。一个人最大的敌人，恰恰是自己。在很多时候，我们不是败给了外界的诸多风险，而是败给了自己耐不住等待，而选择了一个不恰当的时机。所以我们一定要能够控制住自己的欲望和内心的躁动，才能够有耐心等待最佳的时机，才能够在竞争中获得主动地位，获得竞争的成功。

时机到来　当仁不让

我们在机遇来临之前，要耐心等待，并为机遇做好准备，当机遇来临时，我们一定要抓住机遇。当今社会竞争日益激烈，使得对于机遇的把握也更加重要，因此在机遇到来时一定不能退缩，不能谦让，而是要勇敢地挺身而出，当仁不让地抓住机遇，走向成功。事实上，李渊就是这样做的。

李渊在公元617年十一月打着"尊隋"的旗号占领了隋朝的国都长安，立刻开始了他取隋而代之的工作。首先，他杀掉了阻挡义军进入长安的绊脚石阴世师和骨仪，以及这两个人的爪牙崔毗伽、李仁政等十余人，然后宣布："约法为十二条"，用他的法令代替了隋朝的法令。在他宣布的十二条法令中，只对杀人、抢劫、盗窃、叛逆、对抗义军等罪用刑，隋朝规定的许多罪名不再成立，这在很大程度上体现出李渊的"尊隋"完全是一句空话。李渊在处理隋朝旧臣时也表现出一定的灵活态度，如他杀死阴世师、骨仪等人，是因为他们曾经因为李渊造反而毁坏了李渊家的家庙，还把李渊祖先的坟墓掘开，焚毁遗骸。李渊决定报复，主持此事的卫玄已经病故，自然要由阴世师和骨仪来抵罪了。

只是李渊又不愿马上甩掉"尊隋"的旗号，因为他总认为隋炀帝还有一定的力量，如果隋炀帝要收买哪个割据势力来进攻关中，简直易如反掌。所以，李渊宁肯暂时在名义上做隋朝的臣子，以换取巩固自己在关中统治的时间。按照这样的想法，李渊在进入长安几天后，把隋代王杨侑从东宫接出来，迎到隋朝皇宫大兴殿上，做了隋朝皇帝，这就是历史上的隋恭帝。至于那位声名狼藉的隋炀帝，被李渊遥尊为太上皇，实际上是被取消了政治权力。至于李渊自己，当然不会把政治权力交给隋恭帝，他自己给自己定了一系列的名号，称"假黄钺、使持节、大都督内外诸军事、尚书令、大丞相，进封唐王"。这是魏晋以来一切权臣篡位前的老办法，所以李渊自从做了唐王开始，"军国机务，事无大小，文武设官，位无贵贱，宪章赏罚，咸归相府"。李渊实际上拥有皇帝的一切权力了。当然，李渊是否能真正成为皇帝，最后还要看一下隋炀帝的发展情况。

就在李渊进军长安的时候，隋炀帝认定李密领导的瓦岗军是威胁其政权的头号对手，派江都太守王世充率领江、淮地区的隋朝军队，加上将军王隆率领的邛黄蛮、河北大使太常少卿韦霁、河南大使虎牙郎将王辩各自率领本部兵马去东都洛阳进攻李密。这支联合大军的统帅本来是左御卫大将军兼涿郡留守薛世雄，薛世雄带了3万人马前来参战，在河间碰上了窦建德。窦建德诱敌深入，在豆子坑乘大雾突然反击，薛世雄全军大乱，他本人仅带数十骑逃回涿郡，这样隋朝在东都洛阳的联军一时因为没有统帅而不能一下子投入使用。

隋炀帝不能镇压瓦岗军为代表的各地农民起义军，在江都的士兵开始动摇，逃跑者很多。隋炀帝见麾下人马越来越少，十分忧虑，问裴矩有没有制止逃亡的好办法。裴矩说："人总要有配偶的，军人长期不回家，自然要逃亡；要想军人不走，除非让他们有配偶。"隋炀帝就下令把江都的寡妇、少女都抢来，强迫配给手下的军人，此举给江都人民造成了极大的灾难，隋王朝在江都也逐渐住不下去了。

洛阳前线李密又获得进展，隋朝的武阳郡（今河北大名县、魏县，河南南乐、清丰、范县等地）丞元宝藏投降了李密，元宝藏的谋士魏徵也在此参加了瓦岗军，做了元帅府文学参军，掌管记室职务。魏徵建议李密西取魏郡（今河南安阳市），南取黎阳仓，断绝隋炀帝与河南、河北的联系。魏徵的建议得到了徐世勣的赞同，徐世勣还说："天下大乱，本是因为没有饭吃。今天如果得到黎阳仓，不愁大事不成。"李密于是派徐世勣率领5000人和元宝藏、郝孝德、李文相以及桓水起义军领导人张升，清河起义军领导人赵君璧联军共破黎阳仓，然后开仓让老百姓任意取粮。瓦岗军有粮的消息一下子传开，十来天时间，瓦岗军扩

第一章 李渊对你说机遇

展了20余万人，武安、永安、义阳、弋阳、齐郡相继归顺了李密。窦建德、朱粲派使臣前来与李密联系归附的条件，泰山道士徐洪客献书建议李密乘势直指江都，活捉隋炀帝，然后号令天下。

隋炀帝派来镇压瓦岗军的隋朝各地军队在经过了群龙无首的混乱阶段后逐渐会合起来，隋炀帝下令由王世充做统帅，与李密隔着洛水对峙。王世充本是西域胡人，祖父支颓耨早死，父亲支收因为母亲嫁给霸城一王姓人家，所以改姓王。王世充博闻强记，通晓经史，喜欢兵法，会占卜之术，隋文帝时以军功做到兵部员外郎。隋炀帝上台后，调他去做江都丞，兼任江都宫监，他用雕饰池台、进贡美食的办法迎合隋炀帝的骄奢之心，得到隋炀帝的信任。公元613年，杨玄感起兵，今江苏省苏州、镇江一带有朱燮、管崇起江南之兵响应。两人自称将军，有10余万人，隋炀帝派将军吐万绪、鱼俱罗前去镇压，不得成功。王世充以偏将身分在江都招募了1万多人，将这支起义军打败。王世充每获战功，常常归于部下，获得封赏，往往分给士卒，所以他的部下十分效忠于他。公元614年，他用计谋镇压了齐郡孟让的10余万农民起义军，公元615年，隋炀帝遭突厥雁门之围，王世充前往救驾，得到隋炀帝的赏识，于公元616年做了江都通守。他镇压了格谦、卢明月等起义军。隋炀帝亲自赐酒慰劳他。现在，当李密进围洛阳，威胁隋朝生存，隋炀帝又把镇压李密的希望寄托到了王世充的身上。

然而，王世充对李密作战并没有取得进展，李渊又夺取了隋都长安，各地农民起义军和割据势力对隋朝的威胁日益明显，这就促进了隋朝统治集团最后的崩溃。

隋炀帝见镇压不了中原的瓦岗军，回长安收拾残局更是没有可能，于是考虑在江东长住下去，想改在建康丹阳（今江苏南京市）建都。但是大臣们意见不统一，一时隋炀帝进退两难。这时候，隋炀帝手下的近臣发生叛乱，大臣宇文化及杀死了隋炀帝。

宇文化及在杀死隋炀帝后，立秦王杨浩为皇帝，王世充在洛阳听到这个消息后，立越王杨侗为皇帝，这样隋朝在名义上有了三个皇帝。李渊在长安觉得杨侑这块招牌用处不大了，在对隋炀帝之死假装表示了一点悲痛后，立即开始了取隋而代之的最后工作。他派人去告诉杨侑，隋朝天数已尽，必须把政权交给有德之人，这个人只能是唐王李渊。隋恭帝杨侑本来就是李渊手中的傀儡，李渊有了命令，他如何敢不听从呢？公元618年五月，隋恭帝宣布退位，把皇帝的宝座"禅让"给唐王李渊。李渊由此做了皇帝，并且把这个新的王朝命名为"唐"。

进军长安是李渊一生中最重要的活动。他在太原起兵反隋，还只不过是天下群雄之一。然而当他进入关中后，就成为灭亡隋朝的代表性人物，在争夺天下的群雄中占据了极大的政治优势。所以，他可以在隋炀帝被杀不久后，建立起唐朝来，轰轰烈烈地统一战争。53岁的李渊给自己定下的年号是"武德"，看来，当时他除了武力以外，其他的一切都来不及关注。人到了这个年纪，总是比较实际的，正在创业的李渊也不例外。

李渊把握住了机遇，成功地起兵于太原，又能够静下心来等待时机，打出尊隋的大旗，这是李渊能够走向成功的原因之一；更重要的一点就是李渊在时机到来的时候，能够当仁不让，抓住机遇。经过耐心的等待，终于等到了时机，杨广死了，尊隋的旗号已经没有意义了，李渊等到了称帝的最佳时机。这时候，再做所谓的退却和谦让，或者不能果断决策，都会浪费时机，只有当仁不让，才能够应对这个最佳的时机，赢得成功。

世界上最可悲的事是，曾经有一个非常好的机会摆在面前，可惜没

有把握住。遗憾的是，这种事情在很多人身上都发生过。其实，机会对我们所有人都是平等的，它有可能降临在我们每一个人的身上，但前提是在它到来之前，你一定要做好准备，以便在机遇到来的时候，能够抓住机遇，当仁不让地成就自己的事业。

中国的传统文化讲求君子之德，希望人们能够礼让为先。但是我们要看到的是，当今社会竞争日益激烈，机遇稍纵即逝，在这样的环境下，再进行所谓的礼让，只会让自己错失机遇，在竞争中处于被动地位，甚至导致竞争的失败。面对不同的社会现实，我们应该改变固有的思维方式，在机遇面前，能够做到当仁不让，勇敢而果断地抓住机遇，走向成功。

机遇对每一个人都是平等的，在时机到来的时刻，只有抓住了机遇的人，才能够获得成功，既然这样，我们为什么不立即行动呢？成人之美固然值得称赞，但是自己凭借实力夺得成功，同样会得到喝彩。

当仁不让并不是蛮横霸道，不讲道理。当仁不让是要在合理的情况之下，而不是要乘人之危。

古代齐桓公时代，鲍叔牙向齐桓公推荐了管仲，并让出自己的地位给管仲。管仲接替鲍叔牙之后，经营齐国，最终辅佐齐桓公获得霸主地位。管仲这就叫做当仁不让，抓住机会实现了自己的人生价值。可能很多人会说管仲对鲍叔牙不够义气，但是鲍叔牙在举荐管仲的时候对齐桓公就说到了一点："如果你想要治理好齐国，那么用我一个人的力量就足够了；但是如果你想称霸当世，就要任用管仲的力量。"所以可以看出，当仁不让并不是蛮横的抢夺，而是一种资源优化的智慧。

当仁不让是我们面对机遇时必须做到的选择，面对机遇时当仁不让能够成就自我，能够争取主动，最终能够获得成功。

第 二 章

李渊对你说做人

　　一个人不管有多聪明，多能干，背景条件有多好，如果不懂得如何去做人、做事，那么他最终的结局肯定是失败。做人做事是一门艺术，更是一门学问。做事先做人，让我们从李渊的成功中借鉴做人、做事的处世智慧。

低姿态是一种处世策略

低调做人，高调做事，是一种正确的为人处世之风。放低姿态是一种低调，羽毛不丰时，要懂得让步。低调做人，往往是迷惑对手、最后不断走向强盛、时机成熟后再反过来使对手屈服的一条有用的妙计。所以说，放低姿态是一种高明的处事策略。对于这一点，李渊的做法就很值得我们借鉴。

公元617年，李渊把王威、高君雅关押起来之后，正准备研究对付突厥的办法，想派遣刘文静去与突厥始毕可汗言和，不料两天后，即这一年的五月十七日，始毕可汗竟然带领数万骑兵，突然侵袭太原城。

常受突厥之害的太原百姓，一听说突厥人来，便吓得失魂落魄地往家中跑。那些守城的兵士也怕突厥人，因为那些突厥兵善骑善射，弓射能力特别强，箭无虚发。

李渊早知突厥人不好对付，这次又来得突然，真有些手忙脚乱。他一面派人加强守城力量，命令紧关城门，安慰百姓，一面召开会议，研究对付突厥人的策略。在会议上，李渊说："突厥人马众多，我们兵力甚少，这种战争只能智取，不宜力敌，更不可硬拼。"

会后，李渊命令城内军士全部退入内城，并把外城的东、南、西、北四座城门，全部打开，让突厥人进来。当时，许多将士害怕突厥人真的进来了，那可怎么办？长孙顺德说："突厥人一旦进入外城，内城更容易被敌人攻破，岂不更加危险？"始毕可汗见太原城四门大开，说道："李渊足智多谋，城里定有伏兵，故意引诱我们上当的，可不能进城啊！"

可汗的儿子呼延了解情况之后，对他的父亲说："孩儿想领一支人马进城去闯一闯，探一探城里的虚实。"始毕可汗答应了，一再嘱咐儿子要小心，并且说："不要在城里停留，以免被他们关在城里。"

呼延带领一千精锐骑兵，从太原城的北门驰入，沿着内城绕了半圈子，见城里打扫得干干净净，一点动静也没有，便从东门驰出，不过半个时辰工夫。

呼延向他父亲报告道："我领着人马转了半个城，未见到一兵一卒，没有一点响动，未遇到一点阻力，干脆攻城吧！"始毕可汗笑道："汉人打仗善用计谋，不像我们突厥人，可别上当，以免中了李渊的埋伏。"

此时，太原城里人心惶惶，李渊乘机宣布："王威、高君雅勾结突厥人进犯太原城，立刻把这两名奸细、叛贼斩首，以绝后患。"本来李渊想用这二人的头颅待起兵之日留作祭旗，现在情况紧急，只能用以激励将士打败突厥的决心。

李渊见始毕可汗仍不撤兵，又心生一计，于夜间派一支人马出城，占据险要之地，突厥没有发现他们。

次日清晨，那支人马又改道入城。突厥人把这情况报告给他们的可汗说："城里来了一支援军。"可汗又问："有多少人马？"那人报告："远看黑压压一大堆，总有五六千人马吧！"始毕可汗说道："李渊是个善于用兵之人，不可轻举妄动，不如撤兵回去吧！"

李渊运用这种不战不和、虚张声势的空城计，使突厥可汗捉摸不透，觉得难以对付，只好主动撤兵了。

第二章 李渊对你说做人

太原城解围了。可是，突厥人的骑兵如天马行空，飘忽不定，说不准哪一天又会突然冲来。

李渊苦苦思索着良策，想来想去，还是派刘文静前去与突厥人议和吧！因为眼前自己的兵力太少，总不能在起兵之前就与突厥人拼个你死我活，那就更不划算了！想好之后，李渊亲自提笔给始毕可汗写了一封信，派刘文静带着信和丰厚的礼物前往突厥。信中大意是：我想大举义兵，远迎隋主，重新与你们突厥人友好相处，永结盟好，就像开皇年间那样。虽然我们当今的皇帝很不让可汗你满意，但是当年文帝在位时，可没有亏待过你。因此，可汗若是愿意和我一起南下，只要一路上不侵扰百姓，一切征伐所得全归你；要是可汗觉得路途过于遥远，不便深入中原腹地，只想结为盟好，那您就安坐在帐幕里，准备接受我赠送给您的财物吧！信写完之后，李渊在信封末尾题上"李渊启"。

在场的刘弘基、窦琮等人一见，便对他建议道："突厥人不认识汉字，他们只重视财物，大将军多送给突厥人财物厚礼即可，信末的署名还是改'启'为'书'罢！"

在当时，按照汉人的文牍习惯，在书信末尾署名时，一般都要写上"某某启"或"某某书"，其中"启"和"书"的区别在于："启"有"启报、启禀"之意，是下级对上级、卑对尊、晚辈对长辈的用语；而"书"只是"书写"之意，用于平级之间或上级对下级的信尾署名。

听了部下的意见，李渊笑道："你们都忽略了一个事实。自从天下大乱，群贼四起以来，背井离乡逃命的中原人数不胜数，他们当中有的逃到偏远的南方越地，有些人却流落到北方的胡地，其中读书人一定很多。这样，中原文化、礼仪规矩等，也会被带到这些蛮夷的地方去了。在这封信中，我确实表现出对始毕可汗的尊敬，这是不得已而为之啊！即使如此，他还未必肯相信我们；如果在信中有点什么轻视傲慢的地方，要是被逃到那里的中原人瞧见，看出来一挑拨，那位始毕可汗不就更加猜忌了吗？古人说：屈于一人之下，伸于万人之上。如今塞外的强大突厥，还不能比作一介庸夫吗？我以为，暂时屈意遵奉他，也不是什么大事大节，何况一个'启'字，又值不了千两黄金——千两黄金都要给他，还顾惜那一个'启'字吗？"听了他这一番解释，部下都心服口服。

刘文静带着李渊的书信和厚礼，来到突厥。始毕可汗也以礼相见，他读罢书信，十分高兴，对刘文静说道："听说李渊是个很有谋略的人，他还有几个很有本事的儿子，都很厉害，是吗？"刘文静一听，忙答道："在大隋朝，李渊的父子兵很有名气，他手下猛将如云，人才很多！"

此时，始毕可汗的儿子呼延却问道："李渊如此厉害，前次我们打太原时，他为何不出城应战？"刘文静说："李渊虽是一员武将，却宽厚待人，重情重义，在他看来，突厥与太原山水相连，百姓之间往来不绝，两国应友好相处，建立睦邻亲善的兄弟关系，所以不主张相互拼杀……"始毕可汗忙说："我也不主张打仗，只是我们遇到了旱灾，草都干死了，牛羊饿死了，没有办法才——"刘文静接着说："两国若能结成友好，谁有困难，就可以相互支援、帮助，像兄弟一样，岂不比用战争的方法好得多！"

于是，始毕可汗排除了内部干扰，坚持与李渊结为友好，非常热情地款待刘文静。当天晚上，这位可汗让自己的宠妃阿古伊丽去陪刘文静，以显示出他对李渊的真诚与友好。

在突厥人当时的风俗中，这种招待客人的方式，便是对客人的最高礼遇，只有最尊贵的客人才能享受。

次日，始毕可汗对刘文静说："听说隋炀帝不如他的父亲，此人残暴好色，李渊不该再拥护这样的昏君了，何不自己当天子？"刘文静笑道："李渊也想自己做皇帝，只是时机尚未成熟，也许不用等多久了。"始毕可汗又说："如果李渊愿意当皇帝，我们突厥人一定帮助他，可以采取联合行动。"

其实，始毕可汗不是单纯地要帮助李渊夺取隋朝的天下，而是希望与李渊联合起来，在反隋的战争中捞取财物，并在日后李渊统治中原的时候，继续得到南方大量的财富。

经过与始毕可汗会谈，刘文静知道突厥人并无国土观念，他们重视的是牲畜和衣食器皿等物资，不想将自己的领土扩张到中原来。这样，刘文静就放心地回到太原，将始毕的回信交给李渊，完成了他第一次出使到突厥去的任务。

经过多次议论，李渊决定在太原起兵，不是自己当皇帝，而是尊隋炀帝杨广为太上皇，立其子代王杨侑为皇帝，自认特别大将军衔，同时改换旗帜的颜色，用红、白各半的旗帜，向突厥表示不完全与隋朝相同（隋朝为红色）。当时，有的将士对这样决定有意见，李世民对大家解释说："尽管这是掩耳盗铃的做法，但至少有两大好处：一、可以用尊隋的名义号令四方，征服四方；二、可以不冒犯突厥，并能得到突厥人的支持。一句话，这是委曲求全的做法。"

于是，刘文静带着李渊的书信，再次出使突厥，与始毕可汗会谈后约定：联合出兵，胜利后土地归李渊，财帛金宝归突厥。

刘文静回太原时，始毕可汗立即派出大将康鞘利带领两千骑兵援助李渊，并带良马一千匹前来变卖。李渊十分高兴，见突厥不但不会再来

创世圣断

李渊有话对你说

袭击他的后方，还派出军队支持他建功立业，真是大喜过望，兴奋地对刘文静赞许道："多亏阁下能言善辩，才有这么好的一个结果，真是劳苦功高哇！"刘文静马上问道："现在太原已无后顾之忧，突厥的援军也来了，总该起兵了吧？"李渊笑着点头道："是啊，要研究一下如何出兵了！"

次日，李渊与刘文静等接见了康鞘利，对突厥人在礼仪上都极为恭敬周到，还赠送给康鞘利等人丰厚的礼物，使得这些突厥的重臣非常高兴。

李渊此举极富深意，为了得到突厥人的支持，为了解除来自背后的威胁，他不得不向突厥人委曲求全，许了不少愿，说了不少好话。这都是为了达到政治目的而采取的策略。可见，在关键时刻，能够放低自己的姿态，这是一种成熟的智慧。

那些涉世不深的青年男女，大都怀着满腔热血，揣着远大抱负，想轰轰烈烈地干一番事业。然而，纷纭复杂的现实世界并不像他们想象得那么美好。面对坎坷、荆棘和生活道路上横生的障碍，理想者则傲气不敛，小觑或无视生活有意无意设置的低矮"门框"，其结果，只能被撞得头破血流，成为一个失败者。

人的一生要历经千门万槛，有时甚至还有人为的障碍，我们可能会不停地碰壁，或伏地而行。若一味地讲"骨气"，到头来，不但被拒之门外，而且还会被撞得头破血流。我们应该学会放低姿态，该低头时就低头，巧妙地穿过人生荆棘。放低姿态既是人生进步的一种策略和智慧，也是人生立身处世不可缺少的风度和修养。

富兰克林有一次去看望一位前辈，由于前辈家小门的门框过于低矮，当他准备进入时，头被狠狠地撞了一下。前辈出来迎接，看到这一幕，微笑着对富兰克林说："很疼吧？可是，这应该是你今天拜访我的

最大收获。你应该记住：要想平安无事地活在这人世间，就必须时时记得低头。"在这之后，"记得低头"这句话成为富兰克林为人处世的座右铭。

学会低头、懂得低头、敢于低头，这是我们应该时时刻刻要牢记的。生命的负荷本已不轻，低一低头，将那份多余的沉重卸掉，或许我们能够更加快乐。面对自己的缺点和错误，也要学会"低头"。因为只有学会低头，才能更多地了解自己，从而正视并改正自己的错误。学会低头，以谦逊的姿态示人，是人生最大的收获和至尊的品格。

学会低头，是一种品格、一种修养、一种胸襟。不喧闹、不张扬、不矫揉、不造作、不招人嫌、不招人嫉，即使满腹才华，也要学会藏拙。有句谚语说得好："低头的是稻穗，昂头的是稗子。"也就是说，越成熟饱满的稻穗，头垂得越低。而那些把头抬得很高，显摆招摇的，多是稗子一样的杂草。

帕金斯是美国著名的政治家，30岁时成为芝加哥大学的校长。当时，有人对他能否胜任大学校长的职位表示怀疑。当他知道人们对他的非议后，他只说了一句话："一个30岁的人所知道的是那么少，需要依赖他的助手的地方是那么的多。"短短的一句话，使那些原来怀疑他的人心中的石头放下了。通常，人们在遇到这种情况时，往往喜欢表现出自己的优势，

唐高祖李渊献陵

或者尽全力证明自己是有特殊能力的人。然而，一个真正有能力的领袖是不会自我吹捧的，正所谓"自谦则人必服，自夸则人必疑"。

当你的事业越来越大、地位越来越高时，就越要懂得"低头"的哲学。因为"高处不胜寒"。一个懂得谦虚恭敬的人，能够拉近彼此之间的距离，易于沟通与交流，从而更容易让对方从心理上接受你。

年轻的上班族们，因为年轻气盛，喜欢坚持己见，往往不肯拉下脸来向年长者讨教。其中，也有人认为向人讨教是一种失礼的行为。然而，对于年长者来说，他们总是特别赏识虚心向自己请教的人。如果听到有人说："对不起，又有件事想麻烦您"，他们会感到很高兴。

因此，上班族之间相互熟识的最简单、有效的方法，就是找对方商量事情或向对方请教问题。"关于这件事，我想请教您一下"，向人虚心请教乃是人际交往的基本原则。即使是关于工作上的小窍门，在受到他人央求指导时，几乎没有人会这么说："真讨厌，要求过分！"毕竟，"想赐教的人"比"想求教的人"要多很多。

如果你想使事情成功，就要在对方面前表现出一种低姿态，谦虚、平和、朴实、诚恳，甚至毕恭毕敬，让对方感觉到自己受人尊重，能力比别人强。当事情明显对你有利时，对方也会不自觉地对你显示出一种高姿态，似乎要故意让着你，这样就不会与你一争高低了。

而实际上，你所表现出的低姿态只是一种表面现象，是为了让对方获得心理上的满足，愿意与你合作。其实，越是表面谦虚的人，越是非常聪明的人。当你的大智若愚使对方陶醉在自我感觉良好的气氛中时，你就已经有了很大收获了，工作中很重要的那一半也就完成了。

在适当的时候，显示出适当的低姿态，并不是懦弱的表现，而是一种聪明的处世之道，是人生的大智慧、大境界。

每临大事有静气

做人是一种学问，要想成功，就要有一种气度，正所谓，每临大事有静气，不信今时无古贤。这告诉我们的为人道理是：自古以来的贤圣之人，也都是大气之人，越是遇到惊天动地之事，越能心静如水，沉着应对，也正是因为如此，他们才能平安度过一次又一次的危机，获得成功。

李渊被隋炀帝任命为太原留守，治理太原。当时，太原主要面对两个威胁，一个是内部的"历山飞"起义军，另一个，是来自突厥的侵扰。李渊巧施阵法，以少胜多，大破"历山飞"，招降"历山飞"部属男女老少数万人，从根本上铲除了这支起义军的势力根基。消灭了"历山飞"后，李渊转而对付北面威胁太原郡的突厥人。

隋大业十二年（616年）李渊任太原道安抚大使时，曾会同马邑太守王仁恭率军屡败突厥人，使之深为忌惮。如今李渊留守太原，王仁恭独留马邑郡，孤立无援，因此突厥骑兵频频进犯马邑郡，隋朝边关将士深以为患。于是李渊派太原副留守高君雅率领兵马前去援助王仁恭。但高君雅和王仁恭联合起来也不是突厥人的对手，屡战屡败。突厥人的进犯更加猖狂了。

远在江都的隋炀帝得知此事，游兴大败，长期不问政事的他表示要严肃地对待败于突厥之事。于是他风风火火地派人到北面来杀掉王仁恭，逮捕李渊，并押往江都治罪。从隋炀帝对待王仁恭和李渊的不同态度上可以看出，隋炀帝杨广对自己的表兄弟还是留有情面的——虽然这点情面远远不能满足李渊的要求。

当时天下大乱，许多贵族巨户招兵自重，割据一方，致使交通断绝。隋炀帝派到各地抓叛捕盗的兵马多数难以行进，来往传递信件的使者也不能安全通过，而唯独这次派到太原郡来的"勾魂使者"没有遇到拦路大王、剪径山贼，一路平安地到达了太原，所以这帮久见混沌世道的使者们无不莫名惊诧，大叫怪哉。

这天晚上，温彦将（即温大有）到城西门楼上去睡觉，刚好看到抵达城下的隋炀帝使者，马上报告了他的哥哥温彦弘（即著《大唐创业起居注》的温大雅），温彦弘急忙向李渊的住处赶来。李渊当时刚刚睡下，听说隋炀帝的使者到了，大惊而起，如醒梦魇。李世民闻讯也飞奔至父亲的卧房。

听了温彦弘的报告，李渊拉着他的手笑着说："如果经过这件事以后我还能活着，一定是上天给我的了。"又对二儿子李世民说："我听说只有神仙才会不走路而到想到的地方。今天这些使者完全可以称为神仙了！上天派这些人来催促我，看来我必须见机行事了。我之所以没有提早起兵，是因为你的兄弟们还没有回来呀！现在我将遭遇厄运，你们兄弟几个一定要齐心合力，举兵图存，不要和我一起遭受满门抄斩的祸事，搞得家破人亡，被英雄所笑！"从这句话完全可以看出，李渊早已有反隋之心，之所以没有正式打出大旗来，一方面如他所说，是因为他的家属大多在河东郡（当时李建成、李元吉都在河东）。还有两方面他没有说出来，即他需要一定时间来巩固太原这块基地，而不能像杨玄感之流，草草起兵而终为隋军所败；且当时隋朝势力尚强，不宜起兵。李世民见父亲大人为了家属的安全不愿起兵，也不逃跑，于是哭着说：

第二章　李渊对你说做人

"全国河山如此之大，到处都有容身之处。请父亲大人学一学汉高祖躲起来，等机会成熟了再出来图谋大业！"

李渊听了儿子的话，摇了摇头，说："今天这是时运决定了的，我虽然能机变灵活，又怎么样呢？但是天命所在，我必定成大业，所以这件事未必不是一种启示。我今天要遵照上天的旨意，赌一下命运。如果上天保佑我，我岂能被他们害了？如果上天一定要消灭我，逃跑又有什么用呢？"

这是温大雅《大唐创业起居注》上的记载，也不知道李渊当时是否真的说过这些话。不过，李渊确实有可能说过类似的话。如果你以为他真是像自己所说的那样，要和命运之神赌一把，那你就和李世民、温大雅一样上了李渊的当了。因为当时的形势是，李渊留守太原重镇，是抵挡突厥和四处起义军的一支强劲力量，他明白，隋炀帝也明白，所以他决定留在太原郡不动，等隋炀帝的人来抓。在这种情形下，可能会发生两种事：一、李渊被抓走，那么太原郡的防御力量必定少了一根擎天柱，突厥、起义军就会大举进犯太原重镇。太原告急，隋炀帝首先会想到谁？必是李渊。因为到此为止李渊最多只是犯了点失职的小错，完全可能给隋炀帝"皇恩"浩荡一下——发还回太原将功折罪抵抗突厥。而且李渊在太原也快两年了，远比其他人熟悉太原的情况，加上和突厥屡次作战，对突厥的情况也了解得比其他人透彻，不叫他去救太原叫谁去？何况隋朝天下大乱，王公贵胄造反的已不是少数，朝中早已无人！第二种情况是，隋炀帝再派人来收回成命——这只是提前让李渊回救太原而已，而且这种提前会给隋王朝减少许多麻烦。如果隋炀帝头脑灵活的话，他会作出第二种选择。

所以李渊完全胸有成竹，早就认定了自己不会有什么大事，所以他不想逃跑。如果李渊逃跑，必定更加激怒隋炀帝，隋炀帝盛怒之下，就不会把李渊同王仁恭区别开来了，而会生出杀之而后快之心，那么李渊就站在了隋王朝的对立面——这既不利于李渊的生命安全，更不利于他的图谋天下的大业。杨玄感起兵反隋终究败亡就是一个最好的实例。出于同样的目的，李渊也不会在这个时候起兵——因为那样做无疑更直接地表明了反隋的态度，同样会遭到隋王朝的打压——既然自己已经确信隋炀帝不会真的动了必杀之心（与王仁恭的处理的分别就是证明），为什么要自己把悬着灭顶之石的绳子割断呢？

因此，我们可以看到李渊并不是个优柔寡断，盲目尊崇上天的人，相反，他是一个老谋深算，极富心机的政治家——他极能隐忍，绝对不在势力尚小，时机不成熟的时候显露政治抱负。隋大业十年（公元614年）李渊任弘化留守时曾因广结江湖豪杰而暴露了政治野心，若不是他见机得快，随即采取酗酒纳贿这种"自甘堕落"的应付措施，只怕非但不能留守太原重镇，而且已经身首异处了，何谈图谋天下！所以，王夫之评论李渊："高祖意念之深，诚不可及也。"

果不其然，隋炀帝的第一批使者刚到太原没几天，第二批使者就来了，赦免了李渊和王仁恭的罪过，让他们依旧担任原来的官职。

做人一定要有担当，能够沉得住气，能够经得住风浪。李渊作为一个乱世中的英雄，他做到了沉着冷静，也正是靠着这种沉着冷静，才平安度过了危险。

晚清风云人物翁同和有一幅对联曰："每临大事有静气，不信今时无古贤"。这两句话是要告诉人们，自古以来，贤德圣明的人越是遇到惊天动地的大事，越能沉着冷静，从容应对。

静气，是一种气质，一种修养，一种境界，一种智慧。诸葛亮在给儿子的信中写道:"夫君子之所谓'每临大事有静气',就是说不要困于一时一地的得失,要有大事当前沉着应对的大气,这种大气是一切成大事者所必不可少的。行,静以修身,俭以养德,非淡泊无以明志,非宁静无以致远。夫学,须静也;才,须学也。非学无以广才,非志无以成学。"这是诸葛亮毕生的领悟。

在问题出现时,或事情过于顺利时,人们都容易沉不住气。这不是智者作为。人不应过多地去计较自己所面对的宠辱得失,而应该把眼光放远,去做该做、必做的事情。

这种不为宠辱所动,不被得失所拘的大气是成大事者应该具备的。当然,人们对于得失荣辱不可能一下子全都当作过眼云烟,但需要明白的是,已经过去的荣辱得失永远也没有将来的事情重要。人总是要往前走的,只有做好当下该做、必做的事,人才会前进。况且,一时的荣辱得失,必有它该得该有的缘由。有句话说的好:"没有无由的福祉,也没有无由的灾祸",正所谓"今日之果,昨日之因"。对于我们而言,尤其是想成就一番事业的人,应该明白"今日之果,昨日之因"的道理,为一时的得失所拘是不成熟的表现。一切成大事者都要具备一事当前沉得住气的大气。

在能够沉得住气的名人当中,胡雪岩算是其中一个。阜康挤兑风潮发生后,在杭州主事的螺蛳太太不知所措,她本来是一个很有主见,也很能干的人,此刻却慌了手脚。就在这时,胡雪岩回到了杭州。他来到钱庄的时候,正赶上店里开饭,便坐下来饶有兴趣地看伙计们的饭桌,并嘱咐钱庄"大伙"谢云清说,天气越来越冷,该用火锅了,冬至以后才用火锅的规矩需要改一改,照外国人的办法,以气温的变化做标准,冬天寒暑表多少度吃火锅,夏天寒暑表多少度吃西瓜。在这之前,胡雪岩也经常关心店员的生活，但是在面临破产倒闭的危急时刻还能如此沉着冷静，确令那些伙计们感到惊诧不已。

胡雪岩之所以能够如此沉着冷静，是因为他有不拘于得失的大气。他知道，"今日之果，昨日之因"的道理，这种时候陷于得失之中无法自拔，是于事无补的，反而会使事情更加糟糕。事业不是他一个人创下的，出现现在的状况，也不是他一个人的过错。他告诉自己，不必怨任何人，现在最重要的是想想该做什么、怎么做。事实证明，那种不计荣辱得失的性格给他带来的冷静，使他在面对危机时选择的处理办法，起到了很好的效果。比如，他那富有"闲情逸致"般的"看饭桌"，就起到了很好的稳定军心的作用。只是当时的客观情势已定，再好的办法也不能够使他的事业起死回生，因而也无法从根本上解决问题了。

在当今市场经济条件下，激烈的竞争，快节奏的生活，追求物质生活的欲望给人们增加了无形的压力，一些人的心态开始变得浮躁起来，匠气、俗气、躁气都或多或少充斥着人们的身心，心烦意乱者有之，神不守舍者有之，着急上火者有之……归根结底就是缺少一种静气。

凡是在大事面前能够沉得住气的人，必能成就大事，有一番大的作为。大事尚且能够以静制动，小事更是拿得起放得下。当然，静气并不是柔弱，而是保持冷静，以待厚积薄发。比如韩信承受着胯下之辱，看客们或是哈哈大笑或是为之鸣不平，而韩信却无所谓，不为一时的羞辱所拘。

我们在自己的人生中也要培养这样一种气质，在大事面前，不慌张，不自乱阵脚，而是沉着冷静、从容应对，只有这样，才能冷静地分析形势，获得最佳的应对策略。

危急时刻会缩头

乌龟行动缓慢，但是在激烈的生存竞争中，乌龟却能够保存自己，获得生存。究其原因，在于乌龟有一个坚实的外壳，并且在遇到危机的时候，乌龟懂得缩头战术。做人难、难做人、人难做。古人言：忍常人所不能忍，忍他人所不愿忍者，便能成大事。因此在做人的过程中，要懂得像乌龟学习，能缩头时且缩头。让我们来看一看李渊在危急时刻是怎样缩头的。

隋炀帝杨广踏着他父亲血淋淋的尸体登上皇帝的宝座，惟恐被揭露出自己欺世盗名的真面目，更怕别人以治人之道，还治其人。他假托隋文帝的诏书，缢杀故太子杨勇。又把柳述、元岩流放到岭南。朝中百官个个都是提心吊胆，李渊也忧心忡忡。

不久，李渊被调任为荥阳（今属河南）太守，后又转到楼烦（今山西静乐）任太守。虽然二郡皆远离长安，尤其楼烦郡又靠近塞外，但李渊却欣然前往。他希望离长安越远越好，这样就可以避开隋炀帝的耳目。可是有些事情是回避不了的，朝中频频发生的悲惨事件，使他的神经时时处于紧张状态。

这些朝廷重臣惨遭杀害，使李渊的心理受到很大震动，尤其是高颎，文武全才，明达世务，尽职尽责，以天下为己任，朝野敬佩，这样的老臣也被诛杀，使他很伤心悲痛。也更感到宦海的险恶、隋炀帝的专横残暴。从此，他事事更加谨慎，说话格外小心。

智者千虑，必有一失。李渊任太守时，养有九匹骏马，他对这九匹骏马爱不释手。每当闲暇之日，或者心情不好的时候，他都会骑着骏马到郊外射猎，在奔驰呐喊中驱散心中的烦恼，使过度紧张的神经松弛一下。一天，李渊的妻子窦氏非常关心地对李渊说："当今皇上好鹰爱马，你是知道的，这些马应该献给皇上。如果有人向皇上说你养有骏马，必为身累，会招来灾祸，愿你深思！"他犹豫不决。后来，有人将他养有骏马的事上奏给隋炀帝，虽然侥幸没有招来大祸，却遭到严厉斥责。

窦氏45岁那年，因病而死。窦氏死后，李渊很孤单。他常常一个人在房中冥想，回忆夫妻二人共同生活的美好时光。有一次，他又回忆起妻子劝自己献骏马的事，他觉得妻子说的很有道理，只有善于掌握别人的性格，才能深谋远虑，钩沉致远。于是，他为了自己的前程，便四处寻求鹰犬，进献给隋炀帝，因此被提升为将军。他悲喜交加，潸然泪下，非常感慨地对他的儿子们说："我过去要是听从你们母亲的话，早就被任命为此官了。"

多年出任外地的太守，使李渊侥幸避开一场一场的政治风浪。他极力装出安恬自若的样子，好像与世无争。其实，他时时注视着政局的变化，等待施展自己抱负的机会。

隋炀帝是个穷奢极欲的暴君，为满足其骄奢淫逸的生活，大兴土木。隋炀帝的奢侈腐朽，浪费了大量的人力、物力，加深了百姓的灾难。很多地区的农民吃树皮、树叶、野菜，甚至"煮土或捣藁为末而食之，其后人乃相食。"在死亡线上挣扎的人民群众对隋炀帝恨之入骨，起初在市巷中流传一些"杨氏将灭、李氏将兴"，"李氏当为天子"的童谣和谶语，接着一些地方百姓拿起武器奋起反抗。大业六年（610年）正月初

一日，天色未明，洛阳城里有几十人，自称弥勒佛，闯进建国门，突然夺取卫兵的武器，进攻皇宫，被隋炀帝的儿子杨暕所领的卫队所镇压。此次起义震动京师，隋王朝于是进行大搜捕，被连坐者达千余家。六月，雁门尉文通聚众3000人起义；十二月，朱崖（今广东琼山）人王万昌起义抗隋。这些起义虽然很快被镇压下去，但它是全国性农民大起义的序幕。

李渊听到社会上流传的谶语和各地爆发起义的消息，又想起当年史世良所说的话："公骨法非常，必为人主。"他心中暗想：隋炀帝猜忌心极强，时局动荡更使他多疑；上柱国、蒲国公李宽之子李密以父荫任左亲侍，隋炀帝认为他眼睛长得特殊，有所怀疑，便立即下令罢官，驱逐出宫；有朝一日，如果怀疑到自己的头上，轻则罢官，重则丧命。为此，李渊更加事事小心。大业九年（613年）六月，礼部尚书杨玄感在黎阳起兵反隋，率军进攻东都洛阳。

杨玄感起兵的消息传到怀远镇后，老谋深算的李渊认为时机尚不成熟，而采取静观的态度。于是，一时得到隋炀帝的信任，受命代替杨玄感亲戚元弘嗣为弘化郡（今甘肃庆阳）留守，统领关右13郡的兵马。他认为，这给以后施展自己的宏图奠定了基石，绝不可错过机遇。为此，他对属下较宽厚，多施以恩惠，而受到部下的拥戴。

八月，杨玄感战败自杀，起兵群众被隋军残杀者达3万多人。但隋炀帝心中的恐惧没有消除，对握有兵权的将领多有猜忌。每想起"李氏当为天子"的谶语时，更是毛骨悚然，真想杀尽天下的李姓。当他听说李渊在弘化郡颇有政绩，又深得将士的拥护，又怀疑起来。李家为关陇望族，李渊又掌握13郡的兵马，这样身份的人最危险。他急忙拟诏书，命专使昼夜兼程前往弘化郡，督促李渊回京。

一日，专使来到弘化郡李渊的官衙。李渊跪接诏书，口呼：“吾皇万岁！万万岁！”可是声音颤抖了。

李渊回到府里，紧张得一夜没有合眼。他深知隋炀帝不怀好意，回京等于自投罗网，凶多吉少。不去又是违旨抗诏，罪该当诛。如何逃过这场灾难，他冥思苦想，绞尽了脑汁，最后决定以病为由，采取拖延的战术。但又怎样瞒过专使呢？他想起鲁褒在《钱神论》中所说的话：金钱虽“无德而尊，无势而热，排金门（宫门）而入紫闼（宫内）。钱之所在，危可使安，死可使活；钱之所在，贵可使贱，生可使杀。是故忿争辩论，非钱不胜；孤弱幽滞，非钱不拔；怨仇嫌恨，非钱不解。”当今的达官赁人谁不爱钱！朝廷纲纪大坏，贿赂公行，我为何不用金钱买通专使，为自己多说些好话呢？

次日，李渊拜见专使，让仆人献上黄橙橙的金子、白花花的银子、光彩耀眼的珍珠。并卑廉地说：“弘化乃穷乡僻壤，卑职略备小礼，不成敬意。”专使道：“过谦了，不敢无功受禄。”李渊又说了许多奉承话。专使故意推让一番后说：“恭敬不如从命，在下只好收下了，不知唐公有何见教。”李渊装作身患重病的样子，有气无力地说：“卑职近日患有重病，拜托专使向皇上奏明，等痊愈之后立即赴京。”专使得了金钱，乐得作个人情，便回答道：“唐公请放心，卑职一定向皇上奏明公的病情。”专使回到长安，便添油加醋地向隋炀帝奏明李渊的所谓病情。此时，隋炀帝正恣意淫乐，也就把此事放到一边，无心顾及。

数月后，隋炀帝遇见在后宫服役的李渊外甥王氏，又想起前事，问道：“你舅为何几个月不来见朕？”王氏慌忙答道：“恐怕是病重，所以迟迟不能回京。”隋炀帝阴险地冷笑，狠狠地对王氏说：“可得死否？”王氏吓得魂飞胆散，连夜给李渊写密书。

李渊接到王氏的密书，吓得面无人色。急忙派人带着金银宝物赴京，贿赂隋炀帝身边的幸臣，进行斡旋。但如何采取一个长远的安身之计呢？他想起孙庞斗智的故事：战国时，庞涓妒忌孙膑的军事才能，把他骗到魏国，处以膑刑（去掉膝盖骨）。孙膑用装疯迷惑庞涓，后经齐国使臣的帮助，逃出魔掌，任齐国的军师。在马陵之战，用退兵减灶之计大败魏军，名扬天下。所谓大丈夫能屈能伸，自己为何不在"装"字上作文章呢？随即，他又想到"大智若愚"，深以不露，要在"愚"字上下功夫。万恶淫为首，酒是罪中魁。他决定混迹于酒色，以显示自己的平庸，用以迷惑隋炀帝。自此，李渊酗酒纵色，间以赌博。他与晋阳宫副监裴寂结为密友，经常酗酒赌博，通宵达旦，"情忘厌倦"。

李渊的谋略收到了预计的效果，使隋炀帝曾一度把他当作庸才而大加任用。大业十一年（615年），方士安伽陀劝隋炀帝杀尽海内的李姓。隋炀帝首先怀疑的不是李渊，而是郕公李浑。指使宇文述和裴仁基诬告李浑谋反，杀李浑宗族32人，其余皆被流放。而李渊却避过一场杀身之祸。

常言道：识时务者方为俊杰。所谓俊杰，并非专指那些纵横驰骋如入无人之境、冲锋陷阵无坚不摧的英雄，而且应当包括那些看准时局、能屈能伸的聪明者。在乱世之中，李渊正是因为能忍受屈辱，能在危急时刻缩头，才让他化解了一次又一次的危机，并最终称霸天下。

中国传统的知识分子向来以天下兴亡为己任，正所谓"天下兴亡，匹夫有责"。如果遇到小人当道、国无宁日时常有人挺身而出，甚至不惜以死抗争。对于这样的人，我们在钦佩他们的同时也不免替他们惋惜。试想：在豺狼当道、小人得志的大气候下，出面抗争固然精神可嘉，但从实际效果来看，往往是适得其反，不仅不能力挽狂澜，反而有可能导致引火烧身。因此，在这种情况下，退隐也不失为一种权宜之计。

退隐，是中国古代士大夫保全自身的一种重要方式，也是在一切积极措施归于无效时所普遍采用的办法。俗语有曰"而今学得乌龟法，能缩头时且缩头"，说的就是这个道理。

在中国历史上，选择退隐的人为数不少，张良、范蠡、陶渊明等都是其中赫赫有名的实践者。

读过《三国演义》的人，一定还记得"司马懿诈病赚曹爽"这一节。大将军曹爽夺去了司马懿的兵权，司马懿托病闲居，曹爽对此感到怀疑，就派心腹李胜前去打探情况。司马懿早就料到李胜会来，于是披头散发，装成病入膏肓的样子，谈话时颠三倒四、语无伦次，喝汤时故意显得动作迟钝，把衣襟被子都打湿了，吓得李胜连连感叹："没想到太傅竟然病得如此厉害！"这一招果然很有效果。李胜把这些情况报告给曹爽，曹爽听后非常高兴，说："司马懿一死，我就高枕无忧了。"因此对司马懿放松了警惕。但是，曹爽做梦也没有想到，正当他春风得意、扬鞭狩猎之时，司马懿率领着旧日手下兵马，径直来到宫中，断了曹魏江山。

司马懿能够东山再起，一举歼灭曹爽，就是因为他能够学会"缩头"。设想一下，如果曹爽得知司马懿饮食正常、身体健康，他能放松对敌人的警惕吗？司马懿之忧尚在，曹爽会毫无顾忌地扬鞭狩猎吗？如果曹爽坐镇宫中，以他的智慧和实力，即使司马懿有天大的本事，也不敢拿鸡蛋去碰石头。

所谓"能缩头时且缩头"，就是在别人面前隐蔽实际上"强"的一面，而故意表现出"弱"的姿态。司马懿实际上头脑清醒、思维敏捷、

身强体健。但他在会见李胜的时候，故意把这些都藏起来，而呈现出痴痴癫癫、力不支体、命若游丝这些相反的一面，用以迷惑李胜。结果，李胜信以为真，使曹爽也认为司马懿大势已去，将不久于人世，是真的不行了。

中国人崇尚宽厚仁德，天性同情弱者，在弱者面前时常生恻隐之心：本来还想踹他一脚的不忍心再踹了，本来还想打他一耳光的不忍心再打了，甚至还伸出援助之手、拉他一把。在这种情况下，同情心使得人们毫无防备，"缩头者"便畅行无阻。有句话说得好：怜弱是人的慈善，缩头却是人的机智。缩头是一种机智，也是一种权谋。在古代，刘备的江山就是哭出来的。他的嚎啕大哭、肝肠寸断，把舌如巧簧的东吴说客鲁肃打发了回去，实现了安坐荆州的目的。因此，缩头绝不是懦夫的表现，也不是真的"弱"，之所以示人以缩头，是想以弱来迷惑对手，成为麻痹敌人的强有力的手段。当对手防备懈怠的时候，你再趁势攻击，那结局自然是不言而喻的了。

还有一个例子：在东汉桓帝时期，安阳有个叫魏桓的人，很有才华，但他多次拒绝朝廷的聘任。乡亲们也都劝他去做官，施展才华。他问道："做官，是为了施展自己的抱负。现在皇帝的后宫有一千多宫人，你能减少他们吗？宫中的马厩里有好马万匹，你能削减它们吗？皇帝的左右都是些强权豪势，你能赶走他们吗？"乡亲们都回答道："不行。"魏桓不禁长叹一声："叫我活着去，死着回来，对你们又有什么好处呢？"魏桓毕生都没有再做官。

魏桓在时局动荡、奸佞弄权、国家将亡的形势下，选择了退隐。如果我们以"天下兴亡，匹夫有责"的标准来要求他，他是个不尽责任的公民，但从防谗言所害来说，他不能不算一个聪明人。

别急功近利

每个人都有自己的成功目标，支持自己发展的动力就是对成功的欲望，这些欲望中有名也有利，欲望是我们发展的原动力，没有欲望的人是不可能获得成功的，所以追求名利是无可厚非的。但是在我们的发展过程中，一定不能急功近利，正所谓"欲速则不达"，急功近利只会成为我们前进的绊脚石。在这一点上，李渊就做得很好。

李渊起兵之后，并没有急着给自己冠以皇帝的身份，而是选择了拥立代王杨侑称帝，李渊的这种做法，是为适应政治斗争的需要，采取的权宜之计。利用这个傀儡提高自己的声誉，扩大其势力，为自己登上皇帝的宝座铺设阶石。

公元618年四月底的一天，隋炀帝的死讯传到长安。李渊听说之后，立刻失声恸哭，如丧考妣般地大放悲声。他身边的文官武将们急忙上前劝解，李渊仍然哭泣不止。见左右苦苦相劝，李渊边哭边说道："我在长安北面称臣，侍奉着代王恭帝，遥尊他为太上皇，随时想着恢复隋室江山，匡扶将要倾覆的社稷。万万没有想到他会被害，而我不能及时去救他，一想起来真是伤心不已，又怎能不悲痛呢？"

第二天，裴寂等人又一次上表，建议李渊立即称帝，在表中说："天下本是万众所有，非归一人一姓。如今皇帝已殁，隋室名存实亡，何不取而代之？"李渊读完之后，心中暗说："时机还未成熟，再等一

第二章 李渊对你说做人

053

等吧！"进军长安，这是李渊一生中最重要的行动，在他的心目中始终回响着"先入关中者，先得天下"这句话。当时，他表面上立即表现出非常沉痛的样子，对裴寂等人说道："皇上尸骨未寒，怎可议定这不忠不义之事！"说罢，李渊立即把那份劝表退给裴寂等去了。

其实，李渊早就想称帝了，只是觉得时机尚未成熟，所以才一再推托。这正显示出李渊的远见卓识。

这一年的正月初一，隋恭帝杨侑下诏，允许唐王李渊佩剑、穿靴上殿，朝见时可以不跪拜，行礼时也不必通名姓，并且加前后羽葆鼓乐。这种宽厚的待遇，已经非常接近帝王了。

三月二十三日，恭帝又下诏，把十个郡增赐给唐王，唐王仍然为相国，总理百官；唐王可以设置丞相以下官吏，又加赐唐王九锡（古代帝王给掌权大臣的九种器物。一般象征着这位大臣将要建立新王朝）。

李渊接诏后，有意对身边的文武臣僚说："这是阿谀奉承的人干的事情，把握着大权，又给自己增加优厚的封赐，这算什么呢？"姚思廉解释说："这是魏晋以来的规矩，全都有例可循，并非违背祖训的做法……"李渊仍然表现出不愿接受的样子，说："假如一定要按照魏、晋的规矩，也未必能说得通。因为那些全是虚礼，是骗人的，那些受封赐的人，实际比不上春秋时期的五霸，却要追求禹、汤、文王的名声。我认为他们是可笑的，也是可耻的。"裴寂又说："历朝历代都是这样做的，怎么可以废除？而且这也有朝廷的一片真情在里边。"

在这种情况下，李渊又乘机表明自己的"心迹"："尧、舜、汤、武，可以分别按其时机，以不同方式登上王位，但都是以其至诚，上应天意，下顺民情。却没有听说夏、商末年一定得效法尧、舜的禅位举动。"

明眼人很快就能觉察到，李渊本来是在说"九锡"，突然又转到"禅位"上去了，这无疑是在提醒自己的部下们说那些他很想听的话。

那些像裴寂一类的臣僚们，便顺着李渊的话题，趁势进言道："只要应乎天，顺乎民，也是可以学尧、舜、禹这些先贤的。夏朝、商朝没有禅位之举，是因为他们不像尧、舜、禹那样贤明，他们的那颗'心'早已被阴翳蒙住了。"听到这里，李渊便不再推让，于是说："这事如果少帝知道，一定不会答应的。若是少帝不知道，单是自己想提高地位，却又假意推让，那不是很可耻的事吗？"

李渊说这些话的用意十分明显，仍然是在向自己的部下反复提醒：一定要让少帝知道！至于他是否愿意，对这个不该再问的问题，他现在完全为我所控制，敢不答应吗？

对于称帝的问题，李渊仍坚持三揖三让，只把丞相府改为"相国府"，对"九锡"之类的特殊礼仪，李渊竟不吝惜地退还给官署了。如今，炀帝已经死了，如果立即取杨侑而代之，未免显得太性急了，所以李渊又推又让，表现出仍不为"帝位"所动的样子。

这时，萧铣称帝，迁都江陵，拥兵40余万的消息传到了李渊耳中。李渊十分焦急，时不我待。他指使自己的亲信大造禅位的舆论，裴寂等2000余名文武将佐相约上奏疏谓："臣闻天下至公，非为一姓之独有。故五运递兴，百王更生，春兰秋菊，无绝终古。"接着又大讲历史上的王朝更替，禅位的历史，最后公开劝李渊称帝，恭维地赞扬李渊立有非常之功，实是非常之人，又有非常之事，不时正位，为人神盼望。"天命不常，惟德是与。迁虞事夏，抑有前规。臣等取录旧典，奉上尊号。愿王上顺天心，下从人愿"。李渊故意将上表退回，又对上奏表的人说："我已知道。"而不作具体回答。

第二章
李渊对你说做人

一日，裴寂等又进见李渊，劝说："前有龟镜，不要有所疑虑。先人有言曰'功盖天下者不赏。'臣等是唐的将佐，茅土大位，受于唐国。陛下若不称唐帝，臣等亦应辞官，伏望深思。"李渊笑着说："裴公为何相逼这样急，应该让我深思。"

裴寂等人又制造君权神授的舆论，学汉光武帝时张华上奉赤伏符的故事，献上所谓太原慧化尼、蜀郡卫元嵩等歌谣诗谶。慧化尼诗曰："东海十八子，八井唤三军。手持双白雀，头上戴紫云。"又曰："丁丑语，甲子深藏入堂里。何意坐堂里，中央有天子。"

到了五月上旬，裴寂等人再次进见道："我们这一班唐军的将佐，跟随你唐公征战多年，若唐公再不称帝代隋，我们也情愿辞官归田去了。"李渊听后笑道："诸位将佐何必言之过切！"接着，他的态度就明朗化了，说道："对称帝之所以再三推让的原因，并非不愿做皇帝，而是顾虑拥戴自己登皇帝的臣僚们表里不一，口是心非。"

在弄清了裴寂等人的真心实意之后，他才表示自己是乐意做皇帝的，并且说得很直接："如今，江都的皇上已殁，就意味着隋朝灭亡了；而四方割据，天下也早已不是隋朝的天下了。"

李渊再也不需要遮遮掩掩、闪闪缩缩，让杨侑替自己当傀儡了。他要自己当皇帝，是从逆贼、叛党手中而不是隋朝皇帝手中夺取天下。这才是李渊在炀帝死后的真实想法。

接着，李渊便派裴寂去对杨侑说："隋朝天数已尽，必须把朝廷大权交给有德之人，这个人只能是唐王李渊，别无二人了。"恭帝杨侑本来就是李渊手中的工具，李渊的命令来了，他怎敢不听从呢?

公元六一八年五月十四日，恭帝杨侑被迫下诏，宣布退位，把皇帝的宝座"禅让"给唐王李渊。接着，杨侑派遣刑部尚书兼太保萧造，司农少卿兼太尉裴之隐，奉皇帝玉玺绶带，来到唐王的相国府官邸中，举行禅位仪式。李渊又是一番"三揖三让"，才行受命，俨然是奉天承运，颇为正规。五月二十日，李渊改"大兴殿"为"太极殿"，正式即皇帝位。

李渊由此做了皇帝，并且把这个新的王朝命名为他的家族的封号——唐，中国封建社会历史上最为辉煌的时代，就在这样一种庄严的气氛中开始了。此时，李渊已经53岁，须眉斑白，因为平日保养得尚好，身体依然健壮如牛，并不显老。由于推五行为土德，服色尚黄，戴黄冕，着黄袍，由侍卫太监拥着李渊，来到皇帝的宝座龙椅上坐下。宗室、贵戚以及文武诸大臣，一时间簇拥着进入殿内，列队朝贺，跪伏在地，山呼万岁万万岁。李渊就此成为唐王朝的开国君主。

登上了皇帝御座，李渊随即颁诏四方，改义宁二年为武德元年；大赦天下，官吏各赐爵一级；凡唐军过处，免除徭役三年，其余各地，均免除一年；又罢郡置州，改太守为刺史。

退朝后，李渊赐百官宴，赏赐有加。

混乱的年代中崛起的乱世枭雄们，哪一个不是为了能够登上帝位这个最高宝座，然而真正能够登上这个宝座并在上面坐稳的却只是少数。从古至今，称王称帝的人多如牛毛，能在皇位上真正稳定地坐下去的，李渊是为数不多的其中一个，这其中有很重要的一点原因，就是李渊能够做到追逐名利的同时，不急功近利。

只有追求名利才能着眼未来，而只有抛弃急功近利才能脚踏实地，才能够让自己最终获得成功。急迫地追求短期效应而不顾长远影响，追求眼前的区区小利，而不顾全局的根本利益，这都称之为急功近利。

急功近利的人，就是急于求成、贪图名利的目光短浅者。所谓"一叶

障目，不见泰山"，急功近利者一贯是只看到眼前的境况，只在乎暂时的贫富盈亏，头痛医头，脚痛医脚。为了治好头而不顾脚，为了治好脚又不顾头了。为了摆脱眼前的状况，不惜以牺牲未来的利益为代价；为了求得一时的痛快，便无视长远的痛苦，而这是何等的得不偿失啊！

当一个人患上了急功近利的毛病后，心胸就会变得狭窄，并且胸无大志，盲从世俗。别人说军人时尚，他便要设法穿上军装；别人说学历重要，他便马上去混个学历；别人下海经商，他便削尖了脑袋想要下海。

他根本不管人为什么要这样或那样做。人格、道德、人生境界、品行操守、灵魂等等，这些在他看来分文不值。他认为人生在世，要及时行乐，要吃好穿好玩好乐好，那便是好，那便是有价值的。于是，为了实现吃穿玩乐这一人生价值，他不择手段，不顾廉耻，出卖灵魂。

然而这世间本来就不总是人人如愿的，一个人越是急功近利，就越得不到想要的功利，没有一个不顾廉耻、出卖灵魂的人能够得到真正的快乐。

所有急功近利的人都有一个共性，那就是瞪着一双贪得无厌的眼睛，死死地盯着眼前的名利。一个西方哲学家打过这样的比方：名利对于急功近利之人就如同吊在车把面前的一块肉对于拉着车的车夫一样。车夫想抓住那块肉，却总也抓不到。无论车夫把车拉得多么快，那块肉始终在他的车把前面，抓不到他的手中。急功近利之人成天绞尽脑汁，想方设法投机取巧，辛辛苦苦、忙忙碌碌，到头来却只能是竹篮打水一场空，仍然是功未成、名未就、利未得。

"殊途同归"这个词用在急功近利与好高骛远这两种人身上是再合适不过了。他们共同的归宿有两个：一是一事无成，二是无幸福可言。

急功近利的人是不可能成就什么事业的，因为他们本来就没有长远的追求，没有远大的志向，他们全部的精力、时间和生命都无声无息地消失在这种短期行为中，消失在虚浮浅薄的思想中。他们也许会获得一时的利益，但是与付出相比，所得到的却显得是那么微不足道，而且这样的人活得太累。所以，他们不可能拥有真正的快乐和幸福。

所有急功近利的人，无论是急躁的年轻人、急进的中年人还是急迫的老年人，结局莫不如此：无功无利无幸福。可见，欲速则不达，这是真理。

那么，人为什么会产生急功近利的心理呢？之所以产生对功利的急迫心理，是因为没有通达生命的根本之道和根本之理。急功近利之人认为人生中最大的事就是名利，最高的人生幸福就是拥有名利。他们不知道人来到世间，自己的躯体不该成为自己的心的奴隶，我们的心也不应该去奴役我们的躯体。自之身成了自之心的奴隶，这身子就毫无价值可言了；自之心总是缚着自之身，这心的狭隘便暴露无遗。在名利面前潇洒一点，淡泊一点，轻装上阵不是很轻松吗？轻装上阵的人没有身体负担，没有思想包袱，在奔赴成功的路上，反而跑得比别人更快。让灵魂释然、安然，比什么都重要。有一个自由健康的身心，运用内心的最高力量，发挥我们美善的天性，这难道不是人生最重大的事情吗？

看清人生的落点

做人最高的智慧，就是能够把握住生命的规律，正所谓长江后浪推

前浪，前浪终究是要消弭的，因此做人的最高境界，就是能够看清自己的落点，在人生前进的途中，能够明智地退出前沿的竞争，给自己一个圆满的人生。

唐武德九年，玄武门事变发生，这不仅是唐朝历史的一件大事，也是中国、乃至中华民族历史上的一件大事。这次事件的主要负责人是李建成和李世民，其次是李元吉。当然，作为父亲与君主的唐高祖在册立太子时没有坚持己见，犯下了不可弥补的错误，但是，最后他还是使这个惊天动地的大事件以最小的代价得到平息，并顺利完成了权力交接。由此也显示了唐高祖超凡的政治视野和政治智慧。

玄武门事变是李渊完全没有想到的事情。作为父亲，他爱他的儿子，尤其这几个儿子在创立大唐帝国的过程中都有所表现，做出了程度不同的贡献，他们和李渊之间不但有父子关系，还有特殊的君臣关系，这几个儿子都可以算是大唐帝国的开国元勋，所以当儿子们发生争夺皇位继承权的斗争时，李渊总是尽量排解，甚至不惜把国家一分为二。然而他的努力完全没有用，在权力的引诱下，儿子们互不相让，终于以你死我活的拼杀来作出最后的结论。李渊不得不认真地观察他仅存的这个嫡子李世民，看把这个费尽心力夺来的江山交给他，是否会有遗憾。

李渊首先看到的就是残酷的仇杀，李建成的五个儿子，即安陆王李承道、河东王李承德、武安王李承训、汝南王李承明、钜鹿王李承义；李元吉的五个儿子，即梁郡王李承业、渔阳王李承鸾、普安王李承奖、江夏王李承裕、义阳王李承度，全部被李世民派去的军队杀死。这是李渊的十个孙子，但在这你死我活的政治斗争中，作为皇帝的李渊完全无法营救。

李渊心想，大规模的屠杀是不可避免了。他只有躲在皇宫里假装不知道。然而，他后来听到的消息让他十分意外，他发现即将接替他做皇帝的这个儿子，原来有着非凡的气度和能力。

就在玄武门之变的当天，李世民的部下在闯入太子东宫和齐王府尽诛李建成、李元吉的十个儿子的同时，又逮捕了李建成、李元吉的亲信一百余人，他们向李世民建议将这一百余人全部诛杀，并且把他们的家人籍没为国家奴隶。尉迟敬德有不同意见，他对李世民说："罪在二凶，既伏其诛，若及支党，非所以求安也！"李世民立刻采纳了尉迟敬德的建议，并且进宫请李渊签署一道"大赦天下"的诏令，宣布："凶逆之罪，止于建成、元吉，自余党与，一无所问。"这是使李渊既吃惊又赞许的决策。

听到赦令，曾经在玄武门前与秦王府甲士交锋的李建成、李元吉集团将领冯立和谢叔方出来自首。那位在玄武门前宣称要乘机攻打秦王府，弄得李世民部下大惊失色、差一点乱了阵脚的薛万彻，原是隋朝名将薛世雄的儿子，在幽州随罗艺归降唐朝，曾经随李世民进攻刘黑闼阋，表现出很强的作战能力，李建成为此重用薛万彻。在玄武门之变时，薛万彻在东宫、齐王府卫士群龙无首的情况下，成为攻打玄武门的实际指挥者。李建成、李元吉的人头挂出来了，他知道再打下去已经毫无意义，所以说："既然已经杀死了敬君弘，算是对得起太子了。"然后率领部队躲进终南山中。

李世民怕薛万彻听不到赦令，特别派使者进山向薛万彻等人宣布李渊的最新赦令。薛万彻于是"释仗而来"，李世民亲自处理薛万彻、冯立、谢叔方等人，说："此皆忠于所事，义士也。"把他们全部释放，概不问罪。薛万彻等人感激不尽，后来为李世民立下许多战功。

再就是李建成的两个主要谋士王珪和魏徵。王珪早在杨文干之叛时就受牵连而流放隽州，李世民知道王圭有才干，向李渊建议大赦诏令包括到杨文干的党羽，这样王圭也就能回到长安，李世民后来任命王圭做谏议大夫，在贞观之治时期，王圭出了不少力。

最有代表性的处理事件是对魏徵的态度。魏徵在隋末农民战争和群雄逐鹿时期已经表现出十分出色的能力，李建成对他最为重视，在与李世民进行争夺皇位继承权的斗争中，魏徵作为李建成的第一号谋士，一定出过不少令李世民头痛的主意，所以李世民在杀掉李建成、李元吉之后，第一个要找来算帐的人就是魏徵。李世民见到已经成为阶下囚的魏徵后，开口就问："汝何为离间我兄弟？"在场的人都以为魏徵这回死定了，不想魏徵"举止自若"，从容回答道："先太子早从徵言，必无今日之祸。"这话具有双关意思，一是说明自己曾经对李建成有所劝谏，但李建成不听；同时也说自己本来有能力帮助李建成成功，偏偏不得李建成之用。李世民想这是一个用得着的人，不但不杀魏徵，反而授予詹事主簿之职，后来又任命为谏议大夫，派出去安定河北地区，"许以便宜从事"。魏徵到了河北磁州，正逢当地官府押送逃亡河北的前东宫千牛备身李志安、齐王府护军李思行去长安。魏徵对同行的副使李恫客说："我们受命来河北时，皇上有旨，前东宫、齐王府的人概不问罪。现在河北将这两人送来受审，河北原前东宫、齐王府的旧部必然要怀疑皇上赦令的真假。就是再派使臣来解释，也是没有用的。这就是失之毫厘，差之千里。我们既然知道皇上的意思是什么，就应该从国家利益行事，如果将这两个人释放，这消息会不胫而走，四处传播。主上既然以国士待我，我就以国士行为报答主上，所以请将这两个人释放。"这二人获释的消息立刻传到长安，李世民听到后很高兴，河北也迅速稳定下来。通过这件事，李世民发现魏徵确实有"经国之才"，后来委以

创世圣断

李渊有话对你说

重任，为贞观之治的出现，准备了重要的人才条件。

李世民在请李渊赦免李建成、李元吉集团人员的同时，又请李渊下了另一道关于"僧、尼、道士、女冠并宜依旧"的诏令，这也出乎李渊意料。因为在李建成、李元吉集团与李世民集团的斗争中，佛教和道教为争取各自的政治地位而分化，以法琳为首的佛教徒支持李建成，以王远之为首的道教徒支持李世民，以至佛道之争十分激烈。曾为道士的太史令傅奕在武德七年（624年）上疏，"请除去释教"。法琳为此写了《对傅奕废佛僧事》一文，由李建成奏呈李渊，维护佛教的地位。李渊在考虑了双方的意见后，在武德九年（626年）夏五月，也就是玄武门之变前一个月，以"京师寺观不甚清净"为名，下了一道对佛教并不有利的诏书，诏书内容如下：

释迦阐教，清净为先，远离尘垢，断除贪欲。所以弘宣胜业，修植善根，开导愚迷，津梁品庶。是以敷演经教，检约学徒，调谶身心，舍诸染著，衣服饮食，咸资四辈。

自觉王迁谢，像法流行，末代陵迟，渐以亏滥。乃有猥贱之侣，规自尊高；浮惰之人，苟避徭役。妄为剃度，托号出家，嗜欲无厌，营求不息，出入闾里，周旋阛阓，驱策田产，聚积货物。耕织为生，估贩成业，事同编户，迹等齐人。进违戒律之文，退无礼典之训。至乃亲行劫掠，躬自穿窬，造作妖讹，交通豪猾。每罹宪网，自陷重刑，渎乱真如，倾毁妙法，譬兹稂莠，有秽嘉苗；类被淤泥，混夫清水。又伽蓝之地，本曰净居，栖心之所，理尚幽寂。近代以来，多立寺舍，不求闲旷之境，唯趋喧杂之方。缮采崎岖，栋宇殊拓，错舛隐匿，诱纳奸邪。或有接延邸，邻近屠沽，埃尘满室，膻腥盈道。徒长轻慢之心，有亏崇敬之义。且老氏垂化，本贵冲虚，养志无为，遗物情外。全真守一，是谓

玄门，驱驰世务，尤乖宗旨。

朕膺期驭宇，兴隆教法，志思利益，情在护持。欲使玉石区分，熏犹有辨，常存妙道，永固福田，正本澄源，宜从沙汰。诸僧、尼、道士、女冠等，有精勤练行、守戒律者，并令大寺观居住，给衣食，勿令乏短。其不能精进、戒行有阙、不堪供养者，并令罢遣，各还桑梓。所司明为条式，务依法教，违制之事，悉宜停断。京城留寺三所，观二所。其余天下诸州，各留一所。余悉罢之。

这道诏令，几乎是一项禁佛工作，在那个佛教已经异军突起、蔚为大观的时代，必然引起社会动荡。李世民看到这个潜在的危险，不计佛教徒曾经支持李建成的前嫌，以政局稳定为重，停止李渊的错误决定，使李渊看到他在政治上的成熟。这当然也是使李渊惊喜的行为。

李渊在武德九年（626年）六月九日，也就是目睹玄武门之变的第四天，在确信李世民不但不会大肆杀戮，而且可以把李建成、李元吉的部下收归己有后，他放心地宣布立李世民为皇太子，并且在同时下了一道诏令："自今军国庶事，无大小悉委太子处决，然后闻奏。"这就是说，他已经放心地把全部权力交给了李世民。这是他在向朝臣暗示，他要准备退位了。

自古以来，皇帝肯自动退位者少而又少，李渊退位的动机是什么？通过分析研究可以发现其原因。首先自然是政治压力，李世民已经得势，做皇帝只是时间早晚的问题，虽然他对李渊仍然表现出孝顺姿态，但李渊亲眼见他杀死李建成、李元吉，以及李建成、李元吉的儿子们，李渊也感到害怕。李世民大权在握，李渊的性命其实已经掌握在李世民手中，他的晚年能否安稳，也全看李世民的态度，为此，把皇帝位置让出来，是极为聪明的做法。其次，李渊这时已经60岁了，他进入长安做皇帝后，就有安度晚年的打算，对裴寂说过要"为太上"的话，看到李世民有能力管好自己打出来的这份家当，索性来个功成身退，享几年清福，也是老年人的自然心态。所以，从李渊把政权交给李世民开始，他就在考虑何时退位的问题了。

李渊退位的决定可谓明智之举。在人生路上，李渊已经走上了辉煌，在人生的黄昏，李渊并没有像其他的一些人一样，握住权力不肯放松，而是明智地选择了将自己的权力交给更有为的下一代君王，对于人生，李渊有着一种参透了生命之道的智慧。

每当太阳升起，月亮便迅速躲起来了，如同潮起潮落；大自然永远不会同时给你太阳，又同时给你月亮。人生的起起落落也是如此。

人们往往喜欢回忆过去，似乎只有失去的才是最真实，才是最美好的。殊不知，明日即将失去的，也正是今日所拥有的，而今天所拥有的，也总有一天会成为过去。

今天的太阳，依旧如昨日一般。可是今日的你，已不再是昨日的你。你也不会愿意将自己固定在昨日，保持一成不变。昨日再光彩，再亮丽，毕竟也已成为过去，绝不能让它成为自己前进的绊脚石。

也许我们不能改变大的方向，但却可以依靠自己的能力把握小方向。在面对危机的时候，如何能够转危为安，需要看自身的能力。罗马城不是一天就能够建成的，自信心也不是一天就可以形成的，要靠时间的积淀，要靠丰富的阅历，要靠辛勤地努力，坚持不懈，方能达成。

世上没有永恒不变的真理，也没有永恒不变的拥有。所谓永恒不变的就是变化本身。所以，要想获得成功，就要看清人生的方向，从哪里出发，在哪里结束，心里都要清清楚楚。

第三章

李渊对你说 用人

正所谓得人才者得天下，人才的力量在古代的军事政治斗争中，起着决定性作用，因此，自古天下竞争，在一定程度上可以说是对人才的争夺。因此一个人想要获得成功，就要能够识人、用人，因此，用人之道也就成了成功人士必备的素养。李渊在自己的人生路上，能够获得成功，很大程度上得益于其用人有道。

要广纳贤才

泰山不排斥一石一土，最终成就了它的高大；江海也因为不拒绝涓涓细流、广纳百川，才有它的深邃。古代那些圣明的君王，也要经常去向农夫樵夫请教，集思广益，才会使自己更加英明。因此领导者对于人才的任用之道，首先就是要做到广纳贤才。接下来让我们看看李渊是如何广纳贤才的。

李渊深知，要成大业必须有贤才来辅佐。周文王得吕尚而灭商，齐桓公任用管仲而成霸业，刘邦重用萧何、张良、韩信而得天下。要得天下者，首先要得人才，这也是他时时不忘的信条。

大业十一年（615年），李渊奉命率领河东兵马去龙门（今山西河津）镇压毋端儿领导的农民起义军，行军过文水时，宿于木材商人武士彟的家中。

武士彟是一个富有的商人，他立志要作一番事业，颇好结交名流。他很敬佩智勇双全的李渊，接待十分殷勤。二人杯盏往来，说古论今，评论人物，相谈甚恰。李渊很感谢武士彟的盛情，更赏识他的聪慧机敏，深沉大略。二人志趣相投，结成密友。

大业十二年（616年），李渊被任为太原留守。他立即将武士彟提拔为晋阳宫留守府司铠参军，作为自己的心腹，还常请武士彟到家中密谈政事。武士彟对李渊感激不尽，竭尽赤诚。

一天夜晚，武士彟来到李府。李渊把他请到书房，让仆人退下，关切地问："武参军深夜来访，不知有何事？"武士彟郑重地献兵书和符瑞。李渊大吃一惊，问："这是何意？"武士彟说："兵书是我研读兵法的心得，共30卷，名为《古今典要》，献给唐公，以为举事之用。"李渊故作惊慌道："武参军可不要乱讲，隔墙有耳，传出去你我性命难保！"武士彟哈哈大笑，说："唐公过于谨慎了。当今皇上无道，民不聊生，隋朝的末日到了。市巷流传《桃李章》曰'桃李子，皇后绕扬州，宛转花园里。勿浪语，谁道许！'这明明说李氏当有天下。"李渊激动地说："谢谢你的雅意，将来若得天下，当同享富贵！"

李渊很羡慕刘（备）、关（羽）、张（飞）的"桃园三结义"，敬佩刘备的"三顾茅庐"。他认为，只有讲义气，共患难，礼贤下士，才能笼络住人心，招来人才。有一天，李世民慌张地来到他的书房，面有难色。李渊问："什么事情这样慌张？"李世民吞吞吐吐说："儿妻的族叔长孙顺德，为逃避攻打高丽之役，来到太原，想躲避几日！"李渊被吓得出了一身冷汗。

长孙顺德出生于官宦世家，祖父长孙澄为北周的秦州刺史，父亲长孙恺为隋开府。本人勇敢善战，少年得志，任隋右勋卫，确实是个人才。此时，李渊的心里极为矛盾：临阵逃跑，这是定斩不赦，隐藏这样的朝廷重犯其罪不小，一旦事发身家性命难保；如果推开不管，别人会说自己不讲义气，推出的不是一个长孙顺德，而是一群人才。这样的话就没人为你卖命。

李渊权衡利害之后，坚定地说："亲戚朋友有难，我们不能袖手旁观。否则，别人会说我们太不仗义。"李世民松了一口气，高兴地说："谢谢父亲大人。"从此，长孙顺德就依附于李渊的帐下，感恩不尽，

做事十分卖力。

李渊为了扩大自己的势力，对自己的部下，对出身寒微的人，都能以礼相待。或以"情"，或以"权"，或用"钱"，加以笼络。钱九陇，其父为南陈时的皇家隶人。李渊见他忠厚，善骑射，加以信任，收为自己的亲身护卫。

雍州池阳人刘弘基，少年落拓，交结游侠，不事家产，以父荫为右勋侍。曾从隋炀帝攻打高丽，因家贫不能自给，行军至汾阳时与其部属盗牛犯法，因以入狱。赎罪后，四处流浪，以盗马为生。后来到太原，投靠李渊，以心相交。李渊对他待之以礼。推心置腹，"出则连骑，入同卧起。"两人结为密友。晋阳（今山西太原）人刘世龙，任晋阳乡长。经裴寂推荐，李渊对他很器重，他对李渊也竭尽忠诚。经常出入隋炀帝亲信王威、高君雅家，为李渊探听消息。

李渊还让长子李建成在河东潜结英杰，让次子李世民在晋阳密招豪友。二人禀承父亲的意图，倾财赈施，卑身下士；有一技可称，一艺可取者，皆以礼相待。故颇得士庶之心，结交许多人才。

一天，李世民向李渊禀报说："儿最近结交一位朋友，乃晋阳人唐俭。其祖父为北齐尚书左仆射唐邕，父亲唐鉴为戎州刺史。该人落拓不拘规检，而对父母极为孝顺；对时局很有见解，常言隋室无道，天下可图。"李渊沉思片刻微微一笑说："唐鉴与我曾在宫中同领禁卫，他还是我的世侄，明日领他来见我。"

次日，唐俭来到李府，宾主寒暄一番之后，李渊问道："不知世侄对时局有何看法？"唐俭拱手说："明公日角龙庭，李氏又在图牒，天下所望，已非一日。若能开府库，南号召豪杰，北招抚突厥，东收燕、赵之地，长驱渡黄河，占据秦、雍之地，海内之权，指麾可取。愿能以顺众望，则汤、武之业不远。"李渊很有分寸地说："汤、武之事，非所庶几，今天下已乱，言私则图存，语公则拯溺。卿宜自爱，吾将思之。"唐俭心领神会，成为李渊的得力助手。

李渊不仅在创业初期很重视人才，在自己不断发展的过程中，李渊同样注重人才。李渊进入长安后，继续罗致人才，姚思廉、李靖、李纲等人，先后加入了李渊集团。

姚思廉，字简之，雍州万年（今陕西西安）人。他"少受汉史于其父，能尽传家业，勤学寡欲，未尝言及家人产业"。在隋朝，先为汉王府参军，后为代王侑侍读。李渊攻破长安，"侑府僚奔骇，唯思廉政王，不离其侧"。在有军士将登殿时，姚思廉厉声呵斥道："唐公举义，本匡王室，卿等不宜无礼于王。"军士皆愕然而立于庭下，允许姚思廉扶代王侑于顺阳阁下，泣拜而去。后被称为"忠烈之士"。武德四年（621年），被李世民定为号称"登瀛州"的十八学士之一。贞观初年，又为著作郎、弘文馆学士。褚亮曾称赞他道："志苦精勤，纪言实录。临危殉义，余风励俗。"这正是太宗重用他的原因。在史学方面，他修撰了《梁书》和《陈书》，受到赐彩绢五百段的奖励。由此可见，在武德和贞观初年，姚思廉对文化的发展是有重要贡献的。

李靖，本名药师，雍州三原（今陕西三原西北）人。他"姿貌伟，少有文武材略"。其舅韩擒虎是隋朝名将，常常与李靖讨论兵法，每次都对李靖大加赞赏，并抚之曰："可与论孙吴之术者，惟斯人矣。"隋末，李靖为马邑（今山西朔州）郡丞。他从李渊对突厥的作战中，看出李渊颇有野心，他遂欲赴江都向隋炀帝告发李渊。但到长安后，因道路不通留居长安。李渊攻克长安后，执李靖欲斩，李靖大呼曰："公起义兵，本为天下除暴乱，不欲就大事，而以私怨斩壮士乎！"李渊遂认为他是有用之人，将其释放。在统一战争中，他轻骑经金州（今陕西安康）至夔州（今重庆奉节），沿江东下，平定萧铣。后又东下，平定辅公祏。所以，李渊对其大加称赞道："李靖是萧铣、辅公祏膏肓，古之名将韩、白、卫、霍岂能及也！"武德九年（626），玄武门之变爆发前，李世民曾征求过李靖的意见，李靖表示不愿参与其事。这说明李靖在当时是颇有影响的人物。太宗即位，他又为大破突厥发挥了重要作用。贞观十七年（643年），他是被图画于凌烟阁的二十四功臣之一。晚年，太宗称赞他"南平吴会，北清沙漠，西定慕容"，功大无比，由此可见，李靖在唐初的统一战争和对突厥的战争中是有重要贡献的。

李纲，字文纪，观州蓓（今河北景县）人。他"少慷慨有志节，每以忠义自许。"隋文帝时他为太了洗马。隋末，他隐居于县（今陕西户县），后被起义军首领何潘仁引为长史。李渊攻破长安后，他竭见李渊，受到欢迎，被授丞相府司录。武德二年（619年）八月，李元吉弃太原南逃，李渊欲问罪于辅佐守城的宇文歆，李纲反对李渊的做法认为辅佐李元吉守城的是窦诞和宇文歆二人，宇文歆曾多次批评李元吉的错误，并向他提出积极的建议，李元吉没有理睬；窦诞对李元吉的错误听之任之，没有任何表示，责任在窦诞不在宇文歆。这对李渊来说是尖锐的批评。因为窦诞是李渊妻窦氏之侄，又是李渊女襄阳公主之夫。李渊不追究窦诞的责任，显然有失公允。于是，李渊纠正自己的错误，不再追究宇文歆的责任。后来，李纲又辅佐过太子李建成，提出过不少积极建议。太宗即位后，他又为太子少师，极力辅助太子，太宗对其也非常满意。所以说，李纲也是唐初不可多得的人才。

正是依靠着这些人才的辅佐，李渊才能够在乱世中崛起称雄，最终夺取天下。所以，在人生发展的过程中，我们一定要像李渊那样广结贤才。

有人会问，身为领导，一定有着出类拔萃的能力，在自身优秀的前提下，还需要人才的辅佐么？对于这个问题，朱元璋曾经做出过回答。在朱元璋昭告天下的诏书中，有这样一段记载："诏曰：'贤才，国之宝也。古圣王劳于求贤，若高宗之于傅说，文王之于吕尚，彼二君者，岂其智不足哉？顾皇皇于版筑、鼓刀之徒者，盖贤才不备，不足以为治。鸿鹄之能远举者，为其有羽翼也；蛟龙之能腾跃者，为其有鳞鬣也；人君之能致治者，为其有贤人而为之辅也。山林之士，德行文艺可称者，有司采举，礼送京师，朕将任用之，以图至治。'"

对于这段文字，用我们现在的话来记述就是：人才是国家的宝贝。古代圣贤很注重访求贤才，就好像殷高宗访求傅说，周文王礼请吕尚一样。这两位君主，他们的贤明、能力都可以说是超越常人的了，但是他们还是要访求贤才加以任用，甚至急切地到筑版修路和屠夫之类的人当中去求取贤才。究其根源，是他们懂得人才的重要性，他们知道没有足够的贤才，就不能治理好国家。帮助鸿鹄直上云霄的，是它的羽翼；帮助蛟龙飞腾四海的，是它的鳞鬣；而帮助君主治理国家的，

李渊为报答秦琼救护之功而修建流庆寺

第三章　李渊对你说用人

073

就是广大的贤才。人才不论是生于乡间，还是出身草野，只要他的德行和文化能够达到人才的标准，相关部门就要将他们挑选出来，任用他们来治理国家。

在这段论述中，充分说明了人才的重要性，也点出了广纳贤才的必要性，朱元璋也正是凭借着广纳贤才，才能够最终一统天下，成为一代帝王。也正是凭借着广大的人才，他才能在明朝开国的时候，使生产力得到极大恢复，人民能够安居乐业。所以，人才是很重要的，身为领导一定要广纳贤才。战国的孟尝君就是一个广纳贤才的人，即使是只有微小的本领，也能够得到孟尝君的供养。在一次危急时刻，孟尝君凭借着自己手下两个食客鸡鸣狗盗的本领，脱离险境，保住了性命，这就是广纳贤才的作用。

当代社会的竞争日益激烈，想要在竞争中获得胜利，领导者就要注意到人才的重要性，时刻保持招贤之心，广纳贤才，为自己的成功，奠定人才的基础。

公正对待每一位下属

在一个团队中，不可能有整齐划一的团队成员，因此团队成员之间存在差异是很正常的事情，但是领导者在对于人才的任用奖惩中，不能有偏见，而应该一视同仁，公正地对待下属。李渊就是因为能公平公正地对待自己手下的人，才会有那么多人为他效命。

大业十三年七月癸丑日，李渊亲自率3万大军誓师出征，遥尊隋炀帝为太上皇，立代王杨侑为帝，将隋朝的赤色旗帜改为绛白。

李渊西取长安的进军路线是沿汾河东岸南下，直取潼关。而霍邑则是进军途中第一个军事目标。消息传至长安，留守京师的代王杨侑立即命虎牙郎将宋老生率精兵2万屯驻霍邑，同时派左武侯大将军屈突通驻河东，阻截李渊的西进。

李渊率军经过一番血战，终于攻下了霍邑，斩杀了宋老生。占领了霍邑，就等于攻破了关中的第一道坚固的防线，在战略上自然是重大胜利，对鼓舞李渊军队的士气也起到了关键的作用。李渊兴奋地说："有了这第一仗的胜利，何愁大军进不了关中！"

李渊攻占霍邑之后，立即犒赏三军，奖励有功将士，全军从将领到兵士，无不欢呼雀跃，如过节一般。此时，负责论功行赏的司功参军姜暮前来请示道："那些本以奴仆身份参军的人，他们立了功该如何奖赏？是否与一般普通自由人一样，享有同等地位？"李渊听了之后，立即说道："战场上哪里分贵贱？枪刀可不认识谁是奴仆、谁是主人！为什么打完了仗，在论功行赏的时候，要分等级、别贵贱呢？在我们的这支军队里，必须按功行赏。"军中将士听说之后，人人心悦诚服，喜笑颜开，尤其是那些被压在最下层的劳动者，如奴仆、隶役等，终于享受到平等的待遇，自然对李渊更加效忠了。

李渊这样做，也有利于扩充军队，人们纷纷传说，李渊对部下不分身份贵贱，全是一视同仁，即使是奴仆，只要立了功，可以和主人一样受到重赏。于是，在进军长安途中，沿途有大批人马加入李渊的军队，军队人数进一步增多，力量更加强大了。

在霍邑城里，李渊为了进一步扩大影响，对隋朝的官吏一律既往不咎，他与宋老生部下的官员们见面时说："除了宋老生一人之外，我不

会责罚任何人。即使你们中间有人不愿归顺我，我仍然会以赤诚之心对待你们。"说完之后，他立即宣布道："对那些隋朝的旧官吏全部重新授官，和在太原起兵时从军者一样，享受同等的待遇。凡关中将士要回乡的，都授以五品散官。"

当时，在隋军中有些人衣食无着，请求参加李渊的军队，他也热情欢迎，编入自己的军中，并宣布说："对这些人不准有任何歧视，也不必有任何防范。"

为了消除这些隋朝的官吏、将士们的疑虑，李渊还以厚礼安葬了宋老生，并在坟前立碑纪念。

这些措施落实之后，在霍邑城内外影响甚大，前来参军的人络绎不绝。此时，管理户曹的崔善为向李渊提出意见道："对那些前来归降的隋朝旧官员，都授为五品官，因为太多、太易，是否有过滥之嫌？"李渊一听，笑道："杨广吝惜勋位赏赐，因而失去人心。我怎能步其后尘！"

其实，在李渊看来，官职是夺取政权的一种手段，人们都争先恐后地来请求加入自己的军队，在很大程度上，是为了取得高官厚禄，把这些许诺做在前面，有利于动员这些人去杀敌立功，有何不好呢！因此，李渊的军队在太原起兵后，特别是在攻占霍邑之后，兵力得到巨大发展，这与他善于收揽人心有着极大关系。

军队在霍邑休整了半个月，充实了兵马粮草，李渊又命令全军继续沿汾水谷地向西南进发，一路势如破竹，很轻松地拿下了临汾（今山西临汾）、绛郡（今山西新绛县）。其实，攻占了霍邑，也就等于进入了临汾郡的大门，郡守刘信西，主动领着部下官员迎出城外，李渊同样真诚抚慰他们，一一恢复官职，任其去留，按章办事。同时又招募了许多丁壮当兵，充实军队。

大军抵达绛郡时，通守陈叔达率兵拒守，李渊准备攻城时，铠曹武士彟上前禀报："这位陈叔达是南朝陈宣帝的儿子，隋灭陈后，杨广让他做了中书舍人，后来又派他来绛郡当通守，对昏君多少有些报恩的想法，卑职曾与他相识，有些交情，去说他来降吧！"李渊笑道："我亦知此人有才，他十几岁时便能赋诗十韵，被人们视为奇才，他若肯降我，我亦用他。"

武士彟以说客身份，进城劝说陈叔达："李渊宽厚得像个长者，对那些隋朝的普通的官吏，都授以五品官；而你身为通守，李渊又亲口说你是奇才，要重用你，为何要螳臂挡车，自寻死路？"武士彟的一席话，说得陈叔达无言以对，只得说："本不想抵抗，因念及皇上恩情，才不得不有所表示。"武士彟笑道："杨广暴戾如此，还念什么小恩？投李渊之后，你将受重用，会使你获大恩的啊！"陈叔达便随着他出城投降李渊，受到特别宽待。李渊当场宣布既往不咎，还任命陈叔达做丞相主管和记室温大雅在一起执掌机密。

武士彟问陈叔达："怎样？我的话没有错吧？"陈叔达不禁赧然一笑："未料到李渊如此宽厚，真是大人风范，此人必然要坐天下了！"武士彟说道："李渊是知人善任，唯才是用。无论投他早晚，一视同仁。我是太原起兵前投奔他的，而你仅是一个降将，但是，你一来就成了他的近臣，可比我吃香！"陈叔达笑道："官职大小，我历来不在乎，难道你不了解我的人品？关键在于看重我的人格，这也是我一个文人应有的气节！"武士彟也深有感触地说："是啊！李渊知道尊重他人的人格，特别重视敬重文人的骨气，尽管我是一个做木材生意的商人出身，因为我曾在他困难时资助过他，他总是念念不忘那件往事，居然封了我一个大官，我反倒觉得受之有愧了！"陈叔达连连点

头："我以为，官职无论大小，李渊如此大仁大义，我们都该恭敬勤劳，忠心不二吧！"

李渊正是凭借着对下属的一视同仁，赢得了下属的效忠之心，也因此吸引了更多人才为自己效命。

成功的领导者能够做到处理问题公正、办事出于公心、待人一视同仁，就能赢得下属的认同。

《吕氏春秋·贵公》中说："阴阳气候，甘露时雨，不择物而变，不私物而降，这才是公的气象。"刘宝楠解释说："治天下必先公正、公平、公开，公则使老百姓高兴。公则天下太平，太平来自公。成事在公平，失事在偏私。"

作为领导，不能面对上司就阿谀奉承，而对下属就恣意愚弄。相反，处事待人要有平和忍让的雅量。而要做到这一点，唯一的办法就是一个"公"字。手下人心理平衡，全靠领导者能公平公正；而国家的安定，人民安居乐业，也靠领导者的秉公办事。

公平能够让人信服，不公平就难以服人。要想使人觉得公平，关键在于平其人之气，平其人之情。人心之所以感觉总是不平衡，就是因为有气的干扰，情的牵挂。诸葛亮有句名言："我的心像一杆秤，不为他人所轻重。"他一生都在努力实践着公平二字。《三国志》的作者陈寿这样评价诸葛亮："为政开诚布公，公正尽忠。对时世有用的人，就是仇人也奖赏；违犯法令、怠慢国家的人，就是亲人也要诛杀。认罪后肯悔改的人，从轻处理；死不认错，还狡辩的人，虽轻重罚。善没有成绩不赏，恶没有坏果不贬。严刑峻法，天下却没有人怨恨，这就是他用心公平正直的结果。诸葛亮堪称治世的良才，能力与管仲、萧何在伯仲之间。"

马谡与魏国大将军张郃在街亭作战时，因为未听从诸葛亮的指挥，被张郃大败。于是诸葛亮把马谡杀了。但他亲自祭奠，并抚养了马谡的孩子，像自家人一样对待。蒋琬说："现在天下没有安定，而你杀了有智有谋之人，难道不可惜吗？"诸葛亮哭着说："孙武能够取胜天下，是因为他用法公正。现在四海分裂，战争刚开始，如果废除了军法，用什么讨伐敌人呢？"

当初，马谡才智过人，诸葛亮对他非常器重。刘备死前告诉诸葛亮："马谡言过其实，不能大用。"但是诸葛亮没当成一回事，仍然任马谡为参军。而现在，马谡已死。人们都说，马谡是丞相平时熟知的人，他打了败仗，丞相流泪把他杀了，而且抚恤他的后代，真是为政没有私心啊。

西汉文帝时，张释之任廷尉，典掌刑狱。有一次，汉文帝车骑出行路过中渭桥时，从桥下跑出一人，使皇帝所乘的舆马受了惊。文帝当即命令侍从骑士逮捕这个人，交付廷尉治罪。张释之受理了这个案件，犯人说自己是本县人，走到这里，听说皇上在此，过往人等禁止通行，于是就藏在了这座桥下。时间过去了很久，以为皇帝的车马已经过去了，没想到刚出来就撞上了，便匆忙跑开。廷尉按照法律给他定了罪，奏报皇上："一人违禁，罚金四两。"文帝大怒，认为此人惊吓车马，几乎伤了自己，廷尉只判罚金，这是轻君重民。张释之则据理力争："法律是天子与臣民共同遵守的，依法所定就是罚金，如果重判，则使民不信法。若当即将此人诛杀，也就罢了。既交付廷尉审理，则当依法定罪。廷尉本身是天下公平的象征，廷尉不公，天下执法者就会轻重法令，百姓将手足无措。望陛下慎察。"文帝权衡了一下利弊，非常佩服地称赞道："廷尉的判决是对的。"

人是万物之灵，情感也最为丰富。人与人之间，存在着亲疏之别，朋仇之差。这种差别原本是无可厚非的，但如果因此而循私枉法，就难免受众矢之的。诸葛亮等人深知这个道理，用理智处事，情怨是情怨，公法是公法。领导者若如此，一定能深得下属的信任。

在奖惩、升迁一类的问题上不因亲疏远近而有所差别，平等地对待下属，这是领导者一视同仁的表现。但是另一方面，领导者也不能盲目地一视同仁。在管理上，要有针对性地进行管理。一视同仁，是为了更好的吸纳人才为自己效力，在管理上的区别对待则是为了使管理合乎实际。总而言之，都是为了实现一个目的——促进自己的发展。

给下属注入"兴奋剂"

团队成员的积极性高低直接影响团队的工作效率，同时决定着管理者施行管理的难易程度。所以用人者在用人的过程中，一定要善于调动、激发出人才的积极性。激励方法与技巧使用恰当，将会在很大程度上提高团队成员的积极性，从而提高工作效率与工作质量。在这一点上，李渊的做法就很值得我们借鉴了。

李渊起兵之后，攻城夺地，取得了很大的进展，但这并不表示李渊的形势一片大好，事实上，李渊四面都有强敌环伺。在李渊出兵征讨的时候，另一股起义势力刘武周趁机攻取了李渊的老巢——太原。刘武周出生于豪富之家，隋炀帝曾三次进攻高丽，刘武周应募东征，因军功被提拔为建节校尉。东征师还，刘武周返归马邑，担任鹰扬府校尉。在隋末群雄竞起的纷乱形势中，刘武周率先起兵，依附突厥，图谋帝业，进而"率军南向以争天下"，在大将宋金刚的辅佐下，占据了有充足食粮和库绢的晋阳，攻陷河东大部地区，威逼关中。刘武周意气风发，索性就自称皇帝，建立了政权。

对于这种情况，李渊派出自己的儿子李世民对刘武周进行征讨。武德二年十一月，唐高祖命秦王李世民率军征讨刘武周，不到两年，就将刘武周全军击溃。刘武周的势力基本肃清，由突厥人一手扶植起来的"天兴"王朝，自公元六一七年三月开始，至公元六二零年的五月，被李世民的大军全部消灭了。

唐军进入太原之后，曾被刘武周先后占领的所有州县，又全部处于大唐政权的控制之下。

这样一来，唐高祖李渊既可以东行无阻，为攻取洛阳扫清了道路；同时，也使秦（陕西）、晋（山西）连成一片，扩大了统一全国的根据地。

因此，李渊在长安听说唐军打败了宋金刚，平定了并州，收复了太原，非常高兴，连声说道："好，好！消灭了刘武周，收复了河东，巩固了关中，世民之功也！"这时候，李纲说道："启禀陛下！听说秦王为了追击宋金刚的贼兵，曾带领大军人不下马，马不卸鞍，两天不吃饭，三天不脱衣甲，一直追到雀鼠谷，打败了宋金刚之后，才吃了一顿饱饭，真是劳苦功高哇！"李世民的舅父窦珊奏道："秦王的战斗作风历来如此，前年打薛仁果时，也是穷追不舍，打到关键时刻，把吃饭休息全都抛到了脑后。说来也有意思，他的部下将士不但没有怨言，反而争着抢着去拼命杀敌，真是有其帅必有其将士啊！"裴寂也提到一条事例，他说："陛下！臣听说一件千真万确的事情：秦王带领大军追赶宋

金刚，两天不吃饭，三天不卸甲，追到了雀鼠谷，打败了宋金刚的军队之后，唐军中只剩下了一只羊。秦王立即下令：把羊杀了，与全军将士分而食之！"

大臣们听了这事之后，一片唏嘘赞叹之声，把皇上也激动得差一点落下了眼泪，不由得颤声说道："这、这次出征河东，幸亏有世民，他、他出来挑这副重担啊！真是擎天一柱！"

满朝文武大臣都在交头接耳地议论，有的说秦王西讨薛仁果，东征刘武周，为大唐立下不朽功勋，是朝廷一等功臣！

大臣们议论纷纷，李渊听了，心中也很高兴，只有太子李建成听了，心中不是滋味，见大臣们无不众口一词夸赞二弟世民，担心这样突出李世民的功绩，随着势力的膨胀，会不会危及自己的太子地位？想到这里，他再也沉不住气了，便大声说道："在这庄严的朝堂之上，一片喧嚷吵闹之声，岂不是对圣上的亵渎？"

李渊一听，似乎有所觉察，便哈哈一笑道："平定了河东，是朝廷中的一大喜事，应该热烈地庆贺一番，大臣们为此高兴也是可以理解的。"说到这里，他立即对萧璃吩咐道："在世民和全军将士回到长安之前，你要认真准备犒赏三军的物品。"

第二天，李渊又命窦琎去准备欢迎仪式，要求在李世民率领大军回城时，长安城里都要张灯结彩、敲锣打鼓地欢迎。

又过了两天，李渊突然决定编制一部乐舞，借以表彰李世民艰苦创业的精神。于是，他派人喊来了乐工和乐师，对他们说："秦王为了追击宋金刚的贼兵队伍，曾带领大军连续追击，两天不吃饭，三天不脱衣甲，这种人不下马、马不卸鞍的吃苦作风，应该用乐舞的形式表现出来。"乐师、乐工们听了之后，忙说道："表现这种战争场面，人多才有气势。"

在李渊的倡导下，一部大型的《秦王破阵乐》编成了。他向乐师、乐工们要求以雄壮的龟兹乐为基调，用一百人以上的乐队，一百人以上的合唱队，一百二十人的舞蹈队，予以表现。李渊要求这部《秦王破阵乐》在表演时，舞者要手持兵器，在舞台上往来突刺，以求再现战争场面。为了增强这部《秦王破阵乐》的宏伟气势，赞颂和表彰秦王李世民及广大唐军将士的大无畏战斗精神，李渊又亲自写了一首《赞歌》，命乐师谱上曲调，教会那一百二十名合唱队员，令其人人会唱。其《赞歌》的歌词如下：

滔滔黄河水，波涌浪翻；

巍巍太行山，叠嶂重峦！

关塞迷险哟，肠道望断。

霜风道劲哟，征尘迷暗。

贼势猖獗呀，黎庶饥寒。

对萧萧暮雨洒河东，

处处红衰翠减，

阵阵烽火频传，

道道鼙鼓报长安！

滔滔黄河水，波涌浪翻；

巍巍太行山，叠嶂重峦！

关中少年侠气哟，

自请长缨出战！

系紧腰间刀、囊中箭，

一诺千金重哟，

誓斩敌酋顽，

壮志餐虏肉，

笑谈饮胡血，

狼奔豕突走狗窜！

收复江山一片啊！

功高万口传！

为了庆贺这次战争的胜利，高祖李渊投注极大的精力，朝廷上下一片忙碌。长安城里，到处洋溢着喜庆的气氛，整个关中大地都处在欢乐的海洋之中。

这时候，李世民也已接到他父皇的诏书，要他带领大军回长安，于是，他留下行军总管李仲文守太原，自己率领大军高唱着凯旋战歌，回到了长安。

大军一进潼关，便受到太子李建成领着的皇族队伍的热烈欢迎，秦王李世民抬头一看，站在欢迎队伍中的人们，全是李氏宗族皇亲国戚，他们是平原王李伯驹、永安王李孝基、长平王李叔良、永康王李神通、襄邑王李神符、新兴王李德良，这是李世民伯叔一辈的人物。后面是李世民堂兄弟行的人，他们是淮阳王李道炫、陇西王李博义、渤海王李奉慈等。再后面便是李世民的姐姐平阳公主李凤娇、姐夫柴绍，妹妹李凤仪、妹夫段纶，小妹李凤英、妹夫窦诞等。

李世民急忙下马，一一相见，互致问候。太子李建成令人捧着御盘，亲斟御酒三杯，来到李世民面前说："父皇命我代表朝廷敬你御酒三杯，以示慰问。"李世民先向长安方向跪拜谢恩，又向太子李建成施了礼，饮完三杯御酒后，与兄长李建成执手交谈，随后各自上马，并辔回行，走在欢迎队伍的最前面。

此时，自潼关通长安的大道上，人马不绝，百姓夹道欢呼，争相观睹秦王李世民的英姿丰采，不断的掌声、叫声与喧闹热烈的锣鼓声交织在一起，汇成一股巨大的声浪，在潼关与长安之间的大道上空回响着。大军进入长安城，欢迎的气氛更加热烈。大街小巷，张灯结彩，敲锣打鼓，城内的百姓男男女女，扶老携幼，夹道欢呼。在大道两旁的空地上，还有龙灯、狮子舞蹈的表演，以及旱船、高跷等民间艺术的亮相，显示出盛大的节日气象，整个长安城沉浸在一片欢乐氛围中。

唐高祖李渊带着满朝文武大臣，亲自来到玄武门外欢迎爱子李世民凯旋，这是前所未有的最高礼遇。李世民一见，便远远地下了马，由太子李建成陪着，兄弟二人来到他们的父皇面前，跪伏在地，齐声叫道："父皇！"父子相见，激动得一时说不出话来。

按照李渊的命令，在太极殿外大摆酒宴，为李世民请功，高祖李渊居中落座。李世民由太子李建成陪着，紧挨李渊的旁边坐下。唐军主要将佐坐在秦王一边，他们是徐世勋、秦叔宝、程知节、尉迟恭、刘弘基、宗罗喉等一百余人。另一边是由齐王李元吉为首的一班文武大臣，裴寂、李纲、陈叔达、萧璃、魏徵、李涛等八十多人。

庆功宴一开始，李渊先向秦王李世民敬酒，感谢儿子为大唐立下汗马功劳，因为他已察觉李建成露出疑忌之心，所以在称赞李世民时，适当注意一下遣词造句，他说："……用这么短的时间，就消灭了刘武周的势力，完全收复了河东的土地，拯救了百姓，巩固了关中，确是劳苦功高！"李渊向李世民敬酒之后，又热情慰劳那些功劳卓著的唐军将领，又特别点到归唐的猛将尉迟敬德，勉励他为大唐继续效力建功。接

着，李渊要大家一边喝酒，一边观赏由他亲自指导编制的大型乐舞《秦王破阵乐》。

表演开始了，一百多人的庞大乐队奏起了雄壮的龟兹乐曲，舞蹈演员手持兵器，随着音乐的节拍，在舞台上奔驰跳跃，往来突刺，活灵活现地再现了战争场景，十分逼真。观众纷纷击鼓呐喊，有些将领看着，情不自禁地离开座位，加入了舞蹈队伍，一同跳起来，气氛热烈而雄壮。秦王李世民更是欣喜万分，他万万没有料到父皇会用这种形式来庆贺胜利。突然，歌声响起来了，一百多人激越雄浑的歌声，深深地吸引着酒宴上广大的唐军将领。

李渊对儿子世民说："你可听得清楚，那歌词是朕亲自为你拟写的呢！"秦王李世民激动地看着他的父皇，不禁谢道："父皇！儿臣实在没有想到——"

那《赞歌》中的每一句歌词，都十分清晰地被合唱演员以嘹亮清脆的声音唱着。听着浑厚嘹亮的赞歌，面对舞台上再现的战争场面，秦王李世民不由得热血沸腾，仿佛又回到不久前策马追击宋金刚逃军的那紧张难忘的日日夜夜里……在秦王李世民的眼前，似乎出现了无数唐军将士，他们手执兵器，英姿勃勃地飞马驰过，冲向逃跑的宋军；特别是大将秦叔宝手执双锏，与宋金刚交战的身影，转瞬之间，宋金刚败逃在前，秦叔宝追击在后的英武形象，历历在目，记忆犹新。接着是尉迟敬德驱马赶来，及时救援自己，与宋家宝激烈拼杀，钢鞭挥舞……

突然，父皇的一声呼唤使李世民从回忆的战争场景中惊醒过来，李渊对他说道："世民！这种战争场面，用雄壮的歌舞乐曲展示在舞台上，很能表现出生入死、艰苦创业的奋斗精神。"李世民听了，忙说道："父皇！这部破阵乐好是好，只是用'秦王'二字在前，恐怕不太合适吧？"李渊听他这么一说，立即放声大笑起来，然后说："有什么不合适？这部《秦王破阵乐》就是为你编制的，朕花了一整夜的时间才想出用这种表彰方式，把你带领大军追击宋金刚，曾经两天不吃饭，三天不脱衣甲的忘我战斗精神表现出来，用它教育满朝文武大臣，让这种奋斗精神得到发扬光大！"听了皇上的这段话，满座的文武大臣以及唐军将领，都一齐欢呼、叫好，宴会上的气氛更加热烈、活跃起来。

随后，李渊乘着酒酣饭足，对大家说道："……各位共同的辅佐和拥戴，使朕成就了帝王之业，假如天下能最终太平，归于一统，大家都可以共享富贵，可是，千万不要忘记，如果让王世充这样的小人得志，各位还能有身家性命吗？像薛仁果、刘武周、宋金刚之流，他们惨败的教训怎么可以不作为前车之鉴呢？"

李渊的话含意很明白，西面的薛仁果、北面的刘武周全被消灭了，东面的王世充就成为唐朝当前最大的敌人！因此，各位还要鼓足干劲，再接再厉，只有把王世充这小子给消灭了，大家才能稍微轻松一下！

由此可见，李渊正是运筹帷幄之中，不断给部下提出新任务，指出新的进攻方向与目标，表明他自己有极大的政治抱负，绝对不会像薛举父子那样，只满足于抢掠财物，更不会像李轨的无能和不作为，偏安于关中一隅，李渊是要统一全国，做全中国的大皇帝！

自然，李渊的话中不仅是给将士们打气，他也向群臣和皇子们敲响了警钟——如果在胜利之后产生骄傲自大、轻视敌人的情绪，反被王世充打败，你们就得死在他的手里。

李渊不愧是个老练的政治家，他老谋深算，对部下恩威并施，随手捻来一两个反面教员，防止得胜的将士们，特别是自己的儿子李世民产生骄纵情绪，给自己的王朝带来意想不到的损失。因此，这次庆功宴

会，又变成了走向下一个进攻目标的动员会了……

李渊在用人上有着很高的造诣，在李渊用人的过程中，无论是自己的儿子，还是手下的大将，李渊都能够采用恩威并施的手段，适时地给下属以激励，让他们振奋精神，毫不懈怠地为了团队的发展努力奋斗。

俗话说"一个篱笆三个桩，一个好汉三个帮"，能力再强的领导，要获得事业上的成功，也离不开下属的鼎力支持。所以，理好与下属之间的关系对于一个管理者来说至关重要。团队这个圈子是管理者充分发挥能力、建立自己个性气场的主阵地。管理者不仅要有出色的业务能力和组织能力，更要学会给下属打"兴奋剂"。恩威并用，下属才会更积极地配合你、支持你，你也会在领导的岗位上做得风生水起。

如何给下属注入"兴奋剂"呢？最简单的方法就是使下属体会到在集体中的存在感，感到他们对集体的重要性，并适时地鼓励他们。具体而言，下面三点非常关键：

第一，要使下属感到他对团队、公司而言非常重要。

在任何团队中，每个人身上都有个无形的胸卡，上面写着"让我感到我的重要"。存在感是对个人能量的一个极大的肯定。因此，身为管理者，你一定要让他感到自己很重要，比如时常关心一下他的工作，了解一下他的生活，哪怕只是一句温馨的话语，也会让他感到自己很重要，觉得你是个充满人情味的领导，他才会更加支持你的工作，紧密地团结在你的周围。

第二，要人性化地对待下属，适时地进行自我批评，并对下属及时加以鼓励。

在日常工作中出现分歧甚至争执是难免的，在处理矛盾时，只有达成一致才是最佳的解决方案。如果下属事后特意向你表示和解之意，你该适度进行一番自我批评，主动解除下属心中的顾虑，让下属明白你是个就事论事的人，绝不会在背后做小动作，公报私仇。

除此之外，任何人在事业刚刚起步的时候都会感到艰难和孤独。在这个时候，如果得到来自主管的表扬，即使非常微小，也会让他精神振奋，信心百倍。新入职的员工也是如此。在他慢慢适应新环境的过程中，如果取得一点小成绩就得到了领导的表扬，那么他的信心一下子就树立起来了。

有一家公司在刚开始创业时曾遭遇过步履维艰的困境。当时，公司只有一个临时雇员。按领导的话说："大的成功离我们太遥远。我们几乎感受不到任何激励。"长期如此，他们一定会崩溃。于是公司的领导者做出了一个决定：每次获得一个小成功，都要自己庆贺一番。

每当公司的业务有所突破时，同事们都会出来庆祝交流一番。领导者说："我们的雇员经验还不够丰富，无法取得巨大的成功，所以这种庆贺也是一种很大的鼓励。"正是这些不时的表扬鼓励，使该公司取得了惊人的进展。

高安大观楼

第三，身为管理者，还要宽容地对待下属。宽容是化解负面能量最成功的手段之一。

在团队的日常工作中，也许你的下属会犯一些错误。他心里会非常恐惧，害怕受到批评，害怕降薪，害怕不再得到你的信任，害怕就此离职。这时，负面能量在犯错员工的心中会大量堆积。这时，身为管理者的你，要主动去了解员工的心理，化解其心中的负面能量。只要他犯的错误无关原则问题，你都应该适当表态，可以稍稍训斥一番，然后对他表示理解和宽容。

由此可见，为下属适时地打打"兴奋剂"，会为管理者带来无限的领导魅力，也为团队的发展带来了前所未有的活力。

不计前嫌，敌为我用

竞争过程中，竞争的激烈性和对抗性，都会形成竞争对手之间的相互敌视。竞争过程中，人才各为其主，会尽自己的努力为了自己的团队出谋划策，对付自己的竞争对手。对于竞争的胜利者来说，在对手失败之后，面对曾经的仇敌——对手手下的人才，完全不必采取赶尽杀绝的措施，而是应该宽怀一点，不计前嫌地任用人才，让他们协助自己走向成功。而李渊就是采取了这种不计前嫌的策略，所以他身边的人才会如此众多，而且其中有很多人曾经都是他对手的手下。

魏徵（580—643），字玄成，钜鹿曲城（今河北巨鹿人）。父亲魏长贤曾经任北齐的屯留令。魏徵少年时父亲就去世了，家道中落，生活贫困。但他"落拓有大志，不事生业"。他从小爱好读书，涉猎很多方面。隋末的时候，天下大乱，他发表了"尤属意纵横之说"。

农民大起义暴发后，武阳郡丞元宝藏举兵反隋，以响应李密，召魏徵为典书记。从此，魏徵参加了农民起义军。义宁元年（617年）九月，元宝藏受李密封爵，命魏徵写信以表感谢。李密被魏徵的文辞所吸引，特地请他为元帅府文学参军，掌记室。从此，魏徵就在李密属下任职了。

武德元年（618年）九月，李密击败宇文化及之后，"劲卒良马多死，士卒疲病。"王世充又出兵洛口，想要乘机歼灭李密的大军。李密召集众将商议，多主张应战，魏徵却劝告长史郑颋说："魏公虽骤胜，而骁将锐卒死伤多矣；又军无府库，有功不赏，战士心情，此二者难以应敌。未若深沟高垒，旷日持久，不过旬月，敌人粮尽，可不战而退，追而击之，取胜之道。且东都食尽，世充计穷，意欲死战，可谓穷寇难与争锋，请慎无与战。"魏徵经过深思熟虑，提出了非常正确的建议，但郑颋不但听不进去，反而称其为"老生之常谈"。魏徵生气地说："此乃奇谋深策，何谓常谈？"于是拂衣而去。果然不出魏徵所料，交战之后，李密军大败，死伤无数，郑颋等将佐也被俘，李密走投无路，最终选择了投降。

魏徵随李密归降了唐朝，但迟迟没有被任用，于是他自己请安辑山东，被授任为秘书丞，乘驿传到达黎阳。这时，李密旧将李勣仍拥兵据守。魏徵给李勣写了一封信奉劝他说，李密拥兵数十万，一蹶不振，已归降唐朝；现在黎阳已成为兵家必争之地，应该尽早归降，否则后患无穷。李勣得魏徵信后，于是决定向唐朝投降，并开仓运粮，支援淮安王李神通军。

过了一段时间，窦建德攻陷黎阳，俘获了魏徵，任命他为起居舍

人。至武德四年（621年），秦王李世民擒获窦建德，魏徵再次归唐。太子李建成听说了魏徵的名声，引荐他任太子洗马。从此，魏徵成为东宫的座上宾。

魏徵侍奉皇太子，可谓是忠心耿耿、竭尽全力。他发现秦王位高名望，暗中有夺宗之志。为了提高太子声望，稳固储君的地位，魏徵与太子中允王圭劝告太子说："秦王功盖天下，中外归心；殿下但以年长位居东宫，无大功以镇服海内。今刘黑闼散亡之余，众不满万，资粮匮乏，以大军临之，势如拉朽，殿下宜自击之以取功名，因结纳山东豪杰，庶可自安。"太子依照他们的建议，奏请了高祖，总领陕东道大行台及山东道行军元帅，统河南、河北诸州军马，讨伐刘黑闼。

魏徵随太子远征，在沼水（今河北曲周东南）接连击败黑闼军。由于之前的高压政策，使得窦建德部下的残余势力再次起兵。于是，魏徵向太子建议说："黑闼虽败，杀伤太甚，其魁党皆悬名处死，妻子系虏，欲降无由，虽有赦令，获者必戮，不大荡宥，恐残贼啸结，民未可安。"太子再一次听从了他的建议，"获俘皆抚遣之，百姓欣悦"。刘黑闼很快束手就擒，从而使河北一带动荡不安的局面逐渐稳定下来。

魏徵发现秦王的功勋越来越大，威望越来越高，对太子地位是一个严重的威胁，于是便时常劝说太子要尽快想出对策，李世民也听说了这件事。武德九年（626年）六月，玄武门事变，秦王诛杀了太子和齐王元吉，召来魏徵，责问他为什么"离间我兄弟"，只见魏徵毫无惧色，直言不讳地说："皇太子若从徵言，必无今日之祸。"秦王听了虽然很是气愤，但因为器重他的才华，仍以礼相待，引荐他为詹事主簿。

不久，魏徵任谏议大夫。原太子及齐王之党羽则流散在民间，虽然被赦免，他们仍然感到不安，有的人还去揭发他们来邀赏，使得他们更是惶惶不得终日。于是，皇帝派魏徵宣慰山东，并允许以便宜行事。魏徵到达磁州（今河北磁县），正遇州县押送前东宫千牛李志安、齐王府护军李思行去京师。他说："吾受命之日，前宫、齐府左右皆赦不问；今复送思行等，则谁不自疑！虽遣使者，人谁信之！吾不可以顾身嫌，不为国虑。且既蒙国士之遇，敢不以国士报之乎！"于是，当即下令全部释放。李世民听到后，对魏徵不顾嫌疑、忠心为国的精神大为赞赏。

魏徵仕途坎坷，饱尝丧乱之苦，积累了丰富的阅历，因而也造就了他的经国治世之才，他对社会问题有着敏锐的洞察力，而且为人刚正不阿，不屈不挠，深为唐太宗所器重。太宗曾多次让魏徵进入卧室，"访以得失"，魏徵也"喜逢知己之主，思竭其用，知无不言"，对于朝政得失，频频上谏。唐太宗曾称赞他说："卿所陈谏，前后二百余事，非卿至诚奉国，何能若是？"之后，迁任尚书左丞。贞观三年（629年）任秘书监参知国政，进封郑国公。

魏徵的直言进谏在历史上是出了名的，当时以"识鉴精通"而闻名的宰相王圭曾高度评价他说："每以谏诤为心，耻君不及尧、舜，臣不如魏徵。"据《贞观政要》记载，魏徵向太宗面陈谏议有五十次，呈送太宗的奏疏十一件，一生的谏诤多达"数十余万言"。其次数之多，言辞之恳切，态度之坚决，都是其他大臣所无法相提并论的。

魏徵的谏诤涉猎广泛，主要内容当属朝廷军国大事的失误。为了安抚隋末战乱给人民带来的伤害，他便规谏太宗要休养生息，不能像隋炀帝那样奢靡。对内反对营造宫室台榭，对外反对穷兵黩武。为了社会的安定，他规谏太宗要废除隋的严刑峻法，实施宽平的刑律；为了政治清明，他规谏太宗对官吏中的贪赃枉法之徒要严惩不贷。在刑赏问题上，他认为刑赏之本在于劝善惩恶，"贵贱亲疏"一律对待；在君主的

思想作风上，他规谏太宗要兼听广纳，认为"兼听则明，偏信则暗"。他还规谏太宗要以"亡隋为戒"，总结历史教训，居安思危，力戒骄奢淫逸。对这些有关国家治乱、社稷存亡的大问题，魏徵在上谏时一向是坚持原则，据理力争，对唐太宗的失误批评也是一针见血的。他言辞激切，无所顾忌。贞观八年（634年），陕县丞皇甫德参上书说："修洛阳宫，劳人；收地租，厚敛。"太宗看后非常生气，要给他定以讪谤之罪。魏徵马上劝谏说，昔日贾谊给汉文帝上疏说："可为痛哭者三，可为太息者五。"自古以来，凡是劝谏都是言辞激切，只有这样才能引起皇帝的警觉，激切并不是讪谤。太宗听后有所悔悟说："朕初责此人，若责之，则谁敢言之。"魏徵的据理力争，有时会弄得唐太宗面红耳赤，甚至下不了台。有一次在罢朝后，太宗余怒未息地说："会须杀此田舍翁。"又说魏徵"每廷辱我"。可见，魏徵的言辞是相当激烈的，往往是一针见血，甚至到了太宗无法忍受的程度。

不仅是军国大事，对于太宗其他一些不合义理的做法，魏徵同样会提出善意的批评。贞观六年（632年）八月，长乐公主下嫁，因为公主是长孙皇后所生，太宗便下令资妆要比永嘉长公主多。此时，魏徵进谏，认为长公主尊于公主，公主之礼不应超过长公主。长孙皇后听到这件事后，对魏徵的敢于直谏非常钦佩，感慨万千，对太宗说："尝闻陛下重魏徵，殊未知其故。今闻其谏，实乃能以义制主之情，可谓正直社稷之臣矣。妾与陛下结发为夫妇，曲蒙礼待，情义深重，每言必候颜色，尚不敢轻犯威严，况在臣下，情疏礼隔，故韩非为之《说难》，东方称其不易，良有以也。"之后，便亲自去魏徵家，给予了他帛五百匹的赏赐。魏徵说出了甚至连长孙皇后也不敢轻易说出的话。

有时，太宗从心理上会无法接受魏徵的尖锐批评，但他心里明白魏徵是忠心为了国家的长治久安,对他的犯颜直谏曾感叹说:"人言魏徵举动疏慢,我但觉妩媚,适为此耳。"当然,魏徵之所以能够屡次极言直谏,与唐太宗的开明政治是分不开的。因此,他回答说:"陛下导之使言,臣所以敢谏,若陛下不受臣谏,岂敢数犯龙鳞?"这一番话的的确确是肺腑之言,而并不只是谦逊之辞。

魏徵的直言进谏对于国家、社会来说是大有裨益的。这也让太宗感到自己不可一日离开他。太宗曾用良匠和金子分别比作他和魏徵,金子原在矿石里,它之所以宝贵,是由"良冶锻而为器,便为人所宝"。史学家对魏徵给予了高度评价:"臣尝阅《魏公故事》,与文皇讨论政术,往复应对,凡数十万言。其匡对弼违,能近取譬,博约连类,皆前代诤臣之不至者。"

在隋末人口流亡、经济凋敝、百废待兴的时候,魏徵力劝太宗偃革兴文,实行有利于国计民生的休养生息政策,体现了他政治上的"致化"思想。

太宗刚刚即位之时,曾经与群臣谈到教化百姓的事。太宗说,大乱之后,百姓难以教化。魏徵则认为:"久安之民骄佚,骄佚则难教;经乱之民愁苦,愁苦则易化。"他还举了一个例子说,这就像"饥者易为食,渴者易为饮"一样。他反驳了大臣封德彝"人渐浇讹,故秦任法律、汉杂霸道,盖欲化而不能"的说法,认为商汤灭夏桀,周武王伐纣,"皆能身致太平,岂非承大乱之后邪!"他又进一步说:"若谓古人淳朴,渐至浇讹,则至于今日,当悉化为鬼魅矣,人主安得而治之!"魏徵的这番话,其意义是积极的。太宗采纳了魏徵的建议,制定了经国治世的基本政策,对于贞观之治产生了深远的影响。

魏徵还提出了以静为化之本的施政方针。他认为,隋朝虽然经济繁

荣，兵戈强盛，但由于"甲兵屡动，徭役不息"，最终还是被灭亡，其原因就在于"动"。大乱之后，百姓已困苦不堪，"静之则安，动之则乱，人皆知之，非隐而难见也，非微而难察也。"

魏徵主张社会应该有一个稳定的环境，使百姓休养生息，着力恢复和发展社会经济。为此，魏徵曾多次劝谏太宗停止战争，对百姓轻徭薄赋、布德施惠。贞观初年，岭南诸州上报说高州酋帅冯盎反叛，于是太宗马上准备调发江南、岭南数十州兵进行讨伐。此时，魏徵立即上谏说："中国初定，疮痍未复，岭南瘴疠，山川阻深，兵远难继，疾疫或起，若不如意，悔不可追。"他认为冯盎数年"兵不出境，此则反形未成，无容动众。"如果派遣使者，"分明晓谕，必不劳师旅，自致阙庭。"太宗听了他的意见，没有出动一兵一卒，岭南也依然相安无事。太宗高兴地说："岭南诸州盛言盎反，朕必欲讨之。魏徵频谏，以为但怀之以德，必不讨自来。既如其计，遂得岭表无事，不劳而定，胜十万师。"于是，给了他五百匹绢的赏赐。

为了避免百姓受到劳役之苦，魏徵还劝谏太宗停止周边诸国的入朝贡献。贞观二年，高昌王麴文泰将入朝，西域诸国也都要派遣使者贡献。魏徵上谏说："中国始平，疮痍未复，若微有劳役，则不自安。往年文泰入朝，所经州县，犹不能供，况加于此辈。"太宗听了，马上下令追回了迎接西域使臣的使者。

为了减少费用，魏徵还劝谏太宗停止一些规模较大的活动。贞观六年，文武百官都认为封禅是帝王的大事，多次请求东封泰山，只有魏徵不同意。他认为，尽管太宗功高德厚，国泰民安，四夷宾服，"然承隋末大乱之后，户口未复，仓廪尚虚，而车驾东巡，千乘万骑，其供顿劳费，未易任也"。在魏徵的劝谏下，又恰遇河南、河北数州闹水灾，于是太宗停止了东封活动。

魏徵明白，帝王如果迷恋于宫宇楼榭，奢侈无度，必然会使百姓遭殃。在与太宗谈及此事时，他以"亡隋为鉴"，说隋炀帝"志在无厌，惟好奢侈，所司每有供奉营造，小不称意，则有峻罚严刑。上之所好，下必有甚，竞为无限，遂至灭亡，此非书籍所传，亦陛下目所亲见"。借此来提醒太宗要以史为鉴，不要重蹈覆辙。

太宗曾让在益州及北门制造绫锦、金银器，魏徵得知后，立即进谏劝说此事。他说："金银珠玉，妨农事也，锦绣纂组，害女工也。一夫不耕，天下有受其饥。一女不织，天下有受其寒。古人或投之深泉，或焚之通衢，而陛下好之，愚臣不胜其耻。"

太宗因为在位已久，所以一时失去了俭约的作风。贞观十一年（637年），他东巡洛阳，住在显仁宫，遣责州县官吏供奉不好。魏徵感到，这样下去一定会生奢侈之风，于是马上进谏，敲一下警钟："隋惟责不献食，或供奉不精，为此无限，而至于亡。故天命陛下代之，正当兢惧戒约，奈何令人悔为不奢。若以为足，今不啻足矣；以为不足，万此宁有足耶？"此后，魏徵又上疏，表示"臣愿当今之动静，以隋为鉴，则存亡治乱可得而知"。

魏徵"偃革兴文"的政治思想是符合当时的国情民意的，医治了隋末战乱的创伤，促进了社会经济的恢复与发展。太宗十分感慨地对宰臣长孙无忌说："朕即位之初，有上书者非一，或言'人主必须威权独运，不得委任群下'；或欲耀兵振武，威慑四夷，远人自服。'唯有魏徵劝朕'偃革兴文，布德施惠，中国既安，远人自服。朕从其语，天下安宁。绝域君长，皆来朝贡，九夷重驿，相望于道。凡以此事，皆魏徵之力也。"

魏徵遇到知己之主，竭智尽力，辅助太宗，成为太宗的得力助手。正因为有魏徵的直言进谏，匡正朝政失误，才有了历史上有名的贞观之治。太宗曾说："贞观之后，尽心于我，献纳忠说，安国利民，犯颜正谏，匡朕之违者，唯魏徵而已。古之名臣，何以加也。"并将自己贴身的佩刀赐给了魏徵。

自高祖李渊，到太宗李世民，魏徵都可以说是自己政敌手下的能臣。在对立时期，魏徵对于二人都曾经造成过损失。对于魏徵，李渊父子二人都采取了不计前嫌的措施，将魏徵纳入自己的旗下。尤其是李世民，对魏徵真正做到了人尽其才，使得魏徵成为了一代名臣，也成就了唐太宗纳谏的美名。

李渊父子这种不计前嫌的做法，即使是到了现在这个社会，也可以应用在很多地方。如今，企业之间的竞争非常激烈，甚至到了白热化程度。在这个时候，难免企业间会相互产生敌意。在某些时候，这种敌意还会转移到具体的员工身上。

甲企业中的某位骨干提出了一个有价值的策略，这个策略使得该企业在市场竞争中把乙企业挤得无处容身。这个时候，乙企业中难免会有人痛恨这位骨干。后来，乙企业通过自己的努力再次占领市场，并且实力越来越强。甲企业在竞争中落败并最终面临破产，员工不得不另谋出路。这时，如果甲企业中那位骨干前往乙企业应聘，乙企业中的管理层就会有人反对。这便是敌意的具体表现。

企业管理者应该明白各为其主的道理，在选用人才的时候，要敢于任用曾经的敌人。

早在古代，我国就有很多不计前嫌、任用人才的范例。

公元前686年，齐国发生内乱，齐国国君齐襄公在内乱中被杀。家不可一日无主，国不可一日无君，齐国上下立即开始进行另立新君的大事。公子纠和公子小白此刻十分担心。因为他们是齐襄公的两个兄弟，都是齐国国君的候选人。谁棋高一着，谁就能够成为君主。

为了能顺利登上齐国国君的宝座，公子纠和公子小白二人各施手段。当时，公子纠在鲁国，有鲁国国君鲁庄公和老师管仲相助；公子小白在莒国，有莒国国君和老师鲍叔牙相助。

为了保证公子纠的安全，鲁庄公本打算护送他回齐国。但管仲考虑到莒国与齐国相近，担心公子小白近水楼台先得月，于是向鲁庄公提议，自己带一队人马火速前进，阻止公子小白进入齐国。鲁庄公同意后，管仲立即出发。

管仲的担心很正确。为了尽快赶回齐国，公子小白已经在莒国人的护送下启程。发现公子小白的踪迹后，管仲立即上前阻截，并一箭向坐在车里的公子小白射去。公子小白惨叫一声，随即躺在车里。管仲以为自己射死了公子小白，公子纠成了齐国国君的唯一继承人。他感到胜券在握，回到鲁国后，便不紧不慢地护送公子纠去齐国。

令管仲感到吃惊的是，他们还未赶到齐国，就听说公子小白已经到达齐国，并做了齐国国君。为了保全性命，管仲和公子纠只好沿路返回鲁国。

原来，公子小白的老师鲍叔牙早就料到鲁国人会来阻截，于是让公子小白装死，随后便立即赶往齐国，将公子小白扶上宝座即齐桓公。

齐桓公将国事料理好后，派兵攻打鲁国。鲁国力量薄弱，很快就被齐国打败。在齐桓公的要求下，鲁庄公将公子纠处死，然后将管仲押送到齐国。

管仲被押送来后，鲍叔牙向齐桓公建议重用管仲。齐桓公当时非

常气愤，他认为管仲曾用箭射他，差点儿要了他的命，不仅不应该重用，还该治罪。最后在鲍叔牙的劝说下，齐桓公封管仲为相，辅佐他治理朝政。

管仲上任后，采取了一系列富国强民的措施，为齐国创造了大量财富。其中最为突出的是，管仲利用了齐国临海的天然优势，不断从海水中提取食盐，在满足齐国所需的同时还供应给其他离海较远的诸侯国。不仅如此，管仲还帮助齐桓公成为当时的霸主，完成了齐桓公的心愿。

管仲当年为了使公子纠顺利成为齐国国君，曾经射了齐桓公一箭，可以说，齐桓公与他有一箭之仇。但齐桓公最终还是将仇恨抛在了一边，重用了他。也正是这种做法，使得齐国得到了一位不可多得的治国贤才。

知人与善任并举

所谓知人善任，包括知人与善任两个层面，这两个层面是密切联系的。"为政之本，在于选贤"，选贤一定要知人善任。知人即了解人，善任即善于用人；知人是善任的基础，善任是知人的目标；通过知人来达到善任，在善任中进一步知人识人。是否能够真正做到知人善任，不仅是对一个领导者品行修养和领导能力的检验，对一个团队来说也是至关重要的。下面让我们来了解一下李渊是如何知人善任的。

李靖（571—649），字药师，京兆府三原（今属陕西）人。出生于官宦之家。祖父李崇义曾任殷州刺史，被封为永康公；父亲李诠在隋朝任职,做过赵郡太守。李靖身材魁梧,在家庭的熏陶之下,从小就具备"文武才略",进取之心也很强。他曾对父亲说:"大丈夫若遇主逢时,必当立功立事,以取富贵。"他的舅父韩擒虎是隋朝的名将,每次和他谈论兵事,总是拍案叫绝,并抚摩着他说:"可与论孙、吴之术者,惟斯人矣。"李靖开始时任长安县功曹,后来历任殿内直长、驾部员外郎。他的官职看起来虽然低微,但他的才能在隋朝公卿之中却是出了名的,吏部尚书牛弘称赞他有"王佐之才",左仆射杨素也抚着坐床对他说:"卿终当坐此!"

大业(605—617)末年,李靖任马邑郡(治今山西朔县东)丞。当时,反隋暴政的农民斗争正在如火如荼地进行,河北窦建德,河南翟让、李密,江淮杜伏威、辅公祏等领导的三支农民起义军在冲右突动摇着隋朝的腐朽统治。在隋朝太原留守的李渊也暗中招兵买马,准备伺机而动。李靖发现了他的这一诡计,于是"自锁上变",前往江都,告发此事。当他到了京城长安时,那里已经乱作一团,道路阻塞使他未能成行。没多久,李渊便在太原起兵,那里并迅速攻占了长安,俘获了李靖。李靖壮志未酬,感慨万千,在临刑将要被斩时,他大声疾呼:"公起义兵,本为天下除暴乱,不欲就大事,而以私怨斩壮士乎!"李渊被他的言辞举动所震撼,又因为李世民钦佩他的才能和胆识,所以就释放了他。之后,李靖便被李世民召入幕府,充做三卫。武德元年(618年)五月,李渊建唐称帝,李世民被封为秦王。为了平定割据势力,李靖随从秦王东进,平定在洛阳称帝的王世充,因为有功而被授任于开府。从此,李靖开始崭露头角。

在平定王世充的战斗打响不久,盘踞在江陵(今属湖北)的后梁萧铣政权派船只军队溯江而上,企图攻取唐朝峡州(今湖北宜昌)、

巴、蜀等地，被峡州刺史许绍击退，于是退守安蜀城及荆门城。为了消灭后梁萧铣这一割据势力，唐高祖李渊派李靖到夔州（今四川奉节）安辑萧铣。

李靖得到命令，立即率领数骑赶往夔州，路过金州（今陕西安康）时，恰好遇到了邓世洛率数万人屯居在山谷，庐江王李瑗企图讨伐，都惨遭失败。李靖为庐江王出谋划策，一举击败了蛮兵，俘获了很多人。他们顺利通过金州，抵达峡州。由于萧铣在此地控制着关键要塞，他们再次受阻，久久不得前进。而李渊却误以为他逗留不前，错过时机，秘密下诏令许绍将他处死。许绍钦佩他的才干，竭力为他请命，才得以不死。

之后，开州蛮人首领冉肇则发动反叛，率军队侵犯夔州，赵郡王李孝恭率唐军应战，接连败北。李靖率领八百将士袭击叛军的营垒，大败蛮兵。随后又在要塞处布下埋伏，杀死了冉肇则，俘虏达五千多人。好消息立即传到京师，唐高祖高兴地对公卿说："朕闻使功不如使过，李靖果展其效。"于是颁下玺书，慰劳李靖说："卿竭诚尽力，功效特彰。远览至诚，极以嘉赏，勿忧富贵也。"李靖的竭忠尽智终于获得了李渊的信任，李渊改变了对他的成见，并亲笔写敕告诉李靖："既往不咎，旧事我久忘之矣。"

武德四年（621年）正月，李靖分析了敌我双方的局势之后，提出了攻灭萧铣的计策，得到了唐高祖的赏识，二月即任命李孝恭为夔卅总管，提拔李靖为行军总管，兼任孝恭行军长史。高祖认为孝恭对于军旅之事不大精通，"三军之任，一以委靖"。此时，李靖实际上已成为三军统帅。

李靖开始积极制造舟舰，组织士卒练习水战，为下江陵作准备。同时，他发现巴、蜀之地刚刚归附唐皇朝，局势还不太稳定，为了解除后顾之忧，他奉劝李孝恭把各部族酋长子弟都召集到夔州，根据他们的才能的优劣分别授以官职，安置在左右，"外示引擢，实以为质"。这个计策对于稳固巴、蜀政局起了重要的积极作用。

同年九月，唐高祖下令派遣巴、蜀兵士，集结于夔州，并任命赵郡王李孝恭为荆湘道行军总管，李靖兼行军长史，统辖十二总管；任命庐江王李瑗为荆郢道行军元帅，为北路军；黔州刺史田世康出辰州道，为南路军；黄州总管周法明出夏口道，为东路军。四路大军分头并进，一齐杀向江陵，一场规模巨大的军事进攻便拉开了帷幕。

当时，正赶上雨季，江水暴涨，流经三峡的滚滚江水咆哮着倾泻而下，响声震撼。萧铣暗想水势这样汹涌，三峡路险难行，唐军一定不敢东下，于是休养士兵，毫无防备。而唐将也大都不敢前进，请求待洪水退后再进兵。李靖以超人的胆识和谋略，排除众人的议论，说："兵贵神速，机不可失。今兵始集，铣尚未知，若乘水涨之势，倏忽至城下，所谓疾雷不及掩耳，此兵家上策。纵彼知我，仓卒征兵，无以应敌，此必成擒也。"孝恭按照他的建议，立即率战舰二千多艘，沿着三峡，冲破咆哮着的江水，顺流东进。因为萧铣毫无防备，唐军接连攻占荆门、宜都两个镇，并乘胜前进，十月便到达夷陵城（湖北宜昌）下。

正在此时，萧铣的骁将文士弘率数万精兵驻守在清江一带。李孝恭一众将士到达后，想立即进击。李靖劝告他说："士弘，铣之健将，士卒骁勇，今新失荆门，尽兵出战，此是救败之师，恐不可当也，宜且泊南岸，勿与争锋，待其气衰，然后奋击，破之必矣。"李靖提出的避其兵锋，挫其锐气，然后一战可擒的战术是相当正确的，但李孝恭被接连不断的胜仗冲昏了头脑，错误地估计了敌人的力量，不仅没有听从他的

第三章 李渊对你说用人

意见，反而将李靖留守军营，自己率兵出战。果然如李靖所说，双方刚一交战，孝恭军便大败，向南岸逃去，损失惨重。文士弘在获胜以后，马上纵兵到处抢掠，兵士个个都肩扛手提，收获颇丰。李靖观察到敌军队伍散乱，于是抓住时机，立即指挥唐军出战。文士弘军队早已四散开去，一时难以收拢，结果被唐军打得落花流水，死伤将近一万人，舟舰四百余艘被俘获。

攻下夷陵之后，李靖毫不歇息，继续率轻骑五千为先锋，直奔后梁都城江陵，李孝恭率大军继后。李靖首先攻克江陵外城，接着又占领水城，获得大批舟舰，但却让李靖全部抛弃于江中，顺流漂下。将士们对这种做法都感到困惑，他们认为缴获的敌船，正好充当军舰，为什么要抛弃江中，给敌人享用的机会？李靖胸有成竹地说："萧铣之地，南出岭表，东距洞庭，吾悬军深入，若攻城未拔，援军四集，吾表里受敌，进退不获，虽有舟楫，将安用之？今弃舟舰，使塞江下，援兵见之，必谓江陵已破，未敢轻进，往来觇伺，动淹旬月，吾取之必矣。"李靖的这一计谋果然取得了很好的效果，长江下游的萧铣援兵见到江中这些遗弃散落的舟舰，误以为江陵已破，都不敢前进。交州刺史丘和、长史高士廉等将赴江陵朝见，在行进途中听说萧铣大败，便投降了唐朝。

唐军死死地包围了江陵。萧铣处于内外隔绝的境地，援兵尚未到达，城内又难以抵抗，走投无路，于是也投降了唐军。李靖率军进入城内，号令严肃，秋毫无犯。这时，将士们都认为萧铣抗拒官军，罪大恶极，建议收缴其家产，用以犒赏官军将士。李靖立即劝阻说："王者之兵，吊人而取有罪，彼其胁驱以来，藉以拒师，本非所情，不容以叛逆比之。今新定荆、郢，宜示宽大，以慰其心，若降而籍之，恐自荆而南，坚城剧屯，驱之死守，非计之善也"。由此可见，李靖高瞻远瞩，宽宏大量，并不贪图钱财。他这一做法深得人心，于是江、汉纷纷归降。萧铣刚刚投降不久，便有十几万援军相继赶来，听说唐朝的政策宽大，萧铣投降后并没有被严刑处置，于是也都放下兵器不战而降。

李靖佐助李孝恭出兵，仅用了两个月的时间，就消灭了江南最大的割据势力后梁，战功显赫，唐高祖诏封他为上柱国、永康县公，给予了他二千五百缎的赏赐。

江陵一战的胜利，显示出了李靖卓越的军事才能和深谋远虑，他也由此得到了唐高祖的重用。战事刚一结束，便马上升他为检校荆州刺史，安抚岭南诸州，交特许承制拜授。同年十一月，李靖越过南岭，到达桂州（今属广西），派人分道招抚，所到之处，反叛将士都前来归降。大首领冯盎、李光度、宁真长都派来了子弟求见，表示归顺，李靖承制授以官爵给他们。因此，连下九十六州，获得的民户达六十万。从这以后，"岭南悉平"。高祖下诏劳勉，授任岭南道抚慰大使，检校桂州总管。李靖认为南方位置偏僻，与朝廷相隔甚远，自从隋末大乱之后，并没有受到过朝廷的恩惠，如果"不遵以礼乐，兼示兵威，无以变其风俗"，于是率其所部兵马从桂州出发南巡，所经之处，李靖亲自"存扶耆老，问其疾苦"，得到当地百姓的热烈拥护，"远近悦服"，社会稳定，百姓安居乐业。

武德六年（623年）七月，原投降唐皇朝的农民起义军将领杜伏威、辅公祏二人闹矛盾，辅公祏乘杜伏威入朝的时候，偷偷地占领了丹阳（今江苏南京），率领兵马反叛唐朝。高祖命李孝恭为帅，李靖为副帅，率李勣等七总管东下讨伐。辅公祏派大将马惠亮率三万水师驻守当涂（今安徽当涂），陈正道率二万步骑驻守青林，从梁山用铁索横亘长

江，阻断了敌军的水路。并筑造了建月城，绵延十余里。孝恭召集将领们商议对策，大都认为，辅公祏劲兵连栅，固守不战。如果直取丹阳，捣毁其巢窠，惠亮则不战自降。李靖分析了敌方形势之后，认为辅公祏留守的也是精锐部队，"若我师至丹阳，停留旬月，进则公祏未平，退则惠亮为患，此便腹背受敌，恐非万全之计"。惠亮、正道虽然占据了城门，"今若攻其城，乃是出其不意，灭贼之机，唯在此举"。孝恭听从了他的计策。于是，李靖率黄君汉等实施水陆并进，经过激烈的鏖战，敌军伤亡万余人。冯惠亮无力招架，落荒而逃。接着李靖又乘胜追击，率轻兵直抵丹阳城下。此时公祏惊恐不安，虽然兵马众多，但人人无力应战，不得不弃城而逃，最终还是被活捉，于是"江南悉平"。

辅公祏的反叛在短时间内被平定，显示了李靖的运筹帷幄，判断准确。高祖为了嘉奖他的军功，赐物千段，并赐奴婢一百口，良马一百匹。设立东南道行台，授任他为行台兵部尚书。高祖对他的军事才能十分敬佩，赞叹到："靖乃铣、公祏之膏盲也，古韩（信）、白（起）、卫（青）、霍（去病）何以加！"

江南的局势刚刚稳定，北方又开始紧张起来。隋末唐初，东突厥势力日益强大，为了换取北方的安定，李渊在太原起兵时，曾向突厥始毕可汗称臣。唐皇朝建立后，突厥在支持薛举、刘武周等割据势力，与唐皇朝分庭抗礼的同时，又自认为兵强马壮，不断举兵南下进行侵扰。因此，深谋远虑、胆识过人的李靖又被调到北方，率兵反击突厥。

武德八年（625年）八月，突厥颉利可汗率十余万人越过石岭，向太原（今山西太原西南）大举进攻，唐高祖立即任命李靖为行军总管，统率一万多江淮兵驻守太谷，与并州总管任瑰等向敌人施以讨伐。由于突厥来势凶猛，很多军队都屡次失利，任瑰全军覆没，只有李靖军得以保全。之后，李靖又被任命为灵州道行军总管，奋力抵抗东突厥。

在大唐一朝，名将辈出，但是李靖却是唐朝乃至历史上都非常著名的大将。在李靖一生中，为唐朝立下不朽功勋。也正是李渊对于李靖的知人善任，才成就了一代名将，也成就了李渊自己的事业。

孔子认为为政之道，在于用人，由此他提出了用人的主张。在古代，国家的治乱关键在于国君，国君首要的是用人。用人得当，方法正确，国家就会大治；反之，国家就会大乱。不管是治理国家，还是开公司，办企业，其实用人的原则、方法和步骤都是相似的。

当然，在人力资源管理中，用人也许是最让管理者们头疼的一个环节，而正是这个环节左右着团队的命运。但是，作为一个人力资源管理者，在团队里总会面对各种各样的员工，有的是刚刚走出校门的应届大学生，也有升迁潜力巨大的有能力者，甚至还有辈分比较老的老员工。如何用其所长，使其能力得到最大化地发挥是每个管理者的核心目标，但是，这个前提就是知人善用。

商界名家柳传志曾经说过："领导人物好比是1，后面跟1个0是10，跟2个0是100，跟3个0是1000。"打一个不太准确的比喻，一个刚组建的小机构需要萧何、韩信、张良这样的杰出人才，而一个已具规模的单位更需要刘邦的知人善用。

"百智之首，知人为上；百谋之尊，知时为先；预知成败，功业可立。"这是成功乃至成大事者的必要条件。

知人，就是善于了解人，有知人之明；知时，就是善于洞察时事，把握有利条件，及时作出决断；知成败，就是能够人和时两个方面，对军事、政治等各个方面的发展变化作出预测，同时为取得最好的结果做好积极的准备。

第三章

李渊对你说用人

人才是事业的根本，是最宝贵的资源，如何选拔优秀的人才，是组织生存发展的决定因素。

现代社会的竞争，无论是技术竞争、市场竞争、信息竞争、资源竞争，其本质都是人才的竞争。要想在激烈的竞争中求生存、图发展，广泛地拥有各方面的人才是至关重要的。人才问题不仅关系到一个企业、一个部门的生存发展，也关系到一个国家的盛衰存亡。斯大林曾经说过："人才是世界上所有宝贵的资本中最有决定意义的资本。"有一段时期，我国经济领域流行这样一个口号："时间就是金钱，效率就是生命，信息就是资源，人才就是资本。"20世纪30年代初，美国深感知识、人才的重要，除在本国加速人才培养外，还大量从国外引进科技人才。这些人才对美国的科技和经济的发展起了决定性的作用，最终使美国成为世界头号经济强国。第二次世界大战后，日本能够在一片废墟上使经济迅速腾飞，一个重要的原因就是日本很早就开始重视人才的培养。实践证明，凡是在竞争中立于不败之地的企业，肯定都拥有一批出色的技术和管理人才。因此，现代管理者必须有强烈的求才欲望。

另一方面，所谓人才，就是依靠创造性劳动做出较大贡献或具有较大贡献"潜力"的人，是人群中的精英。这样的人并不是很多，一般都被淹没在广大的人群之中，不容易发现。尤其是在现代化大生产条件下，社会分工精细，很多人往往乐于研究、学习，而不善于人际交往，因此不容易引人注意。有一部分人才，尤其是知识非常丰富的人，他们不喜欢抛头露面，四处张扬；还有相当一部分人才恃才傲物，不随声附和，不随波逐流，甚至对领导者敬而远之。以上的各种表现是实实在在存在的，也是不可避免的。因此，对于管理者来说，如果不进行深入调查、求访，是不会轻易发现人才的。

除此之外，知人善任是对领导者最起码的要求。领导者要学会用眼睛所见纠正耳朵所闻。对于那些不善于知人的管理者来说，他们是用耳朵所闻来取代眼睛所见的事实。以前，人们在评论人才时，总是会出现一人说好，大家都说好，一人说不好，大家都说不好的现象，这样得出的结论，其可信度是很低的。

知人也是对人才实施科学管理的重要一环，要想做到人尽其才，才尽其用，知人是必不可少的，它能激励人才奋发进取。

总之，人才资源对公司的有效运转起着关键性的作用，是公司最重要的组成部分，也是重要的资产之一。关心人才、爱护人才、尊重人才是企业管理的重中之重。人才资源只有得到了保障，人才们才会全心全意地在工作中发光发热。现代管理者因为拥有了贤才、并得益于贤才，而使事业获得成功的事例很多。

人才是企业的命脉。从本质上说，企业间的竞争就是人才的竞争。对人才的选拔和使用是企业管理者的头等大事之一，因为它对企业的兴衰胜败至关重要。

在科学技术日益进步的今天，人才越来越显示出其重要性，任何一个公司或组织的管理者如果对人才管理不善，恐怕将难以成就事业。对人才缺少求得的欲望，一定会使人才受到压制和埋没，进而使公司缺乏朝气，职工没有积极性。如果不重视人才，很容易任人惟亲，导致组织内部庸才辈出，人们心浮气躁，到处滋生是非，工作效率也会大大降低。不重视人才的人，往往嫉贤妒能，其结果只能是决策失误，处处碰壁。

人力资源是企业的最大资源。企业的生存和发展，很大一部分是靠人才的支撑；企业的利润，来源于人力资源能力的最大发挥。企业成功

第三章　李渊对你说用人

的原因众多，在那些各种各样的理由中，有效的人才资源的开发是必不可少的。

因此，优秀的领导者，不仅懂得知人、识人，更要懂得如何善用人才。通过识人、知人，寻找到了合适的人才；通过善用，留住适合的人才。知人善用，企业才会人才济济，每个人能都发挥出自己的特长，上下同心，为企业献出一臂之力，企业的发展就会突飞猛进。善用人才的重点在于用其所长、容其所短。如果天天盯住人的缺点、到处找毛病，他们是不会甘心让你使用的。领导者如果没有宽广的胸怀，必定不能容人所短。用人所长，则天下处处是人才；用人所短，天下便无可用之才。知人善用，才是为领导之道。

人才的出现往往决定于用才者，因此，用才者要善于鉴别、善于使用人才。

让合适的人做合适的事

用人者选用人才，不一定非要将天下英才尽数吸纳进自己的团队，选用的人才也不一定非要是一流的精英，用人真正重要的是能够选用合适的人，做合适的事。大材小用或者小材大用都不能很好地发挥人才的才能，只有让合适的人做合适的事，才能够人尽其才，有效发挥人才的价值。

在平定了山南的萧铣政权之后，李渊听说岑文本和刘洎是梁国很有才干的名人，便将二人召进长安。

岑文本是南阳人，自小聪明，博览群书，勤于治学，史载他"博考经史，多所贯综，美谈论，善属文"，是一位大学问家。

萧铣在江陵称帝后，把岑文本诏去任为中书侍郎，让他住在内庭，帮助朝廷起草文章，制定规章，以及发布官员的任免文书等事宜，深得萧铣信任。

那时候，梁朝刚建，事务繁忙，四面八方送来的文书，从早到晚没有间歇的时候。萧铣命令把收到的文书，一律先送给岑文本拆看，有特别紧要的，才自己看。

当时连宫门的钥匙，也交由岑文本掌管。岑文东忙得连饭也顾不上吃，觉也不能好好睡。萧铣因此更加信任他，朝中大小事情，全都跟他商量。凡是他提出的建议，萧铣没有不听从的。

见到岑文本才能出众，人品又好，萧铣想封他行军长史的官职，他却推辞道："陛下待我像知心朋友一样，何必非要我挂个官名不可呢？"萧铣见他不答应，也就算了。

有一次，萧铣让岑文本陪着他一起巡视军队，两人骑在马上从军队前走过时，将士们在身后指指点点地说："那个穿黄袍的是皇上，旁边那个穿布袍的叫岑文本，他可是皇上身边的大红人呢！"

巡视回来之后，岑文本总是忘不掉那句"皇上身边的大红人"的背后议论，加上又见到朝中"七大王"横行霸道的作风，就以"脚病发作，不能行路"为由，长期躲在府中"养病"了。直到董景珍、张绣之事发生以后，岑文本才被萧铣强令出来任事，他上任后马上提出"取消帝号，归附唐朝"的建议，但却遭到萧铣的拒绝。

李渊是个爱惜人才的皇帝，他知道岑文本的事情之后，便把他召到长安，任他为中书侍郎。梁朝还有一位不畏强权的刘洎，也被李渊召进

第三章 李渊对你说用人

长安，委以重任，成为大唐统治集团中的一位重要人物。

刘洎是湖北江陵人，被萧铣任为黄门侍郎，此人耿直、多智，敢于陈述个人建议，敢于顶撞邪恶势力。在萧铣手下任黄门侍郎时，朝廷"七大王"之一的徐德基，将女儿嫁与萧铣，其女成为"贵妃娘娘"，因此徐德基的势力更加显赫。其子徐世银带兵驻守荆门城时，自恃后台强硬，纵容手下将士胡作非为，有的士卒在外面欺侮百姓，抢劫财物，他都装作不知道。

于是，荆门城内有些地痞无赖之徒，觉得在徐世银的军中能当个兵，既不受约束，又有个靠山，就纷纷找熟悉的士卒，到徐世银军中挂个名，穿上士卒的服装。这批流氓与士卒勾结起来，大白天成群结队在荆门街上为非作歹，遇上他们看不上眼的人就拳打脚踢，甚至把人打伤打死，也无人敢过问。

消息传到朝廷里，无人敢问，刘洎寻到一个机会，来到荆门城，先去拜访郡守白方波，直截了当地说："白大人受朝廷的托付，治理这块地方，现在荆门城内弄得乱七八糟，你倒若无其事，这样下去，不是让老百姓受祸害吗！"白方波知道刘洎胆识过人，只得向他说了实话："我惹得起徐世银吗？"刘洎一拍胸脯说："我来捅这个马蜂窝！大不了我不做这个黄门侍郎了。"白方波拍手叫道："好啊，只要你敢干，我的军队你需要多少，尽管带去！"

二人计议妥当，正要休息时，有人来报告："徐世银的军中有二十多人在酒店里闹事，老板被他们用刀砍伤，他们还把店里的酒桶全部打翻，让酒全都流到水沟里去！"刘洎听后，也不搭话，立即向白方波讨了一支百人队伍，赶到那家酒店，把二十四名酗酒闹事的士卒统统逮住，拉到街上，就地斩杀！老百姓看到这批害人的兵痞受到惩罚，个个拍手称快，但是也为这位刘侍郎捏着一把汗。

这消息传到徐世银军中，将士们一听到有人居然敢杀徐军里的人，都大叫大嚷起来，急急忙忙穿好盔甲，把箭袋装满箭矢，只等徐世银一声号令，就要去白方波府里拼命。

白方波与刘泪一商量，觉得这个马蜂窝已经捅了，就不能害怕，刘泪说："这件事是我惹起来的，还是让我前去对付！"说罢，他就准备去徐世银军中，白方波急忙摆手道："那不成！你得带些人马去！""干什么？我又不是去与徐世银打仗，"刘泪冷笑道，"我是去与他评理，他未必敢对我怎样。"说罢，刘泪竟然解下腰间的佩刀，挑选了一个身体瘦弱的老兵，让他替自己拉住马，一起去了徐世银的军营。不料徐世银的卫兵，一个个全身盔甲，正杀气腾腾地拦住营门，等待刘泪的到来。刘泪一面笑，一面很随和地走进军营，说："杀一个老兵，还用得着摆这个架势！我把自己的人头送来了，叫你们的大将出来吧！"

那些卫兵一看刘泪的泰然态度，惊呆了，慌忙去向徐世银报告。不一会儿，只见徐世银走了出来，刘泪上前作了一个揖，说："令父徐王爷对你寄予厚望，皇上对你又十分信任，满朝的官员对你也非常敬仰，你却在这荆门城纵容手下的士卒横行不法！这样胡闹下去，一旦激起民变，令尊保得住你，朝廷能饶了你吗？"徐世银听了，头上直冒冷汗，立刻道歉说："刘大人指教得对！"他一面说，一面回过头去对左右的士卒说道："快去传达我的命令，全军将士一律卸下盔甲，回营房里去，今后，再敢出去胡作非为，全部处死！"

刘泪被诏至长安以后，李渊对他说："你仍当你的黄门侍郎，如果唐国里也有徐世银那一类的人，你也可以去大胆地整治他们，朝廷会全

第三章 李渊对你说用人

113

力支持你的。"

李渊在对人才的任用方面很注重让合适的人去做合适的事。他很少赶鸭子上架，将不合适岗位的人硬推到岗位上去。对于刘泊的任命就体现了李渊这种任人精神。也正是李渊这种任人之明，使得李渊手下的人才能够人尽其才、人尽其用，充分发挥出自己所有的才华，为李渊的成功做出了巨大的贡献。

让合适的人做合适的事，才能有效发挥人才的价值。领导者并不只是任意挑选想用的人，而在于使自己的部属都能得到适当的运用，发挥最大的能量。

任何人在工作之前，都应该仔细考虑自己能干什么，自己适合干什么；选择国企还是外企，是大公司还是中小企业，这些都因人而定。有的人就适合在大公司发展，有的人则喜欢在中小企业，因为这样能使他们的能力有更好的发挥，获得宝贵的经验，变得越来越成熟。

在人的一生中，理想和希望是不可缺少的，欲望和野心可以有，但却要加以控制，不能任其膨胀。欲望和希望、野心和理想仅是一步之隔，超越了，就可能转化成对方。因此，在憧憬理想和希望之时，要踏实一些、务实一些。誉有"经营之神"的松下幸之助说过，不为名利所动，选择自己喜欢的、适合自己的岗位，才是人生的真正乐趣。假如为了名利地位而去干那些自己不喜欢、不合适的工作，必然会失败，工作会变得毫无乐趣，同时也给社会带来了负面影响。

合适的人做合适的事才能够发挥出人的才能。一个高级的工程师，可能在研发的岗位上做得有声有色，能够开发出一件又一件受人欢迎的产品，但是他却不一定能做推销员，将自己的产品推销出去。一个成功的推销员，可能每天都能销售出上百件的商品，但是他却可能埋头研究

创世圣断

李渊有话对你说

好几年也开发不出一件商品。这就是人才之间的差异，正所谓术业有专攻，每个人的能力各有不同，因此能够安排他们在自己擅长的岗位，就是用人者用人的诀窍。一个称职的领导，总能够了解团队中每一个成员所熟悉和擅长的领域，对他们加以任命，发挥他们的才能。

让合适的人做合适的事，说起来简单，做起来并不容易。首先，团队领导要充分了解团队内部每一个职位的工作内容，这样他才能够清楚需要寻找什么样的人才。其次，团队领导还需要了解每一个团队成员的能力，不仅要清楚他们的优势所在，还要掌握他们各自的劣势、缺点。只有这样，人才才能被合理的利用，在自己所擅长的岗位中，充分发挥自己的优势，避免自己的劣势。

有的领导在选择团队成员的时候，以能力为纲，认为只要有很强的能力，就一定能给团队带来好处。然而，他们不知道，如果能力与职位不匹配，即使是天才，也难以发挥他的才能。

马云总结经验教训时说，阿里巴巴在发展过程中犯过许多错误，其中就包括请来"能人"，却无法使他们适应自己的职位的错误。一些来自500强大企业的管理人员曾加盟阿里巴巴，结果却因为"水土不服"，无法使阿里巴巴获得预期的效果。马云感慨地说："就好比把飞机的引擎装在了拖拉机上，最终还是飞不起来一样，我们在初期确实犯了这样的错。那些职业经理人管理水平确实很高，但是不合适这样的工作。"

团队工作是一个互相协助合作的过程，职位不同，能力要求也不同。如果一味地追求高能力人才，结果却无法给他们提供发挥其最佳能力的职位，就会造成资源的浪费。

有很多成功的企业家，他们没有任何技术背景，也没有任何营销背景，但他们却可以缔造出一个伟大的企业，其中重要的一点原因就是他

第三章 李渊对你说用人

们懂得如何安排团队，如何让合适的人做合适的事。因此，一个成功的领导者，需要懂得用人之术，要充分了解自己的团队，了解人才，让最合适的人在合适的岗位工作。

创世圣断

李渊有话对你说

第四章

李渊对你说 管理

管理是一门学问，也是一门艺术。管好人、用好人对一个团队来说是至关重要的。管理是保证一个团队能够有效运行所必不可少的条件。在当今社会的竞争中，管理的优劣对于竞争的成败有着决定性作用，随着人类的进步和社会的发展，管理所起到的作用也越来越重要。

善于凝聚团队力量

一个团队中，成员之间难免发生矛盾，这时候就要求管理者能够及时发现问题，采取积极的措施，协调下属之间的关系，消除矛盾。只有这样，才能凝聚团队的力量，形成一个团结的竞争力量，在竞争中发挥出团队的实力，实现一加一大于二的质的提升。李渊就是一个很善于凝聚团队力量的人。

李渊起兵之时有两个重要的威胁，其中最大的一个，就是关外的突厥，为了能够解除自己的后顾之忧，李渊决定联合突厥，以利益为诱饵，以保证自己出兵之后，突厥能够不袭击自己的后方。

早在太原出兵前刘文静出使突厥，与始毕可汗和议成功，答应派兵帮助李渊入关，而且说明兵力多少由李渊决定。

为了稳固和突厥的盟议，李渊派遣刘文静再次出使突厥，以稳定盟约。刘文静不辱使命，凭借着自己出色的外交口才和李渊所给出的利益诱惑，说服了突厥可汗，得到了突厥可汗的承诺。

这次刘文静从突厥二次出使回来，与康鞘利一起带来了作为支援的五百突厥兵和两千匹战马。李渊自然高兴，抑制不住兴奋地说道："我们大军已抵达黄河，而今突厥来助，兵少马多，正合我意，这都是你的功劳啊！"说完，他热情地向刘文静敬酒，宴会进行得十分热烈，直喝到深夜才散。

次日，李渊正准备讨论如何进兵的问题，不料刘文静气呼呼地拉住裴寂的衣领，来到元帅大帐，请求评理！

李渊一见，心知不妙，急忙向刘文静劝道："刘司马！有话好好说，请放手，你们到底为了何事，请坐下来。"裴寂的年岁比刘文静稍长，衣领已被拽掉了一半挂在胸前，连气带累地大口喘着粗气，显出一副狼狈的样子，看着李渊哀求道："请唐公为我做主……"刘文静突然一跺脚，用手指着裴寂吼道："你姓裴的也太歹毒！我一向待你不薄，为什么要暗箭伤人？现在，当着唐公的面，你说！"裴寂无力地低下头来，好像有一肚子的苦水倒不出来似的，坐在那里叹气，半天才挤出一句话："我哪里是暗箭伤你，我是在会上……"未等他说完，刘文静两眼瞪住他，质问道："现在当着唐公的面，你说那消息是谁告诉你的，你得把那个人说出来，不然，你就是故意造谣，陷害我！"

李渊听着两人说的无头话，还是没有弄明白他们是为了什么事闹得这般厉害，只好连续挥手，对二人道："你们来这里乱吵，到底是为了何事？也该说个明白，这么闹下去，还成什么体统？"裴寂一见李渊发火了，赶忙说道："还不是为了那天我提的那个建议吗？""哪天？你提的什么建议呀？"李渊不明白地问。裴寂苦笑道："就是那个撤军的建议嘛！"李渊更糊涂了，不由问道："现在还提撤军做什么？"裴寂似乎抓住了理，用手指着刘文静，说："是啊！现在还提撤军做什么？是他，是他在提呀！"

李渊不明白地扭过头来看着刘文静，心说：他在提撤军？他怎么……刘文静这才说道："我还是那句话，现在当着唐公的面，你得说清楚，那消息是从哪里听来的？说呀！""什么消息？我越是不明白了。"李渊道。刘文静见裴寂不说话，只得对李渊说："裴寂不是说过，突厥人又要来打太原了吗？不知他裴寂从哪里听来的这消息，请唐公让他说清楚这件事，不然我放不过他。"

李渊这才明白刘文静原是为了那件事。原来，在刘文静第二次出

使突厥的时候，在一次会议上，裴寂报告说收到消息：突厥可汗出尔反尔，要破坏盟约，并建议李渊杀死突厥派来的使者，撤回前线的士兵，以做好对突厥的防御工作。

这个消息当时引起了极大的震动，还好在李世民等的坚持之下，李渊并没有做出错误的决定，随着刘文静出使胜利归来，大家也就淡忘了这件事。

李渊想到这里，忙对刘文静笑道："刘司马！这件事已经是过往的事了，还算那账做什么，现在始毕可汗不是派兵马来了吗？"刘文静打断他的话，说道："我说唐公呀，你怎么不明白，那始毕可汗若是听说这条消息，当时还不把我杀了，我刘文静还能回来见到你唐公吗？这是裴寂这老狐狸想借突厥人之手，来杀我呀——"听刘文静这么一说，李渊才领悟过来，略一沉思，便对刘文静抚慰道："无论怎样，这事已经过去了，而且裴长史是在会上说的，也还是为着全军大事嘛！"刘文静却坚持说道："唐公，请你主持公道，我刘文静不是找他无理取闹，是让他说出那消息的来源，不然就是他裴寂有意编造出来，想让突厥人……"

李渊听了，点点头，啧啧嘴，只好向裴寂问道："就是，那消息你当时是从哪里听来的？"

裴寂听了，嗫嚅了好一会儿工夫，只好说道："如今突厥不但未打太原，还派兵马来援助我们，是我错了，我当初不该提那建议……还说什么呢。"

刘文静一听，更来火了，大声叫道："唐公，你听清楚了吧？那消息，就是他造的谣言！他裴寂不仅是想借突厥人的手把我杀掉，还想惑乱军心，这该当何罪？"

李渊正要说话时，忽见长子李建成突然撞进门来说："刘司马说得对，裴寂提那撤军的建议，居心不良，请父帅治他的罪！"

李渊一听，气得满脸通红，对建成大骂道："谁让你来胡说八道！滚——"等建成走后，李渊走到刘文静面前，拉着他的手说："这件事，我会处理好，请刘司马务必冷静下来，要以大局为重，特别是突厥人还在军中，千万别让他们知道，你先回去，消消气……"这时，李世民在门口一闪，李渊忙让他进来，说道："刚才建成来添乱，你比他懂事一些，陪着刘司马出去散散心，可别乱嚷嚷了，若是让康鞘利他们知道，麻烦就大了。"

李世民对刘文静说："走，刘司马，大家都是从患难中走到一块，大军刚打了一个大胜仗，正要进军关中，怎能因小事而影响大局？"刘文静苦笑着说："唐公，我两次出使突厥，吃了多大的苦，在沙漠中奔波了一百多个昼夜，不料他裴寂却在背后暗算我……"说着，竟流下了泪水。

李渊忙向世民使眼色，说："别说了，你刘司马劳苦功高，我能不清楚？这样吧，让世民陪你去坐坐，裴寂的事，我马上跟他谈！我饶不了他！"

刘文静总算被李世民连拉带拖地出了元帅大帐，李渊叹了一口气，看着裴寂说道："你看这事弄得这么僵，一旦让突厥人知道，可就更棘手了！"裴寂忙说道："这样吧，唐公！只要他刘文静不再纠缠不休，我情愿给他磕头赔不是还不行吗？常言道：杀人不过头点地，我裴寂算是认了！"

李渊一听，这才说道："好，我要的就是你这个态度，无论怎样，这事不能再闹下去了，必须以大局为重，马上要向关中进军，要是突厥人再节外生枝，那可就前功尽弃了！"

二人又说了一会儿，李渊突然问道："这次刘文静为何这么大动肝火？只是因为那一条消息吗？"裴寂忙说："不瞒唐公，说一句老实话，刘文静对我不满，是出于对我那长史的官位有看法，他多次挖苦我：你那长史之位全是凭借投机钻营换来的！""他真是这么说的？"李渊看着裴寂又说，"开玩笑吧？"裴寂急忙回答："刘文静狡猾得

很，每次他都是在无人时，才向我这么说，他绝不是开玩笑，这是他自以为功大于我，不应该位在我下，故意奚落我的。"李渊不好说什么，只得提醒他说："你们二人是推动我起兵的骨干，现在成了我的两只臂膀，若是闹起矛盾来，如何完成反隋的任务？"裴寂忙说："我已说过，只要他不再胡闹下去，撤了我的长史，让我回晋阳宫去，我也心甘情愿！"

李渊本来对裴寂就有好感，因为裴寂为了起兵把晋阳宫那么多的物资钱财全献了出来，以实际行动支持自己起兵反隋。现在听裴寂这么说，对他就更加满意了。

裴寂走后，李渊唤来建成和世民，对他们二人说："刘文静、裴寂二人都是积极支持我们起兵反隋的人，如今俩人一个对外、一个主内，成了我的左右手，怎么能让他们闹矛盾呢？你们更不能插进去，给我添乱子！要同心协力，以全军利益为重，不能因为一点意见不合，就离心离德，更不能伺机报复。"

李建成说："我看裴寂处处以保命护财为出发点，表面上是老成稳重，实质上是保守自私……"

李渊生气地训斥道："你胡说八道什么？为了支持太原起兵，裴寂献出了那么多的军需品，怎能说他自私护财？"

建成又说道："前次若听从他的建议，把军队撤回太原，能有今天的局面？"

李渊忙说道："人非圣贤，孰能无过？何况他的意见也有可取之处，连我当时也有撤军的想法呀！你不能老是盯着人家不放，以后谁还敢出计谋、提建议？"

李世民说："刘文静的怨气还不小，对裴寂很有意见，父亲还是找刘文静谈一谈为好。"

李渊又对两个儿子教训道："你们对自己要严格要求，对将士们要宽厚，为人要大度，才能服众。记得吗？"

建成、世民齐声答道："我们记得了。"

次日，李渊在大帐之内办了一桌酒席，把刘文静、裴寂一起喊来，裴寂慌忙走到刘文静面前，"扑通"一声跪下，就要给他磕头，被刘文静伸手拉起来，说道："你这是干什么？这不是折煞人吗？"

裴寂两眼流着泪水，说道："过去，我们是莫逆之交，亲如兄弟。但是这次我对不住你，我办了一件错事，你能高抬手让我过去，我一定牢记恩情，铭志不忘，若是仍气不过，请唐公免了我的职，放我回晋阳宫去！"说罢，坚持又要磕头，刘文静拦挡不住，李渊笑道："他要磕头，就让他磕几个，他认了错，你消了气，岂不解决了问题，大家还是好朋友嘛！"

刘文静尽管怨气很大，见裴寂已经在自己面前两次下跪、磕头，又流着泪水求情，心里的气早消了大半。俗话说：男儿两膝值千金，杀人不过头点地。还说什么呢！

李渊见此情景，端起酒杯说："来，为我们的友谊能够地久天长，干杯！"喝完之后，李渊又端起酒杯说道："刘司马两次出使突厥，不辱使命，完成任务，突厥又派兵相助，我们大军可以放心地进军关中，你劳苦功高，我怎能不敬你一杯！"说完之后，端起杯子同邀裴寂向刘文静敬酒，然后，他又说道："今天，我坐在这特别大将军的元帅大帐里，全是你们二人把我连推带拥地送上这个位置，自太原出兵，我们一帆风顺，正要过黄河、入关中、打长安，推翻暴君统治已经不要多长日子，希望二位同心协力，共助我胜利完成反隋大业！来，我们共同干了此杯！"李渊又对刘、裴二人说："你们是我的左膀右臂，缺一不可。同在这一条船上，只能是有福同享，有难同当了。"

温大雅进帐来报告道："汾阴来了一位贤士，请求拜见唐公，声称是来献夺取关中之策的。"

　　李渊一听，兴奋地说道："好吧，我们切勿因小节而贻误大事，何况二位乃明智之人，无须我再绕舌了吧？"说罢，站起来，一手拉着刘文静，另一只手拉着裴寂，随着温大雅去接见那位汾阴来的贤士去了。刘文静掀起的这一场闹剧，就这样不了了之了。

　　不过，自此之后，刘文静与裴寂之间虽然笑而不言，彼此已是心有芥蒂，所谓面和心不和了。

　　李建成、李世民二人对裴寂增加了憎恶，对刘文静却多了一些好感，彼此的来往也逐渐频繁起来。

　　由于刘文静确实存在着功高自夸的表现，加上他与李密还有亲缘上的连襟关系，李渊不得不有所警觉，为了事业上的需要，他只是隐忍不发，反而显得对刘文静信任有加，越发亲近起来。

　　人与人之间共事，自古以来，有始有终难，有始无终的居多。刘文静、裴寂这两个怀大志、有智能的"双雄"，能在李渊麾下为其所用，并立多年，足见李唐王朝的这位开国皇帝用人手腕之灵活与高超！

　　作为管理者，应该具备协调员工之间关系、解决矛盾的能力，这样才能够使员工齐心协力地为企业效力。

　　春秋时期，越国有两个人在同一个地方做官。这两个人的私交甚好，是一对亲密无间的好朋友。也正因如此，他们经常共商政事。

　　这两个人优缺点明显。一人非常有心计，心思缜密，思考问题很周到，缺点是做起事来畏首畏尾、瞻前顾后；另一人执行力很强，能够当机立断，办事雷厉风行，缺点是不善于思考，做事马马虎虎。他们在商讨政事的时候，有效地取长补短，政绩得到大大提高。只可惜，后来两个人之间发生了一些小矛盾，甚至断绝了关系。直接后果就是，他们的政绩大幅度地下滑，因为他们无法弥补各自的缺点，以致于这些缺点成为各自政绩的绊脚石。

　　一位老人看在眼里，却急在心里。他找到这两个人，语重心长地说："不知道你们有没有听过水母和虾的故事。海中的水母没有眼睛，但动作灵敏，能够很快地猎取食物；虾虽然长有眼睛，却动作笨拙，难以谋生。于是，水母和虾成了一对相互依存的好朋友。虾负责带路，水母负责猎取食物，他们因此拥有快乐的生活。

寄居蟹和海葵也是一对好朋友。寄居蟹通常寄居在空空的螺壳里，一旦定居，就会到处寻找合适的海葵，然后将它放在螺壳的入口处。海葵是一个非常尽职的好门卫，每当感到危险靠近时，它就会展开那葵花般的触手，让敌人望而却步。寄居蟹当然也不会忘记海葵为自己所做的一切，每当捕到食物时，总会慷慨地分给海葵一些。它们虽然不是同类，却能够友好相处。

再给你们讲一个类似的故事。从前有两种动物，他们是蟨鼠和邛岠。蟨鼠小巧灵活，擅长寻食，但由于四肢比较短，遇到强大的敌手时很难逃脱；邛岠虚个头高大，四肢发达，擅长奔跑，但由于嘴巴难以接触地面，吃草非常困难。于是，它们配合起来，开始了无忧无虑的生活。蟨鼠帮助邛岠虚采集各种草料，让邛岠虚不再挨饿。一旦有危险，邛岠虚巨则背着蟨鼠在野地里飞奔而去。

动物之间尚且相互帮助，从对方的身上得到自己需要的东西。人为什么不能做到呢？听说在遥远的北方有一种'比肩人'，他们肩并肩，身体连在一起，要么同生，要么同死。如果他们双方发生了矛盾而不愿意调和，就会因自己的行为伤害对方，从而给自己也造成伤害。你们两个人的关系就如同比肩人的关系，唯一的区别就在于，他们因形体不可分割而必须友好相处，而对于你们来说，是事业将你们连在一起。事实证明，你们离开了对方，面对的只能是失败。既然如此，为什么还要因一些鸡毛蒜皮的小事伤了和气呢？"俩人听了老人的一番肺腑之言后，深受感动，从此言归于好。

无论是对一个国家还是对一个企业来说，钩心斗角是管理中的大

忌，相处融洽则是管理中的大利。如果员工之间出现了矛盾，管理者一定要像故事中的老人那样，采用合适的方式及时化解。

武则天同样是这样一位懂得管理的人。武则天在位时，狄仁杰和娄师德两人同在朝中做宰相，共同处理朝中事务。然而，狄仁杰的肚量并不大，他虽然表面上与娄师德和平相处，暗地里却屡屡排挤他。

一天，武则天与狄仁杰聊天时问道："狄仁杰，你知道我为什么重用你吗？"狄仁杰义正词严地回答道："我文才出众，品德高尚，所以被朝廷选中并任用，后来凭着自己的实力一步步走到今天。"听完狄仁杰的这番话后，武则天对他说："你说得自然有道理，不过有些片面。当初朝廷宣你入朝为官，并不是因为知道你有多大的才能。如果没有娄师德的推荐，朝廷也许不会发现你，你也不会有今天了。"

狄仁杰感到惊奇，他很难相信武则天的话。为了让狄仁杰相信，武则天令人找来数本奏章给他看。狄仁杰才发现这些奏章都是娄师德为推荐自己写给武则天的，顿时感到羞愧。他不能原谅自己的忘恩负义，跪在地上向武则天请罪。武则天并没有治他的罪，只希望他以后好好表现。就这样，在武则天的轻松调解下，狄仁杰对娄师德的成见消失了。武则天在他们两个人的合力辅佐下，治理朝政得心应手。

管理者要时刻注意公司内部员工之间的矛盾，及时发现、及时解决。不然，必定会影响公司的正常发展，给公司造成不可挽回的损失。

团队纪律要严明

纪律是一切社会组织要求人们共同遵守的行为规范。任何团体、集体和组织都有一定的纪律约束其成员的行为。管理之道，首要在于严明纪律。正所谓："没有规矩，不成方圆。"只有有了严明的纪律，才能够规范团队成员的行为，才能够产生团队的凝聚力，使团队在竞争中保持不败的地位。

公元六一七年的十月份，李渊等来到霸上，与长子李建成所部会合。接着，在大兴城的春阳门之北扎营。与此同时，延州（今延安）、上郡等地守将，都主动向李渊请求投降。至此，关中周围各州县，都已在李渊掌握之中。按照李渊的命令，各路兵马纷纷来到，汇集到一处，约二十余万人，长安已处于唐军的四面包围之中。

为了安定民心，不失信于天下百姓，李渊对温大雅说道："赶快起草安民告示，命令各路大军都必须遵照规定驻扎在各自营垒之内，不得擅自闯入村居民宅，侵扰百姓，不得……"军令严谨，秋毫不犯。

因为大军攻城在即，李渊及时发布命令，约束军队，强化纪律，确是英明之举，不会由于胜利将要到来而冲昏头脑，更不能失去来之不易的民心。

这次起兵的目的是匡扶帝室，除暴安良，所以李渊及时发表了抨击隋炀帝的文书，反复阐明这一宗旨，文中说："大业以来，巡幸过度，宿止之处，好依山水。经兹胜地，每起离宫，峻宇雕墙，亟成壮丽。良家子女，充其间。怨旷感于幽明，縻费极于民方。替否迭进，将何纠逖？驰道所有宫室，亟宜罢之。其宫人等并放还亲属。……"由此可以看出李渊十分精明，确有过人之处。

李渊从太原起兵，西进关中，一路打来，推翻的是隋朝的天下，却高挑"尊隋"的旗帜，又不是"尊"这个荒淫无道、丧失民心的炀帝，让自己永远不失民心。

此时，唐军中的将士们，眼巴巴地望着长安城就在脚下，恨不能一步跨进城去，可是李渊就是不下攻城的命令，他们急得团团乱转，便去

第四章 李渊对你说管理

怂恿李世民说："兵临城下，唐公为何不下达攻城命令？请求右军大都督前去催促——"

李世民听了，忙对将士们说："要说急，我比你们还急呢！不过，我们出兵关中是匡扶隋室社稷，举的是尊隋旗帜，不懂吗？既是尊，就不能硬打呀！"有的将士又问道："长安城内的卫文异、阴世师等若是至死不听劝告，难道我们永远坐守城下吗？"李世民笑道："卫文异、阴世师等若是执迷不悟，不听劝告，他们将失去民心，到那时，我们再攻城也不晚呀！"将士们只得回到驻地，坐等攻城命令……

这时候，长安城内的代王杨侑，面对着李渊的二十万大军兵临城下，吓得不知所措，整日以泪洗面了。其实，年仅十三岁的杨侑，能有什么主张呢？他的侍读姚思廉倒是一个有着家学渊源、勤学寡欲的有识之士，见代王杨侑终日啼泣，便劝说道："当此危难之际，过分悲切于事无益，反而伤神损体……"杨侑说："李渊的大军四面包围，长安如何能保？"姚思廉说："按照皇上去江都时的旨意，辅佑代王的京师留守本是刑部尚书兼京兆内史卫玄卫文升，左翊卫将军阴世师和京兆郡丞骨仪这三位大臣，如今长安危难在即，只有召集他们来计议了。"

代王杨侑听了，立刻点头，命宫监速去召唤三位留守大臣来宫中议事。不一会儿，阴世师与骨仪来到，传命宫监回来说："卫玄卧病在床，不能前来，请求代王恩准。"杨侑一听，又急又气地埋怨道："卫玄身为主要留守大臣，当此危难之时，借口生病，岂不辜负了皇上重托！"阴世师趁机说道："我多次找他议事，卫玄一直闭门称病，难道这老东西想投降李渊吗？"骨仪对军事是外行，一直分管司法工作，知道阴世师与卫玄有矛盾，便说道："卫玄一向忠于朝廷，在平息杨玄感叛乱时，立有大功。皇上一直信任他，我认为他不会投降李渊的。"阴世师不满地说："忠于朝廷，说得倒好听，现在又有几人是忠于朝廷的……"骨仪立刻打断他的话，问道："你这话是什么意思？好像只有你一人忠于朝廷……"阴世师正想发火，姚思廉急忙说道："请二位留守大臣冷静一些，各自少说一句吧！李渊大军攻城在即，还是抓紧时间商议一下守城的方略，谋划一下退军之策，方不负朝廷的厚恩。"阴世师听后，仍然不满地说："谋划什么？说来说去，还不是我一人去领兵守城？名义上三个留守大臣，一个闭门称病，一个借口不懂军事，只有我找不出理由，我只有抱定宗旨，决心不负皇恩，誓与长安共存亡！"

代王一听，也不管他说的话是不是真心，立刻离开座位，走到阴世师面前，眼泪汪汪地说："大将军真是当朝的一大忠臣啊！你若能打败李渊的军队，保住国都的安全，我一定向皇上保奏你官居一品……"杨侑还想给阴世师弯腰施礼，被他一手挽住，说："代王千万不能！我阴世师父子两代深受皇恩，纵然战死在长安城头，也在所不惜！"骨仪也说道："请代王放心，我骨仪虽然不习军旅，也要参加守城，只要阴大将军给我任务，我决心不负皇恩。"姚思廉说道："城内军队不下三万，只要两位留守大臣同心协力，加上城墙坚固，李渊也难打进城

李渊雕像

来。"最终议定为：坚守城池，抵制李渊。

公元六一七年十月底，李渊继续派使者到长安城下，向城上守军喊话说："唐军是来匡扶帝室，辅佐代王做皇帝的，只要暴君让位给代王，大军将不伤害任何人。"类似内容的喊话，一直进行了许多天，阴世师、骨仪不予理睬，不准城上的将士与之搭话，一旦发现，立即处死。

很明显，李渊是想用政治手段解决问题，以便他能名正言顺、轻而易举地进入长安。可是，李渊的广大将士已等得不耐烦了，尤其是他的长子李建成和次子李世民，共同向父帅请求道："太原出兵以来，一路攻城掠地，势如破竹，大军所到之处，归顺者如水之人海，深得人心。可是进入关中，兵临长安城下，久不攻城，岂不是挫伤兵锋吗？战机不可失，请父帅尽快决断！"李渊只得对两个儿子说："战争才能解决问题，这道理我能不知道吗？我之所以一次又一次地派人，一天又一天让他向城上的守军劝说，目的是要让天下人知道我的良苦用心啊！"之后，李渊见自己屡次劝降，仍没有结果，而这种政治宣传的影响，已为天下人所共知，便决定对长安城实施强攻了。

首先，李渊把自己的指挥部移往安县坊（今西安市以东地区），以就近指挥大军攻城。十一月上旬，李渊一声令下，二十万大军开始攻城。李建成率领的左路大军，负责攻打长安城的东、南两面；李世民的右路兵马，负责攻打长安城的西、北两面。二十万唐军四面围攻，齐声呐喊，声如春雷滚滚，震得地动山摇。城上的阴世师、骨仪等一见，急忙命令守军紧闭城门，把粮食匆忙运入宫中，准备凭借长安城坚固的防御工事，负隅顽抗。

当时的长安城，为隋文帝杨坚建造，名为"大兴城"。东西宽九千七百二十一米，南北长八千六百五十一点七米，周长三十六点七公里，可见这座都城是如何的壮观。杨坚把都城命名为"大兴"，顾名思义，这位励精图治的大隋开国皇帝，确实是想让他的帝业能够长久地兴盛的。但是，未料到他辛辛苦苦从别人手里夺过来的江山，竟然很快就败在杨广手上！

在攻城之时，李渊下达了一项新的命令："大军攻城时，不得侵犯隋室七庙和代王以及隋朝的宗室，如有违犯者诛灭三族！"这项号令十分严厉，因为李渊起兵，是高举立杨侑为帝，尊奉隋朝的大旗进行的。如果任凭将士们侵扰隋室宗庙、宗族等，不是自相矛盾吗？攻城开始以后，由于唐军的广大将士早已积蓄了杀敌立功的强烈愿望，一个个争先恐后，有的瞄准守军，向城上放箭；有的抬着长长的云梯，向城下跑去；有的高举大刀，精神抖擞地准备爬越城墙，齐声叫喊着，那如雷的喊声汇聚在一起，震得地动山摇。为了激励将士们杀敌立功，李渊曾在唐军中有过具体规定："凡是攻城夺隘，如果有一两个人盲目地率先登城，其行为不值得表扬，受伤、死亡的也不予奖赏，自然不给记功。……"这是他对那些脱离集体的个人英雄主义者的坚决否定。

对带兵的将领，李渊也有具体要求，他规定："凡我军带兵的将领，都是我所委托的人，不能胜任的，可以自行引退。如果勉强接受了，则会率领百人，误了百人的性命；率领千人，则误了千人的大事。无论职务大小、高低，我将一视同仁，论功行赏，凭事惩处……"对于战场上的攻击，李渊也有严厉的军令，他明文规定说："战斗命令下达后，有迟误军期、逗留不进的，自将领以下一律处死；军官中有临战不前的，立即斩首；各军中将士以冲锋陷阵，杀敌立功为主，以群体立功为上；冲锋攻敌时，带兵的将领，无论其职务大小，应身先士卒，带头立功……"在战场上，对割取敌人首级一事，李渊的规定更加具体。他规定说："战斗进行时，不许临阵割取敌人首级；当敌人败走后，准许割敌首报功；若是敌军未败，就先行割敌首级的，无论是官、是兵，立即处斩，严惩不贷！"由于唐军受到这些军令的约束，在攻城战斗中表

第四章 李渊对你说管理

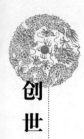
现出顽强的战斗情绪和杀敌立功的强烈欲望，使长安城下立刻变成残酷的战场，二十万人高声呐喊着，排山倒海般地向这偌大都城的四面城墙冲去，何等壮观的气势！

城上的守军将士，在阴世师、骨仪的重赏诱惑下，也在拼命地反抗，只见飞箭、乱石、滚木等纷纷从城上落下来，如阵雨，似冰雹，在打在唐军将士的头上、身上，人群中，有的受伤，有的死亡，但是，他们前仆后继，誓死如归，继续厮杀，拼搏……不久，长安城被攻陷。

李渊对纪律的重视不仅体现在攻打长安城的时候，在平时，李渊也很注重对于士兵遵守纪律的培养。也正是李渊这种纪律严明的管理，才打造出了一只善于攻战的军队，在群雄并起的时代，依靠着武力为基础，打下了自己的天下。

团队管理者对团队成员的管理，必须有明确的制度。这样团队成员才会有一个行为准则，才能够主动约束自己；管理者也才能够针对团队成员在工作中的行为，根据情节轻重正确处理违纪现象。

春秋时期，齐国在与燕国、晋国的战争中惨败。为整顿军队，齐国国君齐景公急需用人。在谋臣晏婴的推荐下，景公任用了司马穰苴。司马穰苴接受任务后，对景公说："臣一向身份卑下，地位卑贱，恐怕难以服众。为了保证整顿军队的顺利进行，希望陛下派一位有权威的人去做监督。"齐景公同意了司马穰苴的请求，派宠臣庄贾与他一同前往。司马穰苴与庄贾约定于第二天正午时分相见，然而庄贾却在傍晚时分才赶到。司马穰苴不动声色地问道："为何这么晚才来？"庄贾答道："来的时候，亲戚相送，耽误了一些时间。"司马穰苴义正词严地说："大将军一旦接受了任务，就应该忘掉家人和家乡；一旦到了军中，就应该接受军队的约束，而不应该与亲戚难分难舍；一旦拿起了鼓槌，就应该投入战斗，将生死置之度外。"说完这些话后，司马穰苴召来军正询问军法："如何处置军中不守时的人？"军正回答道："斩！"

庄贾此时才意识到问题的严重，心生畏惧，派人火速赶往朝中奏请齐景公前来救援。然而，等使者拿着景公的赦书赶回时，庄贾早已人头落地。同时，使者为了赶路，急驾车而来，违反了军中严禁纵车的法令，本应按照军法处斩，但司马穰苴考虑到景公的使者不能斩，就将使者的仆人斩杀。

司马穰苴的做法立即在军中树立了军威。随后他开始检阅军队、视察将士们的饮食情况、慰问一些身体状况不好的士卒，很快得到了众将士的拥戴。几天过后，司马穰苴准备率军攻打晋国。此时，军中士气高涨，就连病弱的士兵也强烈要求参战。终于，在司马穰苴的统率下，齐军凯旋而归。

要想训练出一支战无不胜的军队，必然离不开铁的纪律。没有了纪律的约束，军心就容易涣散。要想用军法立威，必须要以军法作为违反纪律的执行标准。而做到这点，就要一视同仁，谁违反了纪律都必须按军法处治，只有这样才能训练出出色的军队。

管理者要想拥有优秀的团队，必须先做到纪律严明。要保证严明的纪律，重中之重就是制订明确的制度。就像上面所说的一样，良好的军纪是军队取胜的关键。可以这么说，没有纪律的部队只能算是一群乌合之众，更不可能在战斗中获得胜利。我们常常会听到这样一句话：服从是军人的天职。其实，在现实生活中，我们每一个人都要像军人一样，做一个遵守纪律并且绝对服从的人。这一点对身处职场中的我们尤为重要，为什么这么说呢？因为，对每一位团队成员来说，如果不遵守团队既定的纪律、制度，对上司工作上的每一步安排不服从，不认真履行，就不能促使团队整体目标的实现，就更不要说能为团队的发展做出任何贡献。当然，我们个人的理想、目标以及自我价值的实现也就不能达成了，因为团队的发展与我们的命运是息息相关的。

公司制订出来的规章制度不能成为摆设。作为领导者，应当以有效

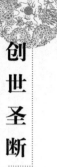
的手段保证其得以贯彻落实，一旦发现有人违纪，便应加以惩治，绝不手软。有制度就要贯彻执行，无论我们个体自身的能力怎样优秀，当我们加入一个团队之后，就必须无条件地遵守所在团队的纪律和制度，这样这个团队才能整齐划一，才能发挥出更大的力量，从而促使目标顺利实现。

在团队中，制订明确的制度，写明处罚标准，团队成员就会一目了然，明白如果自己违反规定，将会受到怎样的处罚，从而提前约束行为，避免错误发生。同时，团队管理者也可以以此为标准衡量团队成员的行为，一旦团队成员违反规定，就可以按照规定进行惩治。这样，团队就会秩序严明，团队成员行为有序，进而实现团队的发展。

善于倾听，做善于纳谏的人

上帝给了我们两个耳朵一张嘴，就是为了让我们少说多听，所以我们要学会倾听，善于倾听。身为管理者，在管理的过程中，更要注意倾听下属的意见，通过下属的意见，来完善自己的管理。李渊就是一个善于倾听，善于纳谏的人。

刘武周从隋大业十三年（公元617年）二月起兵反隋以来，一直依附突厥，屡屡侵扰李渊起事的根据地——太原。这位定杨天子占据太原北方的大片土地，时时让端坐关中龙床的李渊觉得有些振荡。在这时候，由于突厥统治集团内部发生巨大改组，其政策不再是支持李渊，而是转为积极支持刘武周及梁师都与李渊对抗。

刘武周此时的力量也大为增强。他前不久才收罗了宋金刚的部队。

宋金刚原来是易州（治所在今河北省易县）境内的一支农民军的首领，后为窦建德所败，只得率众投奔刘武周，合并到了塞北的这支地主武装之中。宋金刚有勇有谋，成为刘武周的得力干将。唐朝刚建立时，宋金刚就建议刘武周夺取晋阳，向南发展，逐步夺取天下。于是他们开始向河东诸州挺进。唐武德二年（公元619年）闰二月底，刘武周本来和梁师都、突厥联合，准备从句注入侵太原，只是由于始毕可汗突然去世，才暂时告罢。随后李渊又向突厥处罗可汗行贿，又使已兴之兵暂时撤退。但刘武周的南进战略已经不可阻遏地付诸实施了！

唐武德二年（公元619年）三月，刘武周以突厥兵马作后盾，挥师南下，进攻李元吉镇守的并州（即原来的太原郡。唐开元十一年改为太原府。治所在晋阳，即今山西省太原市）。四月，刘武周率领大军，又引突厥兵马，杀气腾腾地向南逼来，很快到达并州境内，并驻军于离晋阳很近的黄蛇岭（今山西省榆次市北）。并州总管齐王李元吉命令车骑将军张达率军前去挑战。张达推辞说，兵力太少，不可前往。但李元吉刚愎自用，硬逼张达出兵。结果派出的士兵全部战死。张达非常愤怒，逃出晋阳，投奔了刘武周。随后，张达带领刘武周袭击并攻取了榆次（今山西省榆次市）。四月十八日，刘武周率军围攻并州城，齐王李元吉据固守险，击退了刘武周。此前，李元吉已派人快马传书，到长安请父皇李渊速速发兵救援。四月二十日，李渊下诏，命令太常卿李仲文等带兵前往救援并州。救援军队还在途中之时，刘武周已于五月中旬攻陷石州（治所在今山西省离石县），五月十九日攻陷平遥（今山西省平遥县）。刘武周的军队已对并州城形成包围之势，而且切断了关中救援并州的必经之路——汾水谷地。六月，刘武周的大将宋金刚率领三万军队进攻并州城。六月初十，刘武周进逼介州（治所在今山西省介休县，后并入汾州），僧人道澄等人用佛幡把他们拉入城中，于是刘武周攻陷介州。这等于刘武周又在汾水谷地给唐朝援军设了另一个关卡。齐王李元吉一再告急，李渊于是派右仆射裴寂为晋州道行军总管，前往讨伐刘武周，军中战事由其全权处置。七月二十五日，宋金刚围攻介州西北面的浩州（治所在今山西省汾阳县。后亦并入汾州境内），但久攻不克，只得于十天后退兵。九月中旬，裴寂率唐军赶到介休（今山西省介休县），结果被宋金刚打得落花流水，几乎全军覆没。裴寂仓皇出逃，经过一天一夜的狂奔，终于跑到了晋州（治所在今山西省临汾市）。

在此之前，刘武周屡次派兵攻打西河（今山西省汾阳县），唐浩州刺史刘赡率军抵抗，李仲文又带兵赶赴西河，援助刘赡。等到裴寂兵败逃归之时，晋州以北的城镇，除西河外，全被刘武周的军队攻陷。刘武周旗开得胜，占了除西河以外的所有晋州以北的城镇，随即气势汹汹地朝齐王李元吉坐镇的并州城逼来。但是镇守在并州的，是李渊的四子齐王李元吉。李元吉镇守并州并不称职。李元吉爱好狩猎，驻守并州时每次出行狩猎，要足足带上三十车的置网等狩猎工具。他常常说："我宁可三天不吃饭，也不能一天不打猎。"可见他沉湎于此道到了无以复加的地步啊！李元吉特别好猜忌而且阴狠，又喜欢以兵事来作戏要。再加上他居边日久，所以更加骄奢淫逸起来。李元吉常常命令他身边的奴婢门客，以及他的众多姬妾集合起来，足有好几百口子，让他们分成两队，披上坚甲，带上头盔，手拿各式武器，当着他的面，彼此真刀真枪地打，越是打得激烈，他越来劲，他坐在高台上观瞻，还一面高喊："往前冲啊！杀啊！""双方"只得真正肆意冲杀，这样能不造成伤亡？而李元吉却看他们打得越激烈越得意，死伤越多，他越发叫好得意，反正奴客姬妾短缺了，皇帝老子会给他及时补足。在两队厮打的时候，李元吉总还嫌打得不激烈，竟走下高台，加入阵内来直接指挥打仗，不料被人一剑砍在了他的腿上。左右马上围了上来，为他包扎。

从小把他养大的侍媪陈善意便抓住了这一机会，好言相劝李元吉，叫他以后千万别再这么干了。李元吉听了也不无自惭，但他那阴狠的天性已难以移易，所以即命壮士来把陈善意左右手、左右脚分头拉扯，像五马分尸似地，竟把她拉死了。在私自掩埋陈善意时，李元吉还假仁假义地赐以私谥曰："慈训夫人"。这真是天大的讽刺，齐王李元吉就是这样来对侍一生慈训于他的好奶妈。

李元吉在王府中花天酒地还嫌不够，有时乘黑夜常常溜出府去，潜入民家，奸淫民女，为此他常下令夜不闭王府之门。高祖下诏派在齐王元吉身边的右卫将军宇文歆，跟着齐王同守并州，见李元吉如此之不规矩，胡作非为，曾多次好言劝谏他，但他又怎么听得进去呢？宇文歆出于无奈，只得向高祖皇帝上表，表文曰："齐王在州之日，多出微行，常共窦诞游猎，蹂践谷稼，放纵亲昵，公行攘夺，境内六畜，因之殆尽。当衢而射，观人避箭，以为笑乐。分遣左右，戏为攻战，互相击刺，毁伤至死。夜开府门，宣淫他室。百姓怨毒，各怀愤叹。以此守城，安能自保？"

宇文歆所言，句句皆为实情。高祖读了表文也十分愤怒，便下令免去了他的职务，命他当即还朝听命。李元吉心知不妙，便暗中买通了一些人，以乡里父老代表的身份，诣阙下向陛下请命，尽说了些虚无的好话，要求挽留齐王继续任职。没过多久，高祖皇帝竟又恢复了齐王的原职。

刘武周在宋金刚的劝说之下，于武德二年南下侵扰汾、晋二州。他亲率五千骑兵来到了黄蛇岭。李元吉派遣车骑将军张达，只带着一百名步兵，先去试探试探。正是因为此事而导致了张达投奔了刘武周。这一下李元吉才发现不妙，大惊失色。于是心生一诡计，去欺骗他的司马刘德威说："爱卿，你带领着老弱来守城池，我带着强兵出去迎战。"刘德威信以为真。结果李元吉当夜就带了精兵悄悄出了城，根本没去迎战大敌，而是带了他的妻妾们在精兵掩护下，逃奔回了京师长安。并州被刘武周不费吹灰之力就拿下了，掘了高祖李渊的老巢。

高祖得知自己的发祥地太原竟被四子元吉给丢了，勃然大怒，但他却迁怒于他人而护着自己的儿子。他对礼部尚书李纲说："元吉年纪还幼小，尚未谙熟时事，所以我派了窦诞与宇文歆去辅佐他。那里有强兵好几万，粮仓里的粟米又足够用上十年的，这样一块起义兴运之宝地，却被丢弃于一旦。这是宇文歆首先策划此计的，我应当把他开刀问斩！"李纲却马上顶撞高祖皇帝说："幸赖有宇文歆，陛下才没有失去爱子，臣以为宇文歆是有功的。"高祖见李纲敢如此顶他，倒愣了一愣，想道，其中大概有一定道理，所以耐下心来细听他解释。李纲答道："罪孽是由窦诞不能规劝讽谏造成的，这才致使军人都心生怨愤。齐王年少，肆行骄逸，放纵左右，侵渔百姓，而窦诞从没去谏阻过，只是一味地听之任之，还帮他去掩藏罪证，这才造成了如此巨大的祸端，这都是窦诞的不对。宇文歆在并州，论情谊，要比窦诞更疏远些，在那里的资格也较浅，而他把齐王的过失不都写成表文上报给陛下了吗？父子之情，外人是难以过问的，而宇文歆却敢于言说，这不正是既忠诚又恳挚的良好表现吗？陛下现在要是杀了宇文歆的话，我想他心中是不服的，臣以为陛下这样做也是不对的。"

　　高祖当时虽也听了进去，但心中并未能全盘接受，更没能完全领会。回后宫讲给窦皇后一听，皇后也完全赞同李纲的意见，并且进一步对李渊说："四子元吉已被骄纵得越来越不像话了，这次竟敢擅离职守，还欺骗了老臣刘德威，等于主动丢弃了并州，本已罪不容诛，陛下要是再这样姑息纵容下去，将来还不知会闹出什么更大的乱子来呢？我看宇文歆没错，李纲分析得更是在理，陛下应好好嘉奖他的勇于顶撞、勇于进谏才是。"皇后这一席话，才把高祖皇帝从昏聩中稍稍拨了出来。经过一夜的权衡思索，第二天高祖皇帝又把李纲找了来，对他说："今天朕有李公这般的好爱卿，诚朕之大幸也，差一点朕就滥用了刑罚，铸成大错啊！元吉这小子自己作恶，遂致结怨于人。宇文歆既已上表闻奏，他还不吸取教训，看来窦诞也是奈何不得他的。他俩都是无罪的。"

在关于并州失守这件事上，李渊做得并不够好，他偏袒自己的儿子，而要怪罪于其他的将军，犯了一个很低级的管理错误。但是值得的注意的是，他并没有因为自己的地位问题，而对自己的错误坚持己见。他在下属提出意见的时候，虚心接受了这个意见，并及时做出了决策的调整，这对于我们当今的管理者来说，是很有借鉴意义的，那就是要善于倾听下属的意见，做一个善于纳谏的人。

能够得到他人的认可是每个人都渴望的，无论是国家元首、世界首富，还是流浪汉、乞丐。因此，要想获得他人的喜欢或尊重，你自己在想说什么事情前，首先要知道别人会说什么。学会说话之前倾听他人的心声，不仅能避免说错话，还是一种能认可他人的方式。

西方有一句著名的谚语：沉默可使傻子变成聪明人。善于倾听是一种美德，是一种境界。美国女企业家玛丽·凯曾经说过："不善于倾听不同的声音，是管理者最大的疏忽。"由此可见，学会倾听比侃侃而谈更重要，特别是作为管理者，善于倾听别人的意见或建议，是一种自身修养的体现。

在沟通中，倾听是一种非常重要的交谈技巧。可惜的是，绝大多数领导者都不善于利用这一技巧，他们在与员工沟通时，只是简单地聆听而并不是倾听。聆听与倾听有个明显的区别。"聆听"只是做出听的样子，至于理解不理解、是否给予反馈是不重要的。而"倾听"则包括了理解与反馈在内的所有听的过程。倾听需要注意力、理解力和记忆力。

能提升沟通效果的倾听，应该是积极的，而不是消极的。消极的就像是录音机，只记录了信息，但没有任何反馈，更谈不上互动。而积极的倾听，则需要领导者深入理解谈话者的思想，从对方的角度来思考问题。一个积极倾听的领导者，会尽力去理解说话者想表达的思想，而不是他自己想象的一个结果。同时，他还会把倾听之后所得的信息反馈给说话者，自始至终保持一种客观态度，不会妄加评论。最后，他会作出适当的总结，发表自己的看法，来结束这场谈话。

一名优秀的管理者，首先具备的素质就是能够用心倾听员工的意见、建议和观点。要做到这一点是比较容易的，我们只要安静地倾听就可以了。切记：不要像个圣人似的"一本正经"地说话，即使我们不做任何事情，也要倾听。而且我们可以在任何场合倾听，在办公室里、在酒吧里、在装货仓库里、在工作车间里，随时随地都要倾听。

此外，有相当一部分管理者自以为是地认为，下属员工们对于他们的意见就是要绝对地听从。一些经理人在滔滔不绝之后，经常会说："我说了这么多了，你们觉得我的观点怎么样？"此时此刻，可能没有几个人愿意回应这样的问话。

一位管理者要想获得成功，重要的一点就是要多听听自己的职员都在说什么，他们有什么意见和建议，这样对你的管理工作是非常有帮助的。

当然，在工作中，像"一直以来，我们都是这么干的"这样的话是永远不能说的。因为这句话看似简单、常用，实际上没有任何积极效果，反而会影响工作效率。所以，为了提高效率和绩效，请不要再跟你的下属说这样的话了。

从现在开始，在你的下属带着问题来问你应该怎么做的时候，你需要看着他们的眼睛，然后回答他们："能告诉我，你是怎么想的吗？"如果下属员工说出了自己的想法，你要做的就是倾听。通常，你会看到三种情形发生：一种情形是他们想的正是你想要对他们说的。既然他们就是这样想的，他们就会竭尽全力支持这种你和他们都共同拥有的想法。可想而知，效率就得到很快提升。第二种情形是他们的想法你从未想过。即使你是老板，也不能保证你的想法就是正确的，就能在市场上赚钱最多。要想赚得更多，就继续倾听吧。还有一种情形就是，他们的想法根本不可行，原因他们可能不知道。这时，你要做的就是解释为什么他们的想法是错误的。

只有认真倾听下属的意见，你才会拥有一支高效能的队伍，并且，这样的高效会持续很久。

及时去除内部的"污水"

每一个团队，都不可能做到真正的团结一心，在团队内部，总是存在着一些不和谐的声音，一些成员造成了团队内部的不稳定因素，成为了团队中的害群之马，这时候，管理者一定要尽快做出反应，及时去除团队中的害群之马，以保证团队的稳定。作为一个管理者，让我们来看一下李渊是如何去除团队内部的"污水"的。

唐武德三年（620年）正月，李渊派他的表弟、工部尚书独孤怀恩领兵攻打蒲坂城，因久攻不克，损兵折将比较严重，李渊十分生气，便多次写书信去责备他，说他办事不力，有负"圣望"。独孤怀恩受到责骂，心中不服，牢骚满腹地说："蒲坂城坚墙高，没有攻城器械，如何能够攻下？身为皇上，不察下情，才是负众望哩！"

当时的情况确实责任不全在独孤怀恩，蒲坂城城池坚固，唐军缺乏大型的攻城器具，并且当时蒲坂城中守将奋力抵抗，在粮草断绝的情况之下，仍不开城投降。

最后一次督责，李渊派出了自己的儿子李世民到前线亲自下达申斥独孤怀恩的诏书，李世民诏书宣读完毕，劝独孤怀恩说道："独孤表叔不要太过在意，胜败乃兵家常事，只是父亲对于大事催促得急了一点，表叔的功劳和苦劳，父亲还是都记在心里的。"独孤怀恩也略有歉意，毕竟战争耗时半年，寸土无得，伤亡甚重，钱粮耗费无数。但是屡次受到李渊的申斥，独孤怀恩还是感到心理不痛快。独孤怀恩私下里和帐下大将谈论时说："他们李家和我们独孤家在以前的时候，同是八柱之家，可是李渊不过做了几天的皇帝，就开始对我呼来喝去，一点也不体谅我的难处，李渊实在是太不地道了，亏他曾经还说我能做皇帝。"

原来独孤怀恩与李渊是姑表兄弟，有一次两人单独在一起时，李渊曾和他开玩笑说："你姑姑的儿子（指杨广和李渊）全都做了皇帝，下面是否该轮到我舅舅的儿子当皇帝了？"自这之后，独孤怀恩颇以此自负，常在朝臣中自我标榜，借以抬高身份，有时也惋惜地说："难道我们独孤家只有女人才尊贵吗？"后来，他越想越觉得不服气，有一次竟然公开说："俗话说：皇帝轮流做，明日到我家。我就不信，我们独孤家的坟头不能长出参天大树来？"于是，他便和手下的元君宝等商量着如何也能拉一支队伍出去，打自己的江山，过一过当皇帝的瘾。

后来，独孤怀恩与元君宝、唐俭、刘世让等人受李渊指派，领兵去攻打夏县的途中，被尉迟敬德打败，并一同做了俘虏。在被关押期间，元君宝与唐俭在一起叙话时，发牢骚说："独孤尚书本来在谋划一件大事，如果他早些做了决定，我们就不会受如今这番屈辱了！"唐俭听得莫名其妙，忙问道："独孤怀恩在谋划一件什么大事？"元君宝便把独孤怀恩想拉一支军队出去，单独建立朝代，自己做皇帝的情况叙述一遍，唐俭笑道："他也想当皇帝？岂不是癞蛤蟆想吃天鹅肉？哈哈哈……"

没过多久，秦王李世民派秦叔宝等人在美良川设伏，打败尉迟敬德和寻相时，独孤怀恩、唐俭、元宝君、刘士让等人趁机逃脱了。

不久，李渊又派独孤怀恩率领三千人马，仍去攻打蒲坂城，元宝君又感叹道："独孤怀恩终于重握大军，有了称帝机会，真可谓王者不死啊！"唐俭听后，心中一动，暗中想道："独孤怀恩一旦造反称帝，这可是一件大事啊！知情不报者也是有罪的，得赶快把这件事报告给朝廷！"想好之后，唐俭立即把情况讲给刘世让听，并要他立即去向皇上报告独孤尚书预备谋反的情况。此时，蒲坂城守将已降，独孤怀恩早已带领大军驻扎在城内，正在积极准备起兵称帝的大事。

李渊在长安听说蒲坂城终于夺到手了，这使关中在河东地区又多了一座坚固的桥头堡，心中十分高兴，便起驾出了长安城，正准备渡过黄河去视察独孤怀恩的营地，刚登上了渡船，恰好刘世让的快马赶到了，向李渊报告了事情的经过。李渊得知独孤怀恩的叛乱阴谋，当时出了一身冷汗，惊呼道："朕能大难不死，难道不是天意吗？"李渊刚定下神来，便决定要除掉独孤怀恩，于是若无其事地派人去宣诏，让他过河来见。

在蒲坂城里正做着皇帝美梦的独孤怀恩听说李渊要自己过河去见他，心里说道："去就去吧，反正过不了几天，我也要当皇帝了，咱们就可以平起平坐了。"于是，独孤怀恩让部下驾着一只小船，摇过河来，一到岸上就被抓了起来，绑了个严严实实，他大叫道："我是工部尚书，是皇上的表弟，你们怎么敢对我无礼？"士卒把他押到李渊面前，他仍然叫嚷不止，李渊用手指着他讽刺说："听说你准备当皇帝，特此前来候驾！"独孤怀恩方知自己的阴谋已经暴露，便放着胆子说："你曾经说过的，该轮到我们独孤家的人当皇帝了。其实，我不过是说说罢了，并没有具体行动啊！"李渊听后，又好气又好笑，只得说道："只怪你们独孤家的子孙都不争气，都不是当皇帝的材料，只好去做小鬼吧！"独孤怀恩及其同谋者二十余人，被李渊一齐处死了，这次叛乱被扼杀在襁褓中。事后，刘士让、唐俭被连提三级，备受重用。

李渊及时去除了自己团队中的不稳定因素，维护了大唐军队的团结和统一，在这件事中，李渊的做法告诉我们，在自己团队内部，那些会

引起团队不稳定的成员，要尽早尽快的去除掉，以免影响大局。

传说黄帝在一次出访贤人的时候，迷失了方向，见到一个牧马的童子，就向他问路，结果发现童子见解非凡，于是就像他请教治国之道。童子说："治理天下，和牧马的道理是一样的啊，只要能够去除马群中的害群之马就可以了。"黄帝由此大为佩服，称呼这个小孩子为"天师"。害群之马的故事就是要告诉我们，管理其实并不是很复杂的事，只要能够将自己团队内部的不稳定因素及时清除掉，就能够保证自己团队的发展。

一个公司老板向自己的朋友抱怨说：他的公司里有一个员工，总是挑拨是非，在背地里说同事的一些闲话，弄得公司里的气氛十分尴尬。但是由于公司正处在起步的关键阶段，正是需要人才的时候，因此他还不想开除这个员工。朋友听完他的话之后，在他的面前放了两个桶：一桶是浑浊的污水，另一桶则是飘着香气的美酒。朋友首先在污水桶里倒入一勺酒，然后笑着问老板："你看这桶污水有什么变化吗？"老板看着依旧浑浊的污水，摇了摇头。接着，朋友又在美酒桶里倒入了一勺污水说："你再看看这一桶。"老板一看，原本香气四溢的美酒，已经被那勺污水所污染。

这个简单的实验，道出了管理学上的一个重要的理论，即"酒与污水定律"。其中的含义就在于，决定一个企业好坏的重要因素，并不在于你有多少美酒，而在于你有多少污水。即使是一个团结合作的团队，只要掺入了一两个不好的员工，就足以使整个团队就此瘫痪。这和中国俗语中常说的"一粒老鼠屎坏了一锅汤"在道理上是相同的。它深刻地说明，企业的管理层绝对不能因为不守纪律、不热爱工作的员工属于少数而不去处理他们，因为这样就会给整个团队带来毁灭性的打击。然而在现实中，很多企业却都会犯这样的错误。他们或者出于对现实成本的考虑，或者是管理不当，导致他们对员工的一些不职业行为置若罔闻。

最终带来的结果却是伤害了企业自身。

素质差的员工就像是箱子中的烂苹果，如果不及时进行处理，那么最终必然会导致整个箱子中的苹果都烂掉。管理者需要做的，就是在发现烂苹果后及时对其进行处理，避免其危害扩大。但一个现实的问题又摆在了管理者面前：哪个企业敢说自己的公司内部没有"污水"员工的存在呢？既然这种存在是一种职业者常态的表现，管理者究竟应当如何杜绝？

在现实中，公司的好员工和坏员工之间有一个互相较量的过程。好员工相信公司并服从公司的管理，"污水"员工则对公司的制度处处进行抵制。管理者要做的，就是坚定不移地站在好员工一边，给予那些认真工作、努力为公司服务的员工较好的待遇，让他们感受到公司对他们的重视和培养，使他们能够更加坚定自身的立场。这样一来，不但好员工会从中受益，更加支持公司的工作，而且那些"污水"员工也会重新进行价值评估，转而向好员工看齐，问题也就能迎刃而解了。

如果公司给予好员工的较好待遇和积极认可，对于那些"污水"员工依旧没有任何效果，那么管理者就应当坚决将这些人从企业的队伍中清除。企业是用人单位，而不是培养和教育人的场所，没有义务对这些不能融入企业文化的员工进行培训。企业的根本目的是为了获利，而这些坏员工恰恰是企业达成这一目的的最大障碍。只有消除这些妨害企业发展的毒素，企业才能不断地获得新的进步。

建立完善的管理系统

任何一个团队，都不可能由管理者一个人进行所有的管理工作，这

是不切实际也是不可能实现的。管理者要进行系统的管理，就要建立一个完善的管理系统，通过这个系统进行管理的实施和落实，以达到管理团队的目的。

李渊作为隋朝官僚贵族集团中的一员，对于隋朝的官僚行政体系自然非常熟悉，所以唐朝的职官制度基本沿袭隋朝，李渊主要做了恢复封建国家机器正常运转的工作。

唐承隋制，隋朝制度又渊源于北周。建立北周的宇文泰在许多方面都刻意仿古，在中央政权建设上就仿效《周礼》中的"六官"之制而设"三公"、"三孤"、"六卿"和上中下大夫，上中下士之官。其中《周礼》中的"六官"，即辅佐天子治国制典的"天官冢宰"，掌管地图疆域和教化臣民的"地官司徒"，掌管祭祀礼节的"春官宗伯"，掌管行政部门的"夏官司马"，掌管司法刑名的"秋官司寇"，掌管宫室建设的"冬官司空"，对于隋朝中央机构三省六部的出现，有极大的启发意义，对于熟悉隋朝制度的李渊来说，自然会有极大的影响。

隋文帝制定的隋朝中枢官制，比秦汉以来历代中枢官制都更为细密完整。概括而言，隋朝中枢实际有5个"省"，其中尚书省、门下省、内史省与国家行政关系密切，所以并称三省。至于秘书省和内侍省主要为皇帝个人和家族服务，所以在中国传统史学家的著作中常常忽略不提。

尚书省掌管一切政令，长官为尚书令和左、右仆射，下属吏、礼、兵、都官、度支、工这六个部。各部长官称"尚书"，尚书令、左、右仆射加上六部尚书统称"八座"。每部尚书下设侍郎若干人分别掌管各曹之事，六部共设二十四曹，有三十六个侍郎供职。侍郎一般都掌握一司之职，与后代的尚书副手不同。各部主管的内容分工明确，吏部主官吏的任命升迁考绩，礼部主国家礼仪、庆典、科举考试、臣民教化，兵部主军队后勤供应及配合各军事机构的调配工作，都官部主司法刑名，度支部主户口财赋，工部主国家大型工程建设。为此，尚书省已经是一个机构完整的中枢政务部门。

门下省是对施政方案和具体执行过程中进行监督，并且随时提出修正意见的部门，在级别上与尚书省相差无几。长官为纳言，下属有给事黄门侍郎、散骑常侍、谏议大夫等官；还兼辖城门、尚食、尚药、符玺、御府、殿内六局。

内史省是协助皇帝制订治国方略和施政方案的机构，长官称内史监，下属官员有内史令、侍郎等。

秘书省掌图书、档案工作，长官为秘书监，下属秘书丞、秘书郎、校书郎、正字、领著作曹、太史曹等。内侍省是掌管宫廷内部事务的机构，各级机构都由宦官担任，长官有内侍、内常侍、内给事等。一方面可以为皇帝传递朝中信息，另一方面管理与宫廷生活有关的各机构，领内尚食、掖廷、宫卫、奚宫、内仆、内府等局。

除了"五省"之外，隋朝中枢还设有专门用来纠察百官的御史台，氏官在御史大夫，下属治书侍御史、侍御史、殿前侍御史、监察御史等官。另有主管水利事业的都水台，长官在都水使者，下属都水丞、参军、河堤谒者等官。御史台和都水台并称"二台"。

五省二台之外另设有"九寺"，类似秦代的九卿，计为：太常、光禄、卫尉、宗正、太仆、大理、鸿胪、司农、太府。各寺均有卿、少卿、丞、主簿等官，不过因为中央政事多由三省六部官员承担，所以九寺的权力和级别都较秦汉时为低。

九寺之外还有国子寺，掌管中央的学校教育。有祭酒、博士、助教等官，下辖国子学、太学、四门学、书算学等部门。

李渊建立唐朝，对传统政治体制只能是恢复修补，绝对不可能自行其事地重来，为此，唐朝的官制完全是在隋朝制度的基础上建立。《旧唐书》卷42《阳官志》说：高祖发迹太原，官名称位，皆依隋旧。及登极之初，未遑改作，随时署置，务从省便。武德七年定令：以太尉、司

徒、司空为三公；尚书、门下、中书、秘书、殿中、内侍为六省；次御史台；次太常、光禄、卫尉、宗正、太仆、大理、鸿胪、司农、太府为九寺；次将作监；次国子学；次天策上将府；次左右卫、左右骁卫、左右领军、左右武侯、左右监门、左右屯、左右领为十四卫府。

唐之官制，其名号禄秩虽因时增损，而大抵皆沿隋故。其官司之别，曰省、曰台、曰寺、曰监、曰蝐卫、曰府，各统其属，以分职定位。其辨贵贱、叙劳能，则有品、有爵、有勋、有阶，以时考核而升降之。这说明，李渊建立的唐朝官僚体系和政治体制，是依据隋朝旧制而定，只是作了一点改动，如把隋朝的中枢五省改为六省，又在武德三年（公元620年）将门下省的长官纳言改为侍中，将内史省改名中书省，其长官也从内史令更名为中书令，其下属给事郎改名为给事中。

李渊建立的中枢机构虽然号称六省，实际仍然是由尚书、中书、门下三省掌握主要行政权力，而且仍然是由中书省制策，门下省审议，尚书省执行，尚书省的执行部门仍然分为六部，所以，唐朝的中枢机构仍然被称为三省六部。

唐朝中枢的尚书省负责典领百官，尚书令由李世民担任。由于后来李世民做了皇帝，尚书令这个职务再不授予他人，尚书省的长官改为由左、右仆射担任。辅佐左、右仆射的官员是左、右丞各一人。尚书省下辖吏、民、礼、兵、刑、工六部。六部长官为尚书，下属侍郎、郎中、员外郎、主事等官。部下有司，每部四司，如吏部分设吏部司、司封司、司勋司、考功司、六部共二十四司，各司长官为郎中，员外郎为辅佐官。六部基本行使主要政府职能，为此，尚书省具有宰相府的性质。

门下省具有参与中枢决策的权力，与尚书省几乎有着同样的地位。长官为门下侍中二人，副手是门下侍郎，再下设有左散骑常侍、左谏议大夫、给事中、左补阙、左拾遗等官。

中书省在名义七是辅佐皇帝掌握行政权力的机构，因此也具有宰

创世圣断

李渊有话对你说

相的地位。中书省设中书令二人，副手是中书侍郎，可以参议朝政，再下有中书舍人，任务是"掌侍禁奏，参议表章"。再下有右散骑常侍、右谏议大夫、右补阙、右拾遗等官。从李渊把每个省的长官都定为：二人，谏官也分为左右两大体系，说明他有一整套驾驭臣下的办法，使得左右相互牵制，最后都必须听命于皇帝。

秘书省有秘书监、少监、丞等官，任务与隋朝相同，掌管经籍图书。殿中省的殿中监、少监等官，主要掌管皇帝的衣服、日常用品，也兼管皇帝日常生活。内侍省以宦官为首，主管宫廷内部事务。至于御史台、国子学、九寺，和隋朝的情况几乎没有什么差别。

李渊还建立了一整套地方官体系。地方分州、县两级，州设刺史，为一州之长，下属别驾、长史、司马、录事参军、各曹军事等官。县设县令，负责地方行政、刑狱各方面事务。

从唐初官制设立情况看，李渊在行政制度方面确实是颇为精通的政治家，他继承了隋朝的全部行政体系，又在强化中央集权方面进行了许多修补性工作，一方面保证行政效率，另一方面又保证对政权的严密控制，他作为大唐王朝的开创者是当之无愧的。

李渊在隋朝的官僚体系中有继承，也有发展，通过官制的完善，李渊建立了一个自上而下的完善的管理系统。也正是通过这个管理系统，李渊能够通过发布宏观的指令，达到管理的目的。在我们现代社会中，管理者同样不能忽视对于管理系统的建设。只有建立了完备的管理体系，才能够将自己从繁杂的事物中解脱出来，把精力放在宏观的方面，简化管理者的管理事务。

管理体系是一个系统工程，有战略，才有组织结构，有组织结构，才能定职能；有了职能，才能定岗位。定好岗位，才能做岗位描述和评价，设计薪酬才有根据。管理体系是一个完整的体系，而目标管理贯穿着整个体系，它的前提是确定了管理流程，通过目标管理进行考核，然

后根据考核结果实行奖惩。

完善的管理系统是严格明确的授权制度的保证。就一个团体来讲，要建立完善的管理系统，首先要确定管理层之间的权利义务关系，明确和细化各自的职责分工，建立完善的决策制度和管理流程，明确各类职责分配、责任授权制度，规避决策风险。建立完善的管理系统，还要加强各部门协同，提升信息管理水平。

在进行管理系统建设的时候，为了能够做到有效授权，就要求领导视具体情况决定授予的权力的大小，对能力强的人，就可以多授予一点权力，让他多承担一点责任；而对能力弱的，就应该缩小对他的授权程度，然后再逐步增加授权。因此，领导就要在授权前考察被授权的对象、准备授予的工作的难易程度，以便把最适宜的权力与责任赋予最合适的人选。这样不仅便于工作的开展，还可以最大限度地减轻领导的工作量，让自己可以抽出更多时间去做更有价值的事。

孔子的学生子贱有一次奉命担任某地方的官吏，当他到任以后，时常弹琴自娱，不管政事，但是他所管辖的地方却治理得井井有条，民兴业旺。这使他的前任百思不得其解，因为他每天即使起早贪黑，从早忙到晚，也没有治理得像现在这么好。于是他请教子贱："为什么你能治理得这么好？"子贱回答说："你只靠自己的力量做事，所以十分辛苦；而我却是借助别人的力量来完成任务。"子贱所说的借助别人的力量来完成自己的任务，实质上就是子贱能够建立一个完善的管理系统，自己只要站在宏观的角度，指明其团队前进的方向即可，这就是管理者简化管理的智慧。

一个领导"无权不揽，有事必废"，不愿授权、什么都干，那么他将什么都干不好。领导只有通过建立一个完备的管理系统，通过系统中的各部分协作进行管理，才能够达到最好的管理效果。

管理要做到有法可依

正所谓没有规矩不成方圆，管理者要想将管理变得规范化，就要确定明确的规章制度，使得在管理过程中赏罚都有制度可以遵循，做到有法可依。

《唐律》是我国古代法律的集大成者。它在古代法制史上承上启下，一方面继承并发展了秦汉魏晋南北朝至隋以来的法律；一方面又对五代宋元明清的法律有深远的影响；同时，对亚洲各国古代法典的形成与发展也产生了积极的作用。《唐律》是从武德年间开始逐步形成的。

唐代的法律文书分为律、令、格、式四种。律，是处理刑事犯罪的法律条文，也就是对犯罪者判罪量刑的依据。律最早可追溯到春秋末年各诸侯国的刑书，到战国末年，各国的刑书已称为律，后经秦律、汉律的发展，其内容虽有增减，但律的名称就沿袭下来了。南北朝时期，北魏律的内容是兼采汉律和魏、晋律而成，汉律经秦律承袭于战国时李悝的《法经》。陈寅恪先生认为："北魏、北齐、隋、唐律为一系相承之嫡统，而与北周律无涉也。"由此可见，唐律是由战同时期的律文发展而来。

令，是国家制度方面的专用条例。最早起源于战国。它与律的不同之处是"令偏重于教诫，律偏重于惩罚。"由于令往往是由皇帝通过诏制颁布的，所以，它和律一样，都被认为是国家的根本大法。律和令相互为用，相互补充。

第四章 李渊对你说管理

151

格，就是政府颁布的内容，它来自诏敕的各种禁令。是针对各种违法者进行处罚的，故而可视为对律的补充或变通条例。它最早起源于汉晋，后经北魏到唐，都受到重视。

式，是关于国家政府各部门的办事规则和公文程式，还有百官的职责和权限。式起源于战国末期，经秦、汉、魏、晋发展到唐代。

律、令、格、式在历史上的出现虽然早晚不同，但四者并行是从隋代开始的。

高祖称帝以后，"诏纳言刘文静与当朝通识之士，因开皇律令而损益之，尽削大业所用烦峻之法。又制五十三条格，务在宽简，取便于时。寻又敕尚书左仆射裴寂、尚书右仆射萧瑀及大理卿崔善为、给事中王敬业、中书舍人刘林甫、颜师古、王孝远、泾州别驾靖延、太常丞丁孝乌、隋大理丞房轴、上将府参军李桐客，太常博士徐上机等，撰定律令，大略以开皇为准。于时诸事始定，边方尚梗，救时之弊，有所未暇，惟正五十三条格，人于新律，余无所改。"这里明确提到律、令、格，虽然未谈到式，但另一敕文中却说："律令格式，且用开皇旧法。"由此可见，以上记载可以说明三点意思。其一，废除大业年间的一切法令；其二，唐初的律、令、格、式，都是沿袭"开皇旧法"而来；其三，制定新的律、令、格、式，遵循了"务在宽简，取便于时"的原则。这就是说，武德律令发挥了由"烦峻之法"向"宽简"之法转折的作用。

太宗即位以后，本着"务在宽简，取便于时"的原则，对《武德律》进一步进行修改，形成《贞观律》。例如把绞刑改为断右趾，又把断右趾改为加役流三千里，居作二年。"比古死刑，殆除其半"。又"于隋代旧律，减大辟入流九十二条，减入徒者七十一条。"这些无不说明，高祖确立的制定律、令、格、式的原则是顺乎时代潮流的。

太宗时，《唐律》基本上形成。高宗即位后，又命长孙无忌、李勤、于志宁等人以《武德律》、《贞观律》为蓝本，制定《永徽律》。接着，又命长孙无忌等人对《永徽律》进行具体解释，形成流传至今的《唐律疏议》。《唐律》的逐步形成，《武德律》是其开端。所以高宗说："律令格式，天下通规，非朕庸虚所能创制。并是武德之际，贞观已来，或取定宸衷，参详众议，章备条举，轨躅昭然，临事遵行，自不能尽。"这足以说明，《武德律》是《唐律》形成的基础。

高祖是在隋末农民大起义的风浪中建唐称帝的。他对隋炀帝骄奢淫逸、以竭泽而渔的手段使广大劳动者走投无路、被迫起义的事实，都耳闻目睹。隋炀帝身首异处的下场，使他引以为戒。这样一来，他就不得不把隋炀帝当作镜子，放松对广大劳动人民的奴役和压榨，在统治集团内部也尽量不听谗言，重用贤人。总之，采取各种手段缓和社会矛盾。

高祖制定《武德律》的原则，正符合社会发展的要求。他制定《武德律》以"开皇律令而损益之"，是因为"隋文帝参用周、齐旧政，以定律令，除苛惨之法，务在宽平。"反之，他"尽削大业所用烦峻之法"，是因为"炀帝忌刻，法令尤峻，人不堪命，遂至于亡"。由于他总结了历史的经验，吸取了教训，所以，"初起义师于太原，即布宽大之令。百姓苦隋苛政，竞来归附。旬月之间，遂成帝业"。这就是说，他能够从太原起兵，很快建唐称帝，与其"布宽大之令"密切相关。

历史的经验和教训，加之高祖自己的亲身体会，促使其在制定《武德律》的时候提出了"务在宽简，取便于时"的修撰原则，实际上也是他多面施政的指导思想。他取得长安以后，财政支出，很有节制，"征敛赋役，务在宽简"。武德四年（621年）四月，关于益州（治所在今四川成都）、夔州（治所在今重庆奉节）管内的囚徒疏理问题，他有制曰："所有囚徒，悉行覆察，务使宽简，小大以情。"由此看来，"务使宽简"是高祖处理各种社会问题的指导思想。这种指导思想，到太宗时得到了进一步的发展。

　　贞观十一年（637年）正月，房玄龄等人完成受诏修订的律令，"凡削烦去蠹，变重为轻者，不可胜纪。"不久，"又删武德、贞观以来敕格三千余件，定留七百条，以为格十八卷，留本司施行。斟酌今古，除烦去弊、甚为宽简，便于人者"。后来，"高宗即位，遵贞观故事，务在恤刑"。当他知道狱中囚犯人数不多时，遂"怡然形于颜色。"不言而喻，高祖的制定律令原则，在唐初较长的时间内都得到了贯彻。

　　武德、贞观、永徽时期，经济发展，政治稳定，各种社会问题都较为缓和，是唐代社会的兴盛时期。律、令、格、式是维持社会秩序、巩固以皇帝为核心的中央集权的有力手段。唐初社会秩序安定，君民关系、君臣关系、民族关系都相对的谐调，如果说这与当时律、令、格、式的较为宽松密切相关，是无可非议的。也可以说，高祖提出的制定律令原则，对唐初社会的稳定发展起了促进作用。

　　《唐律》在中国古代法制史上发挥了承前启后的作用。前面已略述其渊源，说明了其"承前"的历史。下面再简述其影响，说明其"启后"的作用。

　　清朝的学者认为："论者谓《唐律》一准乎礼，以为出入得古今之平，故宋世多采用之。元时断狱，亦每引为据。明洪武初，命儒臣同刑官进讲《唐律》。后命刘惟谦等详定《明律》，其篇目一准于唐。"显而易见，宋、元、明律都是从《唐律》发展而来的。

　　至于《大清律例》和《唐律》的承袭关系更为明显。例如，《唐律》篇目今所沿用者，有《名例》、《职制》、《贼盗》、《诈伪》、《杂犯》、《捕亡》、《断狱》诸门。其《唐律》合而今分者，如《户婚》、《为户役》、《婚姻》……诸门。其名稍异而实同者，如《卫禁》、《为宫卫》……诸门。还有"分析类附者"诸门。总之，《大清律例》"上稽历代之制，其节目备具，足以沿波而讨源者，要惟《唐律》为最善，故著之于录，以见监古立法之所自焉。"事实证明，《唐律》是战国至隋的法制集大成者，又是宋、元、明、清律文的蓝本。因此，我们认为《唐律》在中国古代法制史上发挥了承前启后的作用。

其实，《唐律》不仅在中国古代法制史上占有重要地位，而且对亚洲其他国家也有很大影响，特别是日本和朝鲜半岛。由于唐帝国的文化对当时世界的影响，日本把中国视为"东方文化大本营"，"对中国文化无限向往"，希望"过像汉人那样灿烂的文化生活"。遣唐使接二连三地到唐，正是日本学习唐文化的实际活动的证明。在这种形势下，《唐律》自然也是日本学习的内容。

公元667年（唐高宗乾封二年），日本制定了最早的成文法典《近汀令》，《近江令》的主要依据就是武德、贞观、永徽三朝的令。《大宝律令》是日本历史上所谓划时代的法典，它和《唐律》一样，都有十二篇，其篇目次序都和《唐律》一样，内容也大体相同，只是有些地方加以简化与省并。正因为这样，杨廷福先生认为："日本律令制时代的法典，亦步亦趋地追随唐朝"。另外，鸠山和夫与阪本三郎合著的《日本法制史一班》，把日本的法律发展分为四个时期，其中第二时期就俗称为"模仿唐时代"。可见，《唐律》对日本的影响是非常深远的。

唐文化对朝鲜半岛的影响也是非常深刻的。唐代初期，朝鲜半岛由三国分立走向统一，统一以后的新罗，被日本人视为"中国文化的分店"，因此，日本除了向唐派遣留学生外，还向新罗派了不少留学生。既然新罗是中国文化的分店，新罗文化中必然包含《唐律》的内容。

总而言之，《唐律》对中国、对亚洲的日本、朝鲜半岛，还有越南等，都产生了重要的影响。其所以能产生这种影响，主要是唐帝国强盛，文化先进，与其他各国交往频繁。这种局面的形成，与高祖开创的宽松原则密切相关。按照"务在宽简"的原则处理各种问题，势必形成宽松的社会氛围，可以使人们少受各种约束，充分发挥自己的作用，创造更多的物质财富和精神财富。唐初的经济、文化都有很快的发展，与

这种宽松的社会氛围是有因果关系的。《唐律》对中外历史的影响，说明唐帝国在当时的世界上具有崇高的地位。这种崇高的地位，产生于宽松的社会氛围之中。

李渊整修《唐律》，为自己的管理确立了一个明确的法律规定，使得大唐在管理上做到了有法可依。

狼群有狼群的生存法则，企业有企业的规章制度，团队也有团队的守则。任何一个组织，要想获得超强的战斗力，就要求团队成员遵守团队的规章制度，只有铁的纪律才能铸造铁的战斗力。

领导者在管理的过程中，一定要制订明确而有力的规章制度作为管理的"法"。只有这样，才能够在管理的过程中，有章可循，有法可依。

纪律是一切制度的基石，组织与团队要长久存在，其重要的维系力就是团队纪律。纪律的维系力通过严格的执行来完成。领导者在加强管理和完善内控建设中，必须高度重视有章不循、违章操作的危害并全力加以制止，构建人人自觉遵章守纪的良好内控环境。作为领导者，应当以有效的手段保证规章制度得以贯彻落实。规章制度没有什么碍于情面而不方便宣布的，别等到出了什么后果再去亡羊补牢，恐怕那时已来不及了。

西方管理学家提出了一种惩戒原则——"热炉法则"。它的实际指导意义在于，有人在工作中违反了规章制度，就像去碰触一个烧红的火炉，一定要让他受到"烫"的处罚。与奖赏之类的正面强化手段相反，而惩罚之类则属于反面强化手段，"热炉法则"应用"三性"来完善管理制度，即：即刻性、预先示警性、彻底贯穿性。

这里说道的"热炉"就是管理者制订的"法"。每个企业都有自己的"法"及规章制度，任何人触犯了都要受到惩罚。制度明确规定了员工该做什么，不该做什么，就好像是标明了在哪里有"热炉"，一旦碰上它，就一定会受到惩罚。只有这样，才能做到令行禁止、不徇私情，真正实现热炉法则。

　　一个团队，建立自己的"法"，能够规范自己的经营秩序，增强团队的竞争力；并且能够制定规则，使员工行为符合规矩，提高管理效率。因此管理者一定要注重管理过程中对于规章制度的确立，以保证管理的过程有法可依。

第五章

李渊对你说 谋 略

　　"谋略"是一种军事术语，最早见于我国公元前5世纪的《孙子兵法》一书。简言之，谋略就是计谋策略。古今中外许多成功人士把古代兵家谋略广泛用于个人发展、企业的经营管理等活动中，并且都取得了很好的成效。从他们的成功经验上看，有勇无谋者败，这是军事规律，也是经济规律，更是人生的智慧。

先下手为强

俗话说："先下手为强，后下手遭殃。"我们在参与竞争的过程中，一定要认识到这一点，做到把握住先机，料敌制胜。在发展的过程中，只有能抢占先机，才能把握住竞争的节奏，才能获得最终的胜利。

李渊起兵反隋，还有一个心腹大患，就是太原副留守王威、高君雅时刻在监视着他。王威、高君雅是隋炀帝的亲信。在李渊命高君雅和王仁恭共同回击突厥遭到失败的时候，隋炀帝要对李渊和王仁恭进行处分，并未问罪于高君雅。当李渊欲追究高君雅的责任时，他又考虑到"雅是炀帝旧左右，虑被猜嫌，忍而弗问"。反之，高君雅对李渊是常"疑有异志，每与王威密伺帝（李渊）隙"。由此可见，王威、高君雅正是李渊起兵的内部隐患。

为了排除这种隐患，李渊也颇费心机，他通过晋阳宫监裴寂结识了乡长刘龙（刘世龙）。刘龙与高君雅过往甚密，于是，李渊通过刘龙掌握了高君雅与王威的动态。

李渊的行动逐渐异常，王威和高君雅作为隋炀帝派来监视李渊的人，自然会有所感觉。二人商量了很久，觉得李渊已经有了造反准备，商量了很久对策，如果直接逮捕李渊，可能不会成功，于是制定了智取方案。他俩借口太原春旱，必须向天地祖先祈雨。太原城郊晋阳城内有晋祠，这是西周时靠桐叶封地获得唐国的叔虞的祠堂。由于唐国后来改名为晋国，所以叔虞的祠堂被称为晋祠。在中国古代观念上，供奉在地方祠堂中的人具有神的意义，可以庇护当地人民的生活。这样，地方求雨，往往在地方的祠堂中进行，太原地区人民求雨活动历来都安排在晋祠。王威、高君雅想如果在晋祠祈雨，李渊作为地方行政长官一定会参加，以示对本地人民的关心，在这样的活动中，地方行政长官不宜带太多兵来，届时他们发动突然袭击，也许能一下子擒获李渊。

王威和高君雅在晋祠查看地形时，被刘世龙发现了，刘世龙是李渊的心腹，他立刻向李渊报告王威和高君雅正在策划阴谋。李渊迅速采取措施，在五月二十三日深夜，派李世民率领军队埋伏在晋阳宫城外面，再与王威、高君雅约定第二天早晨一道在晋阳宫城内议事。

起兵前几日，李渊一连几夜没有睡好觉，他反复地想：如何增加兵力，掌握兵权；怎样先激起民情，以顺人心。最后，终于想出了一条一箭双雕的妙计。他让晋阳令刘文静诈写隋炀帝敕书，征发太原、西河、雁门、马邑诸郡的百姓20岁以上、50岁以下者皆为兵，定于年终在涿郡集中去打高丽。于是，人心惶惶，极为愤怒，想反隋者日益增多。

李渊在官衙召开紧急会议，他故意忧心忡忡而又极为严肃地对将佐说："刘武周杀马邑太守王仁恭，受突厥封为'定扬天子'。今又占据汾阳宫，吾辈不能制止，罪当灭族，怎么办？"王威等很惊慌，拱手道："请公定计！"李渊说："朝廷用兵，皆须禀报节度。今贼在数百里之内，江都在3000里之外，加上道路险阻，以很少的兵力，抵抗强敌，必然不能保全，进退维谷，怎么办？"李渊的本意是想掌握军队的指挥权，但怕被副留守王威、高君雅拒绝，而故意用这些来挑动。王威等不知是计，还恭维地说："公乃皇亲重臣，同国休戚与共，若等奏报，则错过了时机！主要是在于平乱，专掌兵权也可以。"李渊又故意推辞一番。最后装作不得已而顺从。并且提出当前首要之事"先当集兵！"众将佐皆悦服，欢喜听命。

李渊派王威兼任太原郡丞，令与晋阳宫监裴寂掌管粮食，负责军队的供给；命高君雅守高阳，巡逻城池。而兵马铠仗，战守的指挥，招募兵士，赏功罚过，军民的征发，皆由李渊来决定，这样李渊掌握了军队的指挥大权，又拆散了王、高二人的力量，他们不能抱成一团，同时又削弱了其职权。他又命李世民、刘文静、长孙顺德、刘弘基等立即进行募兵，这些人很卖力。由于使募兵成为名正言顺的举动，解去了王威、高君雅的猜疑，进行得非常顺利，远近都前来应募，十余日便招募近万人。

部下前来请示在何处让新兵安营，李渊高兴地指着兴国寺说："勤王之师，不谋而至。此其兴国者焉，宜于此寺安处。用以寄托自己图创大业的抱负。为不引起王威、高君雅的怀疑，李渊没前去检阅新兵。他私下对李世民说："纪纲三千，足成霸业，处之兴国，可谓嘉名。"

陆续应募的兵士越来越多，引起了隋炀帝亲信王威、高君雅的怀疑。有一天，他们对武士彟说："长孙顺德和刘弘基等奉命从征，临阵逃跑，亡命到此，罪该当斩，怎能让他们统兵？"武士彟沉思不答。王威、高君雅接着阴险地说："应将他们立即逮捕起来，追查个明白。"

这时武士彟非常着急，先是奉承地对他们说："二位对朝廷忠心耿耿，认真办事，令人佩服，诚然可贵可嘉。"接着把语气一转威胁着说："可是，长孙顺德和刘弘基等乃是唐公的贵客，如果把他们抓起来审问，必然会引起麻烦，对谁都没有什么好处。"王威、高君雅听到这番话，虽然疑惑未解，但也只好将此事压了下来。武士彟慌忙将这件事禀报给李渊，并关心地说："唐公要对王威、高君雅严加监视，以防不测。"

留守司兵田德平也怀疑李渊有企图，想向王威告发。但又举棋不定，他找武士彟商量，武士彟既关心又严肃地说："现在，讨捕的兵马都由唐公掌握，王威、高君雅虽然是副留守，但空有其名，纵使向他们告发，他们也是无可奈何，你何必自找麻烦？"田德平觉得武士彟说得有些道理，只好装作不知。

太原的局势越来越紧张，王威、高君雅看出李渊将要发动兵变，想要先下手为强，设计除掉李渊。晋阳乡长刘世龙，经常出入王威、高君雅家，探得其情报，立即向李渊禀报。李渊说："这些人很愚蠢，不明时务，同恶违众，必然自寻死路。卿能及时通报，深有至诚，幸未多言。"李渊看到王威、高君雅已经磨刀霍霍，紧迫眉睫，决定立即举事。

大业十三年（617年）五月十四日夜，李渊一面派李世民、长孙顺德、赵文恪等率领兴国寺里所招募的新兵500人，埋伏在晋阳宫城外；一面谋划让开阳府司马刘政会告王威、高君雅谋反。五月十五日晨，李渊与王威、高君雅等在晋阳宫议论时事。刘文静领刘政会走进议事厅，称有重要密状报告。王威上前取密状，刘政会持状不给，说：状所告乃是副留守的事，唯有"唐公得省之！"李渊故作惊讶说："岂有此事！"接过密状细看一遍，拍案站起，满面努气大声斥责地说："王威、高君雅暗中勾结突厥入侵！"高君雅这时才知中计，攘袂大骂："此乃反者欲杀我！"这时，李世民所率领的伏兵已经封锁了所有道路。刘文静、刘政会和长孙顺德等上前拘捕王威、高君雅，押入狱中，李渊随即宣布起兵。

就在李渊全力以赴对付王威、高君雅时，突厥也乘虚而入，五月二十六日，也就是李渊动手起义的第三天，突厥数万骑已经兵临城下，突厥的侦察兵甚至从北门进入，观察城内动静后又从东门出去，晋阳城立刻紧张万分。李渊这时开始表现出他的大智大勇，他在了解了突厥的情况后，命令裴寂率领军队，准备迎敌，然后下令，把全部城门都打开，让突厥进来。突厥一下子怀疑起来，军队聚集在城外，就是不敢下决心进城。李渊又派部将王康达率领一千余人出城做诱敌深入的样子。虽然王康达等一千余人全部在城外战死，突厥仍然以为城中有埋伏，不

敢贸然进城。

晋阳城里自然是人心惶惶，李渊乘机宣布："王威、高君雅勾结突厥来进犯晋阳宫，现已经证实，因此立即将这两名奸细斩首，以绝后患。"在杀掉王威、高君雅之后，李渊派一批军人悄悄出城，在突厥后面张开军旗，击鼓鸣金，使突厥认为李渊的援军到了。突厥怕内外受敌，在包围晋阳城两天、又大肆掠夺后，终于撤围而去，李渊的起兵反隋计划在实施过程中，基本没有受到影响。

五月十七日，突厥发数万骑兵进攻太原。极为骄横，轻骑兵驰入太原城外郭北门，从其东门出。

李渊沉着冷静，命裴寂、刘文静等分别守备太原诸城门。并命令大开城门，不得关闭。城上不树旗帜，守城的将士不许有一人向外看，亦不得高声说话，以示不可测，迷惑突厥。又派王康达率领所部千余人，与志节府鹰扬郎将杨毛等，秘密前往太原北门，埋伏在隐蔽的地方，严阵以待。准备等突厥北回时，袭击其马群，夺马充为军用。

李渊登上城楼观望，突厥的骑兵从早晨一直到中午也没撤退完，尘土飞扬，人喧马嘶。等骑兵过完，王康达率军发起冲击，抢夺马群。不幸遭到突厥骑兵的前后夹击，战斗非常激烈，尘埃漫天。但因寡不敌众，被逼退到汾河岸，许多兵士落水身亡，唯有杨毛等200来人浮水得以脱险。太原城中军民见此危险的局势，人心惶恐，皆怀疑是王威、高君雅等勾引突厥，恨之入骨。

李渊神色自若，很高兴地对将佐说："当今天下大乱，称帝图王，占城据郡。我受文皇帝的宠信，故思报厚恩。想与诸位立功于王室，才想起兵。王威、高君雅违背众意，又多猜忌。暗中策划，想加罪于人。并勾结突厥，才逮捕二日，突厥果然入侵太原。这种危险是天为我罚罪。"他又命令道："人告发王威、高君雅勾结突厥，今果然如此，立即处斩。"

李渊在和隋炀帝派出的监视者进行斗争的时候，做到了先发制人，也正是他这种先见之明使他能够先人一步，率先出招，取得了胜利。

计谋贵在高人一等，策略贵在远人一着。能看到人们不能看到的，思虑人们不能思虑的，推算人们不能推算的，这才是远谋大略。

我们平常说，在工作中要"眼观六路，耳听八方"，意即要拓展眼界，广开言路，不要仅仅局限于一时一事。这其间的全方位中，又以向"前"看最为紧要，放开眼光，立足现在，预测未来，即先见之明。

有先见之明的人，指的就是拥有别人不可比及的眼光、睿智和冷静。如果没有先见之明，人们就有可能犯错误。因此，先见之明是非常重要的。中国有句古语：人无远虑，必有近忧。先见之明能让我们居安思危，躲避可能面临的危险。它是以对现实的准确判断为前提的。一个人有先见之明，必定能少走很多弯路。少走弯路，成功自然来的就快。

只有看得远，才能走得远；只有走得远，才能做得远。

可见，工作中需要具有先见之明的能力。深入了解自己的工作和上司，具有先见之明，对待任何事情都能及早做好准备，先发制人，这才是事业成功的捷径。当然，洞察先机、先发制人的能力是不可缺少的。因为在这充满竞争的时代，只有能做到洞察先机、先发制人才能获得最终的胜利。

在古代剑术名家的故事中，经常会有这样的描写："在刀尖三寸前躲过"。对方挥刀砍过来，当刀尖快要触到自己身体的那一瞬间，闪身躲开了。但是对方毕竟也是高手，来势凶猛，要躲开那一剑并不容易。等到对方砍过来才思考如何躲闪，当然是来不及的，只能靠条件反射的作用，本能地闪开。不过，灵敏的直觉是要靠长期磨练才会有的，在无意识中，凭直觉对对方的一举一动都要胸有成竹，不要等到对方开始行动才想办法应付，不然在这适者生存的世界是站不住脚的。

经营事业也是一样。在激烈竞争的漩涡中，为了不落于人后，公司

大明宫遗址

必须将对方的想法、动向摸得一清二楚。

在这个竞争激烈的时代，如果在对方采取行动之后才来想应对策略，是注定要失去先机的。要事事抢先一步，才能在竞争中取胜。

竞争虽然不是真刀真枪的决斗，但是我们要将它看作是真刀真枪的决斗，将其视作关乎自身生死。这个要求，虽然有些苛刻，但是要成为一个成功的经营者，就必须往这个目标努力。

如果你想要一直处于领先的地位，就必须时时处处争先。先人一手，先人一着，而又不停止在这一手、这一着上，即便是他人奋起直追，也会永远保持着那段距离，不会超过你。这样，不管面对什么工作，你都会胸有成竹、游刃有余了。

成大事要审时度势

枪打出头鸟告诉我们做事不能太过冒进，而落后就要挨打又告诫我们不能错过时机。因此，我们想要做大事，想要获得成功，就要做到审时度势。这是一种处世哲学，更是一种处世技巧，它的根本点就在于明哲保身。这种策略可以保证你在一个群体之中四平八稳步步为营地向前推进。

公元617年七月，52岁的李渊踏上了开创大唐王朝的征程。虽然这时的隋朝中央政权已经面临土崩瓦解的形势，而且那位人心丧尽的隋炀帝被农民起义军困在江都，再无返回长安或者洛阳指挥全局的能力。不过，当时李渊手下不过3万人的队伍，真要与正在负隅顽抗的隋朝残余力量较量起来，绝对不是对手。另外如窦建德、杜伏威、李密等义军，已经有数年的发展，军事力量胜过李渊许多。李渊在太原起兵反隋，不等巩固河东地盘，就匆匆进军关中，准备夺取隋王朝的国都，已经在天下英雄面前表现出他的志向。这样看来，李渊虽然制定了夺取关中的战略计划，表现出老练政治家的深谋远虑，可是能否顺利夺取长安，却是一件风险极大的举动。如果他不能迅速进入关中，一定会有其他英雄前去争夺，届时李渊也许就不是仅仅与隋朝在关中的军事力量作战，很可能会面对好几个政治对手而同时出击。这样，他那建立新的王朝以取代隋王朝的构想不但不能实现，自己很可能会落一个身首异处的下场。

在这样的压力面前，李渊也许才懂得了"破釜沉舟"这个典故的分量。不过，他毕竟是胸怀大志的英雄，对这样一次"赌博"，早就作好了精神准备。他清楚地分析了政治形势和军事形势，特别对自己将要面临的几个政治对手做了认真的研究。他坚信自己有超过其他割据势力的优势，只要举起反隋大旗，队伍将不断壮大。他更懂得使用谋略，使自己的军事力量得到充分发挥并能够取得最佳效果。他从起兵之日起就认为，能否尽快攻入关中，拿下长安，是自己能否建功立业的关键。为此，在整个西取长安的过程中，李渊一直在总指挥的位置上。李建成、李世民兄弟虽然都立有战功，而且都对唐王朝的建立做出了自己的贡

献。不过，不可否认的事实是，在这个大唐王朝建立的最为关键的时刻，是李渊本人的聪明才智和政治经验起了决定性作用。

李渊在进军关中途中，还没有与前来阻击的隋军交战，反复考虑的是如何处理当时最重要的政治对手李密的关系。因为在他刚刚杀死王威和高君雅时，李密就判断出李渊是个有政治野心的人，而且判断出李渊会带兵西攻长安。为此，在李渊刚刚上路时，李密就派人送来一封锋芒毕露的信。如《旧唐书》卷53《李密传》说："大略云欲与高祖为盟津之会，殪商辛于牧野，执子婴于咸阳，其旨以弑后主执代王为意。"这是把自己比喻为楚霸王项羽，把李渊比喻为刘邦。他要李渊如同当年刘邦入关中擒秦王子婴灭秦一样入关中消火隋王朝，然后如刘邦迎接项羽那样迎接他入关中。当年项羽给刘邦摆了一出鸿门宴，现在李密给李渊这封信也有一点鸿门宴的味道，迫使李渊反复考虑眼前这个政治对手。

李密是辽东襄平人，出身和李渊近似，是西魏宇文泰手下大将李弼的曾孙，他的祖父李曜在北周时被封为魏国公，父亲李宽在隋朝被封为蒲山公，他本人为隋炀帝器重的权臣杨素所喜欢，可以说是隋朝贵族集团里较有地位者中的一员。由于隋炀帝一系列倒行逆施的政策导致隋朝统治集团迅速分裂，杨玄感在公元613年起兵造反。李密因为与杨玄感从小交往，于是成了杨玄感的谋主，为杨玄感定下夺取隋朝江山的上、中、下三策。其中上策为举兵攻占涿郡，把隋炀帝困在辽东前线，迫使隋军因为无粮而发生内乱，进而生擒隋炀帝，实现改朝换代的目标。中策为进攻关中，通过控制隋朝国都逼迫隋炀帝失去做天子的条件，再通过相持战争逐渐夺取天下。下策是围攻东都洛阳，如果能够攻下，则可以截断隋炀帝的归路，但是如果久攻不下，则可能失败。

偏偏杨玄感选择了最不该选择的下策，结果战败，杨玄感本人被杀，李密也在陕县被捕。李密通过贿赂押解军卒逃走，经过一段时间的藏匿，投靠了翟让领导的瓦岗军。他结交了翟让手下的大将王伯当，通过王伯当向翟让献计，设埋伏击毙隋朝名将张须陀，又领导瓦岗军攻占兴洛仓，向穷苦百姓发放粮食，使得瓦岗军声威大振。隋朝在洛阳的留守越王杨侗派虎贲郎将刘长恭前来镇压，李密一战胜之，使得瓦岗军人人以为李密是领导他们走向胜利的理想人物，翟让也只好把瓦岗军首领的位置让给李密。

不久，长白山农民军由孟让率领归附瓦岗军，隋朝的一些官吏也来投奔李密，这些人中有巩县长柴孝和、侍御使郑颐、虎贲郎将裴仁基及其子裴行俨，他们同时将自己管辖的巩县、虎牢关等战略要地也一并献给瓦岗军。

李密在取得对隋朝政权一系列军事胜利的情况下，自以为可以取隋而代之了，所以在洛口仓筑起周围40里的城墙，建立起以他为首的政权来。他自己甩过去祖父的封号，称魏公，看来他如果能够得手，建立起来的王朝将会被命名为魏朝。不过当时他还不敢马上称帝，他将自己的政权称行军元帅魏公府。他拜翟让为司徒，封东郡公，算是对翟让让位的酬劳。他任命房彦藻为行军元帅魏公府左长史，邴元真为右长史，杨得方为左司马，郑德韬为右司马。单雄信为左武侯大将军，徐世勣为右武侯大将军，祖君彦为记室，发表声讨隋炀帝十大罪状的著名檄文，使瓦岗军发展成一个最为威胁隋王朝的农民政权。河北、河南、山东各地的农民起义军，如河北的郝孝德、王德仁，济阴（今山东定陶至荷泽地区）的房献伯，上谷的王君廓，长平（今山西长治市）的李士才，淮阳的魏六儿、李德谦，谯郡的张谦、黑社、白社，魏郡的李文相，济北的张青特，上洛（今陕西商县）的周比洮、胡驴贼等，均率领部队加入到瓦岗军中。李密对前来依附者根据各自实力均授予官职，使得"道路降者不绝如流，众至数十万"。李密认为自己的实力可以夺取东都洛阳了，于是派孟让率步骑2000人去洛阳侦察。孟让深夜突然袭击得手，杀入洛阳城内，烧毁了洛阳的丰都市，到早晨才离开。洛阳城从此人心惶

惶，居民纷纷迁入宫城内居住，各政府机关全都住满了人，大家相互议论，对隋朝面临的政治前景再不敢抱有信心了。

李密懂得趁热打铁的道理，所以立刻进攻洛阳回洛仓。隋朝派来防御瓦岗军的裴仁基与监军御史萧怀静发生矛盾，被李密派贾闰甫劝说杀了萧怀静投降瓦岗军，并且把虎牢关也献给了李密。李密又从几十万军队中选出8000人，称内军，率领者称骠骑，所有四名骠骑中，以秦叔宝、程咬金两人最出名。李密见这支内军骁勇善战，说："这8000人抵得上百万大军。"他想现在可以对洛阳用兵了，派裴仁基、孟让率领2万人攻破回洛仓，直逼洛阳城外的天津桥，并且把天津桥也烧毁了。不过隋王朝在洛阳还有20余万军队，他们出城迎战，打退了裴仁基。李密亲自率领大军前来围攻洛阳，双方在洛阳到回洛仓前展开了拉锯战。越王杨侗派太常丞元善达到江都向隋炀帝告急，元善达奏道："李密手下聚集了百万人，正在围逼东都。李密占领了洛口仓，粮食充足。而东都粮食马上就要吃光了。如果陛下立即回东都，贼人一见陛下，一定会撤退逃散，东都或许还有救。不然的话，东都一定是保不住的。"他边说边流泪，隋炀帝"为之改容"。不过，隋炀帝身边有个佞臣虞世基，他在一旁说："越王年少，肯定受这人欺骗了。如果东都形势真像他说的那样，那么他又是怎么来江都的呢？"隋炀帝因为惧怕江淮农民起义军乘他离开江都返洛阳时进行袭击，于是改口说："元善达这个小人，竟然敢当面说朕的天下危险，看来绝不能留此人在江都。"然后派元善达去农民起义军控制的东阳催运粮草。元善达上路不久，为东阳农民起义军所杀。不过，隋炀帝还是怕东都被瓦岗军夺去，于是派监门将军庞玉和虎贲郎将霍世举率领关中隋军支援洛阳。这样一来，给了李渊乘虚而入夺取关中的最大的方便。

当庞玉和霍世举率领关中隋军奔赴洛阳时，李渊在太原杀掉王威、高君雅，举起了反隋的旗帜。李密的部下柴孝和敏锐地发现李渊有可能进军关中夺取长安，于是建议李密先行一步，进攻关中，把这个战略要地先抢到手。他说："关中是秦汉等王朝建立的根据地，不能不去争夺。现在洛阳一时不能攻克，不如让翟让守洛口，裴仁基守回洛仓，魏公亲自率领一支精锐部队西进攻取长安。如果攻下长安，瓦岗军可以说是业固兵强。然后再向东用兵，攻占洛阳，两京到手，天下可以很轻松地平定下来。目前群雄竞争，这样的关键地点我们不去占领，一定会有人在我们之前拿下长安。到了那个时候，魏公再后悔也来不及了。"李密当年劝说杨玄感起兵反隋时，有上、中、下三策，其中中策就是攻克长安，现在轮到自己作决定时，反而犹豫不决。他对柴孝和说："你说的办法确实是上策，我也考虑了很久，但是隋炀帝还在，他手下的兵马还不少。我部下都是山东人，不攻下洛阳，谁肯跟我去关中呢？诸位将领都是强盗出身，我要是不在，他们相互争夺起来，谁也管不住，结果是反招失败。所以还是不去为好。"柴孝和仍然不死心，他说："既然大军不能轻易西进，就让我先去侦察一下虚实吧！"李密于是派柴孝和率数十骑去陕州打探情况。柴孝和刚走，隋王朝就派段达和从关中赶来的庞玉、霍世举部一道前来镇压瓦岗军。李密在战场上为流矢所伤，只好卧在营中，无法出来指挥全局。段达和庞玉乘夜出兵，在回洛仓西北列阵。李密派裴仁基与隋军交锋，结果大败，李密手下的大将杨德方和郑德韬都在这次战斗中阵亡。李密只好放弃回洛仓，回到洛口。去关中打听消息的柴孝和已经聚集了一万人马，听说李密战败，一万人一下子全部逃散，柴孝和只好独自回来见李密。李密对关中的打算从此消失。

　　正当李渊太原起兵时，李密在洛口整顿了兵马，又向洛阳发动攻击，与隋军大战于平乐园。瓦岗军用骑兵和步兵联合进攻，隋军抵挡不住，李密又夺回了回洛仓。他想现在已经是骑虎难下，必须夺取洛阳，于是集中力量准备再进行大战。不料就在这时听到了李渊太原起兵的消息。李密凭借他的政治经验，立刻想到李渊会去夺取长安。他想李渊如

果夺取了长安，一定会发展成一支强大的政治力量，对自己夺取天下一定不利。可是他又没有力量去阻止李渊向关中进军，只好写一封信来探听一下虚实。这封信由祖君彦起草，信中说："我和你虽然不在同一支部队，不过都姓李，说明根系本同。我自己的才能虽然不怎么样，可是已经被天下英雄推举为盟主。现在我希望你能与我同心协力，消灭隋朝，希望你能建立生擒秦王子婴于咸阳、歼灭商纣王于牧野那样的功勋。"这封信在公元617年九月十九日到达李渊手里，李渊见李密自称盟主，对太原起兵义军随便发出指令，还命令李渊率领步骑数千人去河内郡。就知道李密正在得意时期。为了不至于引起李密注意，李渊决定用委曲求全的办法，避免与李密发生矛盾，以便全力进袭关中。

对李密这样一个相当精明的潜在政治对手，李渊有认真的考虑。一方面不能让他感到太原义军有远大的政治目标；另一方面不能让他过于轻视太原义军，转为与刘武周、薛举、梁师都、李轨等割据势力结盟，让这些割据势力也来争夺关中。因此，李渊在给李密回信时，反复推敲，以求达到政治目的。李渊考虑成熟后，对部下说："李密妄自尊大，可不是写一封信就能对付得了的。我现在要进军关中，如果不和李密结盟，就是给自己增加一个敌人。而且这个敌人不比隋炀帝的力量小。为此，不如用好话恭维他，让他骄傲起来，这样他就会全力进攻洛阳，替我堵住从洛阳来关中的道路，隋朝援军不能进来，我正好经营关中，等到关中平定下来，我守住险要路口，静观他们鹬蚌相争。等到机会来了，再去收渔翁之利。"根据李渊的想法，记室温大雅替李渊起草了给李密的回信。《大唐创业起居注》卷二记载温大雅代李渊给李密的回信为：

顷者昆山火烈，海水群飞，赤县丘墟，黔黎涂炭。布衣戍卒，耒锄棘矜，争帝图王，狐鸣蠹起。翼翼京洛，强弩围城；芜芜周原，僵尸满路。主上南巡，泛胶舟而忘返；匈奴北炽，将被发于伊川。辇上无虞，

172

群下结舌，大盗移国，莫之敢指。忽焉至此，自贻伊戚，七百年之基，穷于二世。周齐以往，书契以还，邦国沦胥，未有如斯之酷者也。则我高祖之业，几坠于地。吾虽庸劣，幸承余绪，出为八使，入典八屯，位未为高，足成非贱。素餐当世，勉叨荣。从容平、勃之间，谁云不可？但颠而不扶，通贤所责。主忧臣辱，无义徒然。等袁公而流涕，极贾生之恸哭。所以仗旗投决，大会义兵，绥抚河朔，和亲蕃塞，共匡天下，志在尊隋。以弟见机而作，一日千里，鸡鸣起舞，豹变先鞭。御宇当涂，聿来中土。兵临郏，将观周鼎。营屯傲仓，酷似汉王。前遣简书，屈为唇齿，今辱来旨，莫我肯顾。天生蒸民，必有司牧，当今为牧，非子而谁？老夫年逾知命，愿不及此。欣戴大弟，攀鳞附翼。唯冀早膺图录，以宁兆庶。宗盟之长，属籍见容。复封于唐，斯足荣矣。殪商辛于牧野，所不忍言；执子婴于咸阳，非敢闻命。份晋左右，尚须安辑，盟津之会，未暇卜期。今日銮舆南幸，恐同永嘉之势。顾此中原，鞠为茂草，与言感叹，实疚于怀。脱知动静，迟数贻报。未面虚襟，用增劳轸。名利之地，锋镝纵横。深慎垂堂，勉兹鸿业。

在这封信中，李渊把自己说成是胸无大志的人，说自己太原起兵，不过是为了帮助隋王朝度过难关。他说自己只愿做臣下，最高的要求是被皇帝封在太原看守祖业。至于李密则是应天命而出的"司牧"，取得天下本在情理之中。所谓夺取长安，做当年汉高祖刘邦俘虏秦王子婴的事情是自己想也不敢想的事情，自己在太原还要稳定一下，目前暂时没有力量去夺取关中，也没有参加会盟的条件。李密仔细读信后对李渊再不怀疑，把信拿出来让部下传阅，还说："唐公见推，天下不足定也。"李渊的政治目的就这样顺利达到了。

李渊审时度势，卑辞推奖李密，是他老谋深算的重要步骤。他由此赢得了进军关中的时间和机会，而且把李密推到了众矢之地的不利地位。这在李渊建唐的过程中是极为重要的一环。人不可强出风头，能够

第五章 李渊对你说谋略

173

使人信服，才能得到人心，这是需要经过日积月累的。你的言谈举止，不管是你的朋友，还是你的同事，都在观察你，评论你；你的努力，你的成就，你待人宽厚，他们自然会欣赏，强求注意是大可不必的。相反，强出风头，往往带来的是别人的反感。

"出头的椽子先烂"、"木秀于林，风必摧之"、"直木先伐，甘井先竭"……这类古训俗语常用来告诫人，要警惕身边的环境，人心叵测，要韬光养晦，不动声色。因为，风头出尽的人容易遭人嫉妒，也容易最先受到攻击。

在现实生活中，有一些人有着极高的才能，令很多人钦佩、羡慕，可正因为如此，他们便总以为一切高、精、难的工作只有在自己的手中才会成功，其他人则是属于"跑龙套"，俨然一副离了他地球就不转的模样。"枪手们"总是先打这样的"出头鸟"也就不足为奇了。在我国几千年的封建历史中，有很多人因才华出众而受到贬谪，甚至是丢掉了性命。当然，我们并不是否定那些勇于出头、万事当先的人，只是想强调前后的分寸，古人不也是说"始作俑者，其无后乎"吗？

那么，在工作中，在同事之间，应该如何把握这前后的分寸呢？首先，要明确自己在工作中的位置和在单位中的角色。在工作职责范围内的事情，要责无旁贷，尽最大努力去完成。对于自己工作之外的事情，就要坚持"多一事不如少一事"的原则，不该涉及的尽量不去涉及，更不要以"内行人"、"明白人"自居，面对同事、领导不要以居高临下的姿态去指手划脚。即使人家请你去帮忙，也要态度谦逊、诚恳待人。其次，在名誉、利益面前，尽可能不要表现得过于渴望，避免因此遭到众人的妒嫉和排挤。即便是有所向往，也不要在表面上显示出来，可以通过为人处世的技巧来赢得大家和领导的认同。要知道，很多事情的成功，就像战场上作战一样，迂回袭击比正面直接进攻有效得多。

审时度势是一种处世哲学，归根到底就是明哲保身。这种策略是你在群体之中四平八稳、步步为营地向前推进的保证。审时度势就是要控制欲望，要理智。在工作过程中，要保持沉着、稳定，不以情绪支配言行，不被心理欲望左右。"淡泊明志，宁静致远"，是这种审时度势处世态度的真实体现。

任何事情都要一分为二来看待，审时度势是说在同事之间，在利益与荣誉面前，能够宠辱不惊，不过分张扬，更不为了获得好处而踩着别人的肩膀。审时度势是一种过程，但就自己的前途与事业而言，则必须要赶在他人的前头，从同事之中脱颖而出。到那时，其结果必将是"众星捧月"，"众望所归"，而不会是"木秀于林，风必摧之"。这正是审时度势为自己的事业赢得了人缘与机会。

我们都知道，在马拉松比赛中，一般情况下，前半程跑在最前面的人往往不容易夺到金牌，而跑在第二位置或稍后一点的队员则更可能夺取桂冠。如果位置太靠后也同样与冠军无缘。人与人之间的相互竞争，就如同一次次的马拉松比赛，只有恰如其分地保持适当的位置，把握分

观晋祠，也是李渊起兵之地

寸，才会更可能获得成功。因为我们都知道，在这场比赛中，重要的不是过程，而是最后的结果。

借他山之石，攻人生之玉

"他山之石，可以攻玉。"我们在发展的过程中，要善于借助他人的力量。一个人的力量毕竟是有限的，要想在自己的人生道路上获得成功，除了靠自己努力奋斗之外，有时需要借助他人的力量，只有"好风凭借力"，才能"送我上青云"。

我们已经了解了李渊太原起兵的整个过程，了解到李渊作为深谋远虑的政治家驾驭政治风浪的能力。现在，我们来了解一下作为李渊得以建立唐朝的重要外部条件，这就是突厥在那个动荡的历史时期，所起的作用。

按照《隋书》卷84《突厥传》所载，突厥本是平凉杂胡。但这里说的是魏晋南北朝时的情况，从突厥对自己历史的叙述看，应当是发祥于我国北方草原的一个古代少数民族。突厥人说他们原本姓"阿史那"，当北魏太武帝消灭北凉沮渠蒙逊政权时，曾经为北凉控制的突厥阿史那部落共500家西逃依附茹茹。他们被安置在金山脚下，金山就是今天新疆阿尔泰山，山的形状像是一个战士的头盔，"突厥"这个词的本意就是"头盔"。突厥人说他们的祖先本来住在西海边上，后来被邻国侵害，绝大部分人口都被杀死了，只有一个小男孩被狼所救，在狼的帮助下成长，恢复了他们的部落。其中有一个阿贤部落，世代住在山洞里，依附茹茹。直到大叶护做首领时，突厥的力量才强盛起来，等到伊利可汗为首领时，他们曾经进攻过铁勒族（回纥族的祖先），大获全胜，收降铁勒族人达5万余家。伊利可汗认为自己力量可以与茹茹相提并论了，于是向茹茹求婚，这是不再做茹茹的奴隶的意思。茹茹的首领阿拉环大怒，派使臣来责骂。伊利可汗斩杀茹茹使臣，率领军队袭击茹茹政权，取得胜利。后来，伊利可汗病死了，就由他的弟弟逸可汗继续与茹茹对抗。到了逸可汗的弟弟埃斗自称木杆可汗时，突厥消灭了茹茹，还打败过挹娄（就是后来的女真族）和契丹。在北魏末年，突厥已经控制了北方各少数民族，还帮助西魏打击东魏，军队进入过太原，是当时中国边疆最为强大的少数民族政权。

突厥人以畜牧业为生，哪里有水草，就在哪里支帐篷居住。他们被发左衽，以肉奶为主要食品。他们的民俗是贱老贵壮，性情彪悍好斗，人人善于骑射，兵器有角弓、鸣镝、盔甲、梢矛、刀、剑等。突厥在隋唐时期还没有文字，依靠刻木记事，并且作为契约凭证。他们还保留原始部落时期的掠夺习惯，每逢月圆，即出来骚扰。他们有原始的习惯性法律，凡谋反、叛变、无故杀害本部落成员者都要判处死刑；如果有部落里习惯上认为是不正当的淫乱行为，将判处先阉割后腰斩的酷刑；如果部落内部成员之间相互争斗打瞎了对方的眼睛，要把自己的女儿赔给对方，如果没有女儿，就向对方赔偿女奴隶和钱财；如果打断了对方的手脚，将向对方赔偿马匹；如果有部落内部的偷盗行为，偷盗者处以十倍罚款。他们在战斗中只要杀了一个人，就在自己驻地立一块石头，有人立下上千块石头，可见其杀人之多。他们敬鬼神而信巫术，愿意死在战场上而不愿意病死在家里。突厥的首领称"可汗"，其下的官职有叶护、特勤、埃利发、吐屯发共28等。这样的文化传统足以使他们组织起强大的骑兵威胁周围各民族政权，内地农业生产地区尤其惧怕他们的侵袭和骚扰。

突厥的木杆可汗在位20年后病死，他的兄弟佗钵可汗继承了汗位，

率领数十万骑兵不断威胁内地各个封建政权。北齐和北周都在设法与突厥结盟，或者与突厥联姻，或者赠送突厥大量财物。佗钵可汗为此十分得意，他对部下说："我在南边有两个孝顺儿子，再不会受穷了。"北齐高僧惠琳被突厥掠夺入其国内，劝说佗钵可汗归依佛门。佗钵可汗死后，木杆可汗的儿子摄图以内战威胁突厥贵族，从而夺取了首领地位，称沙钵略可汗，他的妻子是宇文泰家族的女儿，对杨坚篡夺北周政权十分不满，不断怂恿沙钵略可汗对隋朝控制地区发动侵袭，武威、天水、安定、金城、上郡、弘化、延安等地的牲畜几乎被突厥掠夺干净。隋文帝被迫全力迎战，双方对峙数年，沙钵略可汗认为这样收入反而减少，于是改为与隋朝修好，从隋文帝手里得点赏赐，减少对隋朝控制地区的侵袭。沙钵略可汗死后，他的兄弟叶护处罗侯继承汗位，不久在西征时中箭身亡，这样沙钵略可汗的儿子雍虞闾又继承了汗位，称都兰可汗。隋文帝曾经送美女、绢帛与之联络感情。都兰可汗的兄弟染干不愿听从都兰可汗的指挥，自称突利可汗；隋文帝有意扶植一个帮手，于是用远交近攻的策略，与突利可汗保持友好关系，并且建议突利可汗改名为"启民可汗"，并且把宗室女义成公主嫁给启民可汗为妻，形成结盟关系，共同对抗都兰可汗。隋朝军队和启民可汗的突厥军队联合向都兰可汗进攻很快收到效果，都兰可汗被部下所杀，其国大乱，隋军和启民可汗乘机连续进击，使得启民可汗夺取了都兰可汗的全部地盘和人口。隋朝和突厥的关系也一度保持友好往来，大业三年，隋炀帝到榆林视察边界，启民可汗和义成公主专程前来朝拜，献马三千匹，隋炀帝也回赠绢帛一万二千段，形成一种特殊的绢马互市关系。隋炀帝觉得拉拢启民可汗比防御突厥进袭合算，于是在榆林北面的草原上组织千人大帐宴会，突厥各部落酋长3500人在启民可汗率领下赴会，隋炀帝拿出20万缎绢帛赏赐突厥各部落酋长，又赠送启民可汗和义成公主每人一口金瓮。突厥也表示臣服于隋朝，并且支持隋炀帝进攻高丽的举动。

启民可汗死后，他的儿子咄吉世继承汗位，就是始毕可汗，在与隋朝友好往来数年后，嫌隋朝逐渐没有了赏赐，又开始出兵掠夺隋朝控制地区。尤其是大业十三年八月，趁隋炀帝巡视雁门，突然把隋炀帝包围在汾阳宫，使隋炀帝差一点做了突厥的俘虏。虽然隋炀帝下令天下勤王，逼迫始毕可汗撤军，但是，突厥的强大已经是不可否认的事实，当隋末农民起义爆发，各割据势力都设法与突厥结盟。企图依靠突厥的力量，夺取天下。如《隋书》卷84《北狄传》说：

隋末乱离，中国人归之者无数，遂大强盛，势陵中夏。迎萧皇后，置于定襄。薛举、窦建德、王世充、刘武周、梁师都、李轨、高开道之徒，虽僭尊号，皆北面称臣，受其可汗之号。使者往来，相望于道也。

既然各个割据势力都企图借用突厥的力量，说明这在当时的形势下，是一个必须采取的夺取天下的策略。老谋深算的李渊自然不会例外，当然，他与突厥打交道的时间较长，对突厥的情况比较了解，手段比其他割据势力要高明一些。

李渊在杀掉隋炀帝的爪牙王威、高君雅，会合李建成、李元吉、柴绍，建立义军的大将军府后，立刻着手解决与突厥的对峙关系问题。他首先主动给突厥始毕可汗写了一封信，信中说："当今隋国形势大乱，老百姓处于穷困之中，如果不挺身而出，救济百姓，恐怕会受到上天的责罚。我现在大举义兵，想绥靖天下，把困在远方的皇帝迎回来，与突厥继续和亲，对突厥的好处一定超过开皇时期。这对突厥来说，应当是一件好事。……如果突厥可汗能够支持我，不侵扰我的百姓，那么我在征伐过程中所得到的一切子女玉帛，将全部送给可汗。"

始毕可汗接到李渊的书信后，喜出望外，他见李渊提出超过隋朝对突厥的好处，于是建议李渊不必"远迎主上"，应当取而代之。裴寂、刘文静等人都说突厥的意见是正确的，而且对李渊说："现在军队已经集中起来了，但是缺少战马。听从突厥的建议，可以得到马匹。解救燃

眉之急。"李渊还另有考虑，假意推辞一番，裴寂等人只好提出折衷方案：尊隋炀帝为太上皇，改立隋炀帝的孙子代王杨侑为皇帝，由李渊以大丞相的名义管理国家。李渊觉得这样做比较符合他的柔中带刚的作风，于是在说了一番"这不过是掩耳盗钟"之类的推辞话后，宣布同意这个方案。

在得到突厥可以支持他夺取天下的准确消息后，李渊立刻派出刘文静为使臣，与突厥商议合作条件。刘文静见到始毕可汗后作出一副恭敬的样子，使始毕可汗对李渊更为放心。始毕可汗说："唐公起事，打算做些什么事呢？"刘文静回答说："隋朝皇帝不把江山传给嫡长子，非要传给次子，结果惹出大祸，以至于天下大乱。唐公是国家的重臣，又是皇帝的亲戚，不忍心看着国家灭亡，所以起义军，准备把那位不应当做皇帝的人赶下台来，换给应当做皇帝的人。现在想和可汗的兵马一同进入京师，届时土地人口归唐公，财帛金宝归突厥。"始毕可汗听后大喜，立刻派出大将康鞘利率领突厥骑兵及战马，跟随刘文静到太原，援助李渊。

早在太原出兵前刘文静出使突厥，与始毕可汗和议成功，答应派兵帮助李渊入关，而且说明兵力多少由李渊决定。

这次使者到来，更让李渊大喜过望，李渊热情接待了康鞘利等人，接受了始毕可汗的来信和礼物，礼仪待客都十分恭敬周到。李渊还赠送给康鞘利等人厚重的礼物，使这些突厥人非常高兴。

始毕可汗还让康鞘利带来一千匹突厥马，要来太原互市。李渊挑选其中的良马五百匹，军中的将士见了，请求用自己的银子买下其余的五百匹，但是李渊劝说道："突厥人的马匹多，人又贪财好利，若是一次全买了，他们会源源不断地送来，恐怕你就买不起了。我只买他们马匹的一半，是有意向突厥人示穷，也想压一压马价。"李渊见将士们似懂非懂，又接着说："你们想一想，突厥人千里迢迢把马匹赶到太原来，总不能把马匹再赶回去吧？当康鞘利等人急着要回突厥时，他们的马匹能不降价吗？一句话，等到他们降价时，我们再买也不迟！而且即使要买，也是由我付银子，怎会让你们破费钱财呢？"将士们听了，才高高兴兴地回去了。不久，果如李渊所料，康鞘利等人急着回北方，可是马匹还剩一半，只得忍痛贱卖，李渊这才以很便宜的价格，买下了剩下的五百匹。

后来，刘文静二次出使突厥，请求始毕可汗发兵，李渊暗中告诉他说："有件事你得当心，突厥人的骑兵进入我国，将是平民百姓的大害，他们到处抢劫，军纪太坏！"刘文静问："那可怎么办？"李渊说："我要突厥人发兵来助，是担心刘武周勾接突厥骑兵，为害边境；我只想要几百突厥骑兵做做样子，壮大一些威风，也就足够了。"刘文静笑道："我懂唐公的意思，既要来，又要少，装潢门面，摆摆样子，……哈哈！"

最后，经过刘文静的斡旋，突厥可汗派出了五百骑兵，帮助李渊起兵，并且更让李渊开心的是，随着五百骑兵而来的，是两千匹优良的战马。突厥的战马使得李渊组建了一支强有力的骑兵，在大唐征伐的过程中，唐军骑兵成为了战斗中的一只铁拳。

到这时，李渊确定了突厥不但不会袭击他的后方，而且还派出军队支持他建功立业，在感到自己已无后顾之忧的情况下，李渊这才踏上进军长安的道路。

李渊为了得到突厥的支持，许了不少愿，说了不少好话。这都是为了达到政治目的不得不采取的策略。其实李渊并不愿做突厥的臣属，当他夺得天下后，就不再向突厥交纳财物了，最后导致突厥重新入侵，唐朝全力反抗，直到唐太宗执政时战胜突厥，解决了这一个在历史上纠缠了许多年的问题。从李渊建唐的成功看，他对突厥采取的策略应当说是必要的，我们不能因为他说了许多对突厥的恭维话而把他看成是一个软

弱无能的人，相反，这正是他善于审时度势、运用谋略的体现。因为李渊懂得，单靠自己的力量，还不足以成功，这就需要联合其他力量，借助他山之石，攻取自己的人生之玉。

《诗经·小雅·鹤鸣》中有"他山之石，可以攻玉"的句子，意思是其他山上的石头，可以取来制作治玉的磨石，也可以用来制成美好珍宝。这句诗可以理解为"借助外力，改己缺失"，表达了一种借力的博弈思想。小猪的力量虽然弱小，但是它可以借大猪之力达成所愿。每个人的能力都是有限的，但只要能打好"借"字这张牌，人就仿佛生出了三头六臂，实现单凭一己之力无法实现的目标。

20世纪50年代末期，美国的佛雷化妆品公司几乎独占了黑人化妆品市场。尽管有许多同类厂家与之竞争，却无法动摇其霸主的地位。这家公司有一名供销员名叫乔治·约翰逊，他邀集了三个伙伴自立门户经营黑人化妆品。伙伴们对这件事表示怀疑，因为很多比他们实力更强的公司都已经在竞争中败下阵来。约翰逊解释说："我们只要能从佛雷公司分得一杯羹就能受用不尽，所以在某种程度上，佛雷公司越发达，对我们越有利！"

约翰逊果然不负伙伴们的信任，当化妆品生产出来后，他就在广告宣传中用了经过深思熟虑的一句话："黑人兄弟姐妹们！当你用过佛雷公司的产品化妆之后，再擦上一层约翰逊的粉质膏，将会收到意想不到的效果！"这则广告用语确有其奇特之处，它不像一般的广告那样尽力贬低别人来抬高自己，而是貌似推崇佛雷的产品，实质上是推销约翰逊的产品。借着名牌产品这只"大猪"替新产品开拓市场的方法果然灵验。通过将自己的化妆品同佛雷公司的畅销化妆品排在一起，消费者自然而然地接受了约翰逊的粉质膏。接着这只"小猪"进一步扩大业务，生产出一系列新产品。经过几年努力，约翰逊的公司终于成了黑人化妆品市场的新霸主。

比尔·盖茨曾经说过：一个善于借助他人力量的企业家，是一个聪明的企业家。在办事的过程中，只有善于借助他人力量的人才是一个聪明的人。

荀子《劝学》中有这样的观点："假舆马者，非利足也，而致千里；假舟楫者，非能水也，而绝江河。君子生非异也，善假于物也。"意思就是，善于借助车马的人，并不需要自己跑得有多快，反而能行至千里；借助于船舶的人，不需要自己熟悉水性，反而能渡过江河。君子生来与别人并没有什么不同，只是因为他善于借助和利用外物罢了。善于借助外部力量而壮大自己是一种大智慧。

现代社会是一个开放的社会，信息传播更加方便快捷，企业的结构也日益庞大，专业分工越来越细致。个人单枪匹马独立奋斗的时代早已过去。要想成功就要借助他人的力量，也就是说，要尽可能利用外界的一切可用的资源，来提高自己的工作效率，迅速达到我们预定的目标。

敲山震虎，形成威慑

敲山震虎作为谋略，就是要展示自己的实力，威慑对手，让对手一时之间不敢有所动作，或者通过威慑，将对手逼进自己所设定的圈套之中，总之要使对手不能堂而皇之地跳出来阻碍、破坏自己的计划。敲山震虎并不注重事实上的得失，该计谋的目的就是要在心理上对对手形成一种威慑。

李渊太原起兵之后，首先攻陷了霍邑。攻陷了霍邑，就等于进入了临汾郡的大门。他在做河东讨捕大使时，曾在临汾郡所属绛郡西北的鼓

山住宿，现在起兵反隋，又经过这里，于是他再次在鼓山住宿，向儿子和亲信讲述他一生的艰辛。绛郡通守陈叔达是当年南朝陈宣帝的儿子，在南陈被封为义阳王，十几岁时侍宴赋十韵诗，被人们视为奇才。在南陈做过侍中、丹阳尹、都官尚书。隋文帝灭陈后，他成了隋朝的臣子，隋炀帝用他做中书舍人，又让他做了绛郡通守。他对隋炀帝多少有点感恩之情，因此，李渊兵临城下，他要据守绛郡，不让李渊通过。李渊下令进攻，义军将士争先恐后，登城抢功，很快，绛郡城就被攻陷。李渊进城后在正平县县令李安远官衙吃午饭，绛郡通守陈叔达率领隋朝官吏们来请罪。李渊早知陈叔达是个人才，于是宣布既往不咎，让陈叔达做丞相主簿，和记室温大雅同掌机密。

李渊的义军现在已经到了秦晋交界的龙门。这是今天山西省河津县西北的禹门口，和陕西省的韩城市隔河相对，古代叫龙门山。汹涌澎湃的黄河从这里进入华北平原，因此，龙门以北，水流湍急；龙门以南，水势平缓。这种自然风貌给了古人许多启发，他们想象说大禹治水时来到这里，在龙门山上的相工坪查看地形，然后把龙门山劈开，让黄河水从这里流进华北平原，再流入东海。李渊在龙门县城观看形势，考虑是否渡河直取关中时，刘文静带着突厥康鞘利及500突厥骑兵、2000匹战马前来会师，更加增强了李渊渡河作战的信心。李渊对刘文静说："我已经到了黄河边上，最担心的就是突厥和刘武周会合骚扰太原。现在突厥前来帮助我，说明太原没有危险，我军可以放心渡河了。"不过，李渊的放心，只是对太原后方放心，他面前还有一个很让他担心的对手，这就是驻守在河东的隋将屈突通。

李渊对屈突通的情况，早已熟知，知道他是隋朝众多将领中很难对付的一员大将。屈突通的父亲名叫屈突长卿，在北周时做过邛州刺史，因此，他和李渊一样，都是贵族出身，有世袭爵位。在隋文帝执政时期，屈突通担任亲卫大都督，也就是隋文帝的卫队长，这是一个较为重要的官位。李渊年轻时，曾担任过隋文帝的千牛备身，相当于贴身卫士。按说，屈突通和李渊在隋文帝时期，曾经有过先后同事的关系，不过，据史书记载，他们两人只是相知，却不曾有缘相识。不久前，李渊找陈叔达谈心，谈到屈突通时，李渊问道："听说隋文帝十分信赖屈突通，是真的吗？"陈叔达说："屈突通在当时管理司法工作，以不徇私情、敢于秉公执法出名，当时的贪官污吏十分害怕他。"李渊不由赞道："忠臣啊！文帝确是励精图治，全败在杨广手中了。"陈叔达又说道："杨广执政以后，也提升屈突通，让他担任左骁卫大将军。前年，秦陇地区农民起义后，杨广又派屈突通来关内任讨捕大使，消灭了刘加伦在安定地区的十多万义军。"李渊说："我来太原当留守以后，屈突通被派来长安镇守，隋炀帝对他也算够信任的了。"

了解了这些情况之后，李渊对屈突通越来越不放心了，他心里想："大军渡河时，屈突通如派兵突然袭击，如何是好？"经过一番深思熟虑之后，李渊立刻叮嘱即将渡河的王长谐等将领："屈突通在河东驻守着数万精兵，只与我军相隔不过五十里路，不可轻视。但是，他不敢派兵与我军争战，一方面是在窥测机会，另一方面也足以说明部下已不怎么听他的将令了。不过，屈突通又担心朝廷怪罪下来，不敢不出战，因而处在矛盾当中。"听到这里，王长谐、刘弘基等问道："如果我们渡河时，屈突通来战，怎么办？"李渊笑道："自古兵来将挡，有何可怕？如果屈突通亲自率军过河进攻你们，那好办，我就领大军去攻打他的老窝河东，将河东一举攻破。依我看，屈突通不会放弃河东不守的。若是屈突通以全军守城，你们就占领河上的蒲津桥，使屈突通无法过河。这样，我军就可以在前面扼住他的咽喉，从后面攻击他，他要是不逃跑的话，我们定能将其擒获。"王长谐、刘弘基等人按照李渊的布置，顺利地渡过了黄河，在西岸安营扎寨，与黄河东岸的屈突通隔河对峙。

屈突通见李渊派一支军队渡河，并占领了蒲津桥，控制了自己的回归之路，惊慌起来，急急忙忙派遣虎牙郎将桑显和带领五千多精锐骁将，乘着夜色的掩护，偷袭王长谐的营地。交战开始，因王长谐等没有防备，仓促间迎战失利。后来，孙华、史大奈等率领骑兵来，从后面袭击桑显和，使其腹背受敌，大败而逃。他领来的五千兵马只剩下五百人，逃上蒲津桥时，担心被追赶的唐军俘获，立即把那座桥梁截断。这样，桑显和也就等于切断了隋军自己回归长安的唯一通道。

现在，屈突通已成孤悬之敌，李渊接受部下建议，立刻下令大军包围河东郡，派遣长子李建成、次子李世民、长史裴寂各率一支队伍，分别攻打河东城的东、北、南三面，因为两面背对黄河，河上的蒲津桥已被桑显和自行拆毁，所以隋军已无路可走。

攻城前，李渊亲自登上东面高地，居高临下察看城内的情况，只见城门紧闭，城墙又高又厚，守军严阵以待，可以看出屈突通决心凭险固守了。明知河东城不易攻取，李渊决定敲山震虎，下达了攻城的命令，眨眼之间，喊杀声惊天动地，兵士抬着云梯，呐喊着向城下跑去。城上矢石俱下，不让他们接近城墙。突然，天降大雨，李渊急命鸣金收军。

此时，已经攻上南城的一千多名士兵，也被撤了下来，李建成很有意见，李渊对他说："河东城易守难攻，屈突通凭借城内兵精粮足，拼命抵抗，恐一时难以攻下，为父只想检测一下我军攻城的能力，给屈突通一个警告，让他清醒一些。"

经过这次教训，屈突通果然紧闭城门，坚守不战，李渊军也一时攻不进去，相持几天之后，李渊召集部将开会，商量下一步的行动计划，裴寂说："屈突通拥兵自重，凭借着坚固的城池，与我军对抗。我们若是舍弃河东不打，领兵攻打长安，屈突通不会坐视不管，一定会有再作战的准备。等我军攻打长安的时候，屈突通如果截断我军的退路，使我军腹背受敌，那不是太危险了吗？"李渊忙问："依你看，当前我们该怎么办？"裴寂接着说："我认为，我们应该大举攻城，先攻下河东郡，解除后顾之忧，然后再领兵西进，攻打长安。其实长安之敌坚持与我军对抗的原因，便是倚仗着河东屈突通的力量。一旦我们消灭了屈突通，长安守军自然失去斗志，我们也就可以轻易地攻占长安了。"

李世民坚决反对裴寂的意见，他说："俗话说：兵贵神速。我军连战连胜，士气正旺，威名震撼关中大地，来投奔我军的人络绎不绝。当此之时，我们应该乘胜前进，早日进入关中，长安的守军已成为惊弓之鸟，他们有智谋也来不及谋划，有勇气也来不及决断。这样一来，我军攻取长安，就会轻而易举。如果我军滞留在河东，久攻坚城不下，长安就会有充足的时间准备防守，我军既耗费了时间，又错过了进军关中的良机。攻城受挫，必然使军心涣散，岂不误了大事？况且关中群雄蜂起，正盼望着有人去招抚，我军应该及早行动，将他们搜罗帐下。否则，被长安所乘，反而壮大了敌军，长安更难攻克。而现在的屈突通只不过是死守一座孤城，等到我们占领了长安城，他插上翅膀也逃脱不了，或俘或杀就是他的下场，何必现在去理他呢！"李建成接着说："我也不赞成裴寂的意见，我们应该乘胜进军关中，长安一打下，河东城内的隋军斗志将加低落，屈突通再有能耐也没有用了。"刘文静建议道："大军乘胜西进，自然是上策。若是对屈突通不放心，担心他攻袭我军背后，就留下一支人马，钳制住他，将他困在河东城内。"殷开山也说道："攻取关中，占领长安是目的，是大局。派一支军队钳制屈突通，防止他援助长安，是有备无患。刘文静的建议可取。"

李渊听了，心中已有数：裴寂的意见保守，有点怯战；李世民的见解大胆，有谋略，但是，多少有点冒险。权衡之下，李渊认为刘文静的建议比较全面，便决定把大军分作两路，留下一支军队对河东攻而不取以牵制屈突通；自己亲领大军主力，西进关中，去攻打长安。想好之后，李渊立刻下达命令，派遣裴寂率七千人马留在河东城下，以阻止屈突通西援长安，自己则亲率大军渡过黄河向长安进军。

最终的事实证明李渊的决策是正确的，在后来的战斗中，看到李渊围困其他城池，屈突通果然想要救援，并企图对李渊形成夹击之势，但是被李渊的伏兵阻拦，屈突通虽然很想进军，但是想到之前李渊大军攻城时的景象，不由的胆战心惊，最终只是保持观望，李渊能够免于两面受敌的危险，可以说敲山震虎之计起到了很大的作用。

敲山震虎的计谋，在于能够主动地行动，大张旗鼓地示意对手自己的行动，让对手感到恐惧、迷惑，不能做出正确的判断，以便趁此机会，自己能够做出下一步行动，进一步地牵制对手，夺取成功。

在三国时期，战乱频繁，经典的战例数不胜数，战争的谋略也空前繁盛。但是战争讲求出奇制胜，敲山震虎则是要大张旗鼓，因此，只有优秀的军事家才能将敲山震虎的计谋运用得完美出色。魏蜀两国汉中之战时，诸葛亮就运用了一计敲山震虎，达到了很好的效果。

汉中军事地位重要，一条汉水将魏蜀两军隔开，两军隔水相望。当时的蜀军处于劣势，正面交锋很难取胜，于是诸葛亮每晚都派出小股部队时断时续地敲锣打鼓，摇旗呐喊，仿佛大军即将发起冲锋。魏军忙于戒备，却回回落空，想要寻找蜀军主力进行决战，却又难觅其踪，想要置之不理，却又怕用兵如神的诸葛亮真的派大军进兵。曹操最终不胜其扰，连夜放弃阵地后撤三十里，以求片刻之宁。诸葛亮成功地用敲山震虎之计，退敌制胜。

敲山震虎之计，其核心的一点就是"震"字。虎势凶猛，正面对敌必有损伤，而忽视虎的存在，也必定会造成损失。于是就要震虎，让虎知道自己的厉害，让虎也感到恐惧，于是在自己行动的时候，虎才能老实地呆在山里，不出来对自己的计划进行破坏。

敲山震虎的计谋，有时候就是要杀鸡给猴看。杀鸡的行为就是敲山的动作，给猴看的目的，就是要达到震慑老虎的目的。古今中外，对于这种计谋的运用，数不胜数。大到国家政治关系，小到个人利益关系，敲山震虎的计谋都能够得以运用。

在新中国刚刚成立的时候，帝国主义国家对新中国实行封锁政策，在军事政治上都施以强大的压力，企图将新中国扼杀在襁褓中。当时世界上以美国为首的帝国主义国家掌握着强大的军事力量，其中包括最具威慑力的核武器。面对严峻的国际形势，当时中央领导决定研制核武器技术，经过艰苦的努力，1956年，中国第一枚原子弹研究成功，在请示是否进行核爆炸实验时，产生了两派意见，一派主张掩藏实力，以免加剧帝国主义对中国的压制。但是另一派则认为，我们研制原子弹，就是为了能够不再受到别人的威胁，原子弹的意义就是要敲山震虎。最终中央决定，马上进行核爆炸实验。1964年6月6日我国第一枚原子弹在新疆罗布泊的沙漠中成功引爆，一时国际舆论哗然。但是结果证实了这个决策的正确性，正是此次敲山震虎的行动，使得国际上的反华势力不得不重新审视中国这个日渐强大的国家，敲山震虎的计划为中国赢得了对外的威慑力，赢得了和平发展的机会。

敲山震虎是一种实力的展示，是对敌人的一种迷惑，是打乱对手计划的一种方式，敲山震虎的运用就是要起到这种效果，迷惑对手、威慑对手，让对手不知不觉地走进自己设下的圈套之中。敲山震虎阻拦了对手的计划的实施，保证了自己的发展行动。

虚虚实实　掌控对手

《孙子兵法》中说道："兵者，诡道也。"说的就是在军事战争中，不能让对手看到自己的真实目的，而是要虚虚实实，让对手摸不着头脑，趁对手迷惑之际，掌控住对手，进而获得战争的胜利。其实不仅是战争，就是在我们现今的的竞争中，虚虚实实的谋略仍然有着很大的意义。

李渊起兵后的第一件大事，是处理和李密的关系。因为李密欲做反隋的盟主，要求李渊支持。李渊要利用瓦岗农民军为之"拒东都之兵，守成皋之厄"，也就是他要利用瓦岗农民军和东都的隋军相持不下的机会，乘虚入关，占据长安，然后坐收渔人之利。为了达到这个目的，他要对李密"卑辞推奖以骄其志"，促使李密得意忘形，而自己却从中捞取实惠。当李渊做了皇帝，瓦岗军遭到失败以后，李渊对待李密的态度就截然不同了。

武德元年（618年）九月，瓦岗军与隋军在洛阳的残余势力王世充军作战失败。李密到河阳（今河南省孟县）去见瓦岗军将领王伯当。本来，李密还想"南阻河，北守太行，东连黎阳，以图进取。"但其部下有人悲观失望，不愿再战。于是，李密又决定奔赴关中，投靠李渊。李密于十月带领两万人入关的时候，李渊派人迎接，冠盖相望，隆重异常。李密非常高兴，洋洋得意地到了长安。后来，高祖封李密为光禄卿、上柱国，并赐爵邢国公，又把舅舅的女儿独孤氏表妹嫁给他。对李密的部下，高祖也都给以任命，封王伯当为左武卫大将军，魏徵为秘书丞等。不久，李密归唐的消息传到中原地区，原先李密的部下立刻纷纷前来归顺。他原来的总管李裕德主动献武步城于唐，并亲自率领刘德威、高季辅等五千人马投降。

一天下朝后，裴寂突然来拜访李密，到了他的临时住处，说道："皇上催着为光禄卿建造府第，不知李大人有何打算？"李密听了，苦笑着说："这光禄卿我尚不知是什么差事，对建造府第能有什么打算？"裴寂放声大笑道："这光禄卿的职位可大了，皇上和大臣们谁也离不开你呀！"李密越来越迷惑了，不由看着他又问："裴大人！鄙人确实不知这光禄卿是做什么的。"裴寂这才对他说："光禄卿就是掌管皇室日常膳食的官，朝中一旦举办大的国宴，就全由大人负责操办，一人说了算……"李密的脑子里突然"嗡"地一声，两眼顿时像被罩上了一层阴影，因为是坐在椅子上，才没有倒下来，只是静静地呆愣着。老于世故的裴寂立刻看出了李密的心思，忙劝道：

"李大人！可别嫌这官儿小啊，你初到长安，无尺寸之功，皇上不能因为你而得罪满朝大臣啊！"李密忙问道："裴大人！你说我无尺寸之功？那二万兵马不是我归唐的贡献吗？"裴寂说："那自然是李大人的贡献了，不然皇上能那么热情地欢迎你来？不过，你得早日为大唐立新功啊！"

他说着话，两眼却盯着墙上挂着的那只马鞭，起身走过去把马鞭取下来，仔仔细细地看着马鞭把柄上镶嵌着的数十颗珍珠，不禁称赞道："啊！这马鞭非同寻常呀！"李密顺口说道："据说这马鞭是当年魏无忌信陵君所用，我领兵攻下洛口仓时，是一位饥民为了感谢救命之恩，馈送于我的。"裴寂手握那马鞭不舍得放下，对李密说："平心而论，高祖对你不薄啊！以后在适当时候，我再向皇上多替大人美言几句，在朝中大臣中间为大人架架势，争取调换一个有实权的差使……"李密听着，迷迷糊糊地说道："多谢裴大人……关照！"裴寂口中说着"不用谢，以后你我同朝为臣了"，便站起身来，将手中马鞭挥了一挥，笑眯眯地说道："李大人！你这信陵君的马鞭借给我用几天。告辞了，改日我请李大人到我府中喝两杯去！"等到李密站起身来时，那裴寂早已溜出门，扬长而去了。这时候他才意识到：我这光禄卿，原来是一个专门侍候人吃饭的差使！

自从裴寂拿走了那把价值连城的信陵君的马鞭，朝中大臣纷纷登门，见李密屋中的古玩玉器，或是珍珠极品，或是遗籍孤本等，采取明要暗拿的手段，向他公开索贿，趁机打劫一番。

李密不由想起在瓦岗寨当全军首领的时候，是何等的威风！现如今……正是"虎落平原被犬欺"，受尽李渊手下这一帮小人的欺辱，怎能不英雄气短？李密越想越气，睡不着觉。

正当李密心中懊悔、不平之时，他的一些部下又纷纷找上门来，向他诉苦："皇帝只对你一人好，军队的待遇一天比一天差，士卒们一连几天不给饭吃，这样下去还不是被活活地饿死吗？"还有人讽刺李密说："我们跟随你来关中，你是当了大官，受到李渊的厚待了，我们这些人怎么办？想跑，跑不出去；留下，没有饭吃，这不是要困死我们吗？"

李密听了这些反映，一时心如刀割，刘文静随李世民出征，不在长安，连一个说知心话的人都没有。唉！他心中又觉得十分委屈：部下认为李渊封了我大官，对我厚待，好像我只顾自己享乐，而忘记了随我来长安的部下了！越想越悔越气，李密终于忍不住了。李密立即去见李渊，说道："启禀皇上！我受朝廷这么多的荣誉和宠爱，却没有报效的机会，深觉内疚！在山东各地各路的将领全是我的老部下，请派我去招抚他们吧！这样一来，凭借大唐的国威，要打败王世充，攻下东都，就好比在地上捡草木一样简单容易了。"李渊一听，立刻想道："机会来了！这，这是他的脱身之计！怎么办？是……放，还是……留？"

其实，在李密提出这脱身计策之前，李渊早就算定李密在长安待不下去的，迟早会有一天要爆发出胸中的怨气，找一个冠冕堂皇的借口，离开自己。只是他没有料到李密会这么早就提出要走。对此，李渊也早在心中有了决断：与其把这样一个潜在对手强行留在自己的身边，不如顺水推舟，促成其反叛的事实，再以此为借口，将其一举消灭了。想到这里，李渊决定对李密放行，于是露出欣喜之色，对他说："难得贤弟有这么一片忠心，能把那些旧部招抚过来，这又是贤弟对大唐的一大贡献！"李密听后，不禁欢喜异常，心知李渊并未识破自己的脱身之计，急忙道谢之后，就要告辞了，便故意说："皇上！这招抚之事宜早不宜迟，要防止被王世充钻了空子，我马上就动身吧？"李渊忙说道："让贾润甫同你一起去吧！还有，哪能就这么走了呢？朕还要为贤弟钱行。"

　　大臣们得知李渊放李密回崤山以东去。都纷纷赶来劝谏说："李密狡诈，据说他脑后有反骨，是个忘恩负义之人，放他回山东去，无异于放鱼入水，放虎归山，他肯定不会再回来了！请陛下三思！"李渊听后，微微一笑，不紧不慢地对部下说："自古以来，帝王自有天命，不是小子所能取得的。假如他要叛离，就像用蒿子做的箭射到蒿林里，毫不值得可惜！现在让两个叛贼（指李密和王世充）互相争斗，我们就可以坐收渔翁之利，又有什么不好？"裴寂见有的大臣还要劝谏，便阻止他们说："诸位还不明白吗？在皇上眼里，李密不过是一支用蓬蒿制成的箭矢而已！他在与不在，皇上从未打算重用他。现在他走，对大唐也不是坏事！"

　　大臣们走了之后，太子李建成担心地说道："父皇曾把接受李密来投，比作'顺手牵羊'，如今这头'羊'已经出了圈，怎么办？"李渊手抚胡须，笑道："这头'羊'走了也好，我们少了一个潜在的对手。他能在崤山以东重新起事，与另一头'羊'——王世充杀在一块儿，我们可以坐山观'羊'斗，也可以得利呀！"李建成又建议道："父皇！儿臣以为即使放李密走，也不能答应他把二万人马全带走，给他一半已不错了。""这建议倒值得考虑，让朕再想想，"李渊说完，忽然对太子说："你快派人告诉李密，明日朕要在太极殿为他钱行，届时让贾润甫也去。"

　　得知皇上要为李密钱行，李密的部下开始紧张起来，王伯当说："李渊该不会在酒菜中放毒药吧？"贾润甫说："我看李渊为人厚道，他既放我们走，怎么还会干那卑鄙之事，不怕被天下人耻笑吗？"李密也说道："我在长安，如在李渊掌中，若想杀我，机会太多，何必要在酒菜中毒杀我呢？可是王伯当又说："即使李渊不愿杀你，还有他的大

第五章　李渊对你说谋略

臣们，特别是他的儿子李建成，此人一脸凶相，从外貌上看，必定不是一个贤良之辈！"贾润甫说："我以为李渊不会干这下作之事……"王伯当打断他的话，教训他说："我劝你擦亮眼睛，别被李渊那伪善的外表迷惑住了！他若是个厚道人，能对我们这样吗？"李密说道："起初，我被他一口一声'贤弟'叫得身上热乎乎的，但是想想那个'光禄卿'的大官，心里立刻便冷了下来，唉！知人知面不知心啊。"贾润甫是个正直的人，他对李密曾当面指责过多次，对他落得如此下场，总以为是咎由自取，怨不得别人。本想再说几句，看到王伯当面存愠色，也就闭口不谈了。此时，皇上已派人来邀李密与贾润甫前去赴宴，王伯当只好悄悄地嘱咐道："见机行事呀。"李密说道："一旦我二人出了事，你就迅速出城逃走，别在这里等死啊！"王伯当说："我不会逃走的，我要立即领着士卒们杀进宫去，找李渊算账！"来人又催他们快走，李密这才与贾润甫一起进宫，参加高祖李渊为他们二人亲自饯行。

一走进太极殿，高祖李渊满面笑容地招呼道："快来，今日朕要与你们一起乐一乐！"说罢，皇上就拉住他们一同登上御榻，李密忙说："这不合适吧！我们怎么可以和陛下坐在一起？"高祖笑道："怎么不可以？你是朕的贤弟，他是你的部下，谁能说三道四？来，快坐下，别让菜肴冷了。"李密只好坐下，只见皇上端起酒杯，愉快地笑道："让我们三人一同饮了这杯酒，以表示我们同心同德！"皇上说完，主动与李密、贾润甫碰杯之后，举起酒杯，昂起头来，一饮而尽。李密、贾润甫见皇帝先喝了那杯酒，心想酒中该不会有毒，便也把酒喝干了。高祖用筷子指着那案上的丰盛佳肴说："快吃菜呀，别让菜凉了。"李密与贾润甫喝了御酒，吃着菜，听着皇上的家常话，早把酒菜有毒的担心忘了。高祖又端起酒杯说："这杯酒，朕祝愿你们二位此去崤山以东地区，好好地建功立业，不负厚望，以称朕的心意！"说完，皇帝把杯中酒高高举起来，向二人点头示意，又一饮而尽；李密、贾润甫也跟着喝了，并随着皇上的筷子，在各色佳肴中寻找着美味品尝。

在一阵大嚼大咽之后，高祖李渊又端起第三杯酒，对李密以庄重的口吻说："自古以来，大丈夫一诺千金。有人确实坚持不让朕放贤弟去山东，可是朕以真心对待贤弟，信任贤弟，这就不是别人能够离间挑拨得了的了！"李密激动得热泪盈眶，把酒杯举了起来，含泪说道："感谢皇上的一片诚心，臣弟永远不忘嘱托。"说到这里，李密真动了感情，眼中泪水滚了下来，便举起杯子，一饮而尽！高祖看在眼里，立刻赞许地说："好！贤弟果然豪爽，这说明朕没有看错人！"李密和贾润甫又连续说一些真诚感谢的话。

在这庄严的朝堂之上，李密、贾润甫面对着权力无上的唐朝高祖皇帝李渊，三人并肩坐在御榻之上，一边碰杯饮酒，一边畅谈着知心话语，看起来真是一片暖意融融、亲热和谐的气象。其实，李渊和李密二人各怀心思，都在算计着对方！从高祖的话里，李密早已感受到了威胁，弦外之意都满含着一股肃杀之气！李密试探着向高祖说道："启禀陛下！臣弟来长安不久，朝中大臣不大信任也属难免，恳请皇上派两名大臣与臣弟一同走吧！"高祖听他这么说，知道李密已悟出那祝酒辞中的话外之音，便直截了当地告诉他说："朕的为人，一向是用人不疑，疑人不用，贤弟此次前往山东各地，只要益国利民，有利于大唐，可以自行决断嘛！"这么简单的几句话，李密听了，犹如吃了定心丸一样，心中自然满意。

其实，李密与王伯当暗中往来，早有人向皇上报告了。他那来自突厥的义弟李涛，早就派人盯上了王伯当，并把王伯当与李密的频繁往来全都报告给李渊了。李渊心想：如今已放走李密，还留下王伯当何用？不如一块放了，让他们一同离开长安。如果他们真的反叛，再一并解决，不留后患，而且也不会给李密其他的旧部造成太重的心理压力，对于收服人心也更为有利。想到这里，李渊又对李密说："贤弟！听说王

伯当也很有能力，让他做你的副将，一起走吧！"

就这样唐高祖李渊经过一番深思熟虑之后，做了一个顺水人情，有理、有利又有节地放走了李密，派他回到崤山以东去招抚旧部去了。公元六一八年十一月下旬，李密高高兴兴地率领旧部出了长安城，向东行进。这时距离他来投奔李渊的时间，不过一个多月。一个月后，李密率旧部杀死桃林县令，背叛了大唐。消息传到长安，李渊微笑道："他逃不出我的手心。"果然，当李密行进到陕州熊耳山时，遭遇伏兵。几番拼杀后，李密死于史万宝部下盛彦师之手。李密从隋朝大业九年（613年）追随杨玄感起兵，到唐朝武德元年（618年）兵败身死，六年的戎马生涯，就此以悲剧告终，死时年仅37岁。

以李密的才干而论，在当时除了李渊能够将他置于死地之外，其他政治上的风云人物几乎都逊色于他。而李渊能够巧妙地除掉李密，而且吞并李密所经营起来的瓦岗军，证明李渊确实具有夺取天下的才能，他成为唐朝的开国皇帝，是一种必然。

虚虚实实是谋略的一种，其内涵就是要在和对手竞争中，迷惑对方，使对方无法知道自己的计划和底牌，在对手一片忙乱之时，打败对手，获得竞争的胜利。在李渊和李密的竞争之中，李渊就成功地运用了虚虚实实的谋略。一开始两人于义宁元年（617年）第一次书信往来时，李渊就抓住了李密妄自尊大的弱点，以"卑辞推奖以骄其志"的策略取得了胜利。在这时，李渊已经开始示之以虚，李密的自大迷惑了他的眼睛，在初期，李密以挡箭牌的姿态，掩护了李渊的崛起。在李密投靠李渊之后，李渊仍然不忘虚虚实实的计策。李渊表面对李密非常尊重，对话常呼为弟，并将其表妹嫁给李密。但其他人就不同了，李密一到长安，"有司供待稍薄，所部兵累日不得食，众心颇怨。"而且，"朝臣又多轻之，执政者或来求贿"。这种只有李渊一人"亲礼之"的情况，无疑是个阴谋，试想哪个大臣敢去想皇帝热情招待的人去索贿？分明是皇帝暗地指使。这件事更体现了李渊对李密的虚虚实实。在放李密出长安这事情上，李渊仍不放弃虚虚实实的原则，表面上宽怀大度，信任有加，事实上却暗藏杀机。李密的死，我们可以轻易推断出并不是意外，而是一种蓄谋已久的计谋。

曹雪芹在《红楼梦》第一回中，在描写太虚幻境的时候，提到了一副对联，写到："假作真时真亦假，无为有处有还无。"这副对联本是写人生虚幻的一种境界，但是在我们提到的虚虚实实的谋略中，它也有着很精辟的概括作用。虚虚实实的计谋，就是要做到这种境界。对于对手，就是要示之以假，却要以假作真；示之以真，却要以真作假；明明要有所行动，却要示之以无为；明明无所作为，却要示之以动作。虚虚实实，虚实相间，真真假假，以假乱真，让对手摸不到自己的套路，令对手忙乱，以获得自己的成功。

公元前633年，楚国向宋国开战，宋国无力回击，便请求晋国施以援助。第二年春天，晋文公派兵攻打楚的盟国曹国和卫国，要求他们与楚国绝交，否则就要攻占两国。楚国被激怒，放弃了攻打宋国，开始与晋国交战。两军在城濮（今山东鄄城西南）展开对战。晋文公召见他的舅舅子犯，问他说："我们要和楚国开战了，但与楚国的兵力相比，我国并没有优势，反而相对弱小，应该怎么办呢？"子犯说："我听到过这样的说法：对于注重礼仪的君子，应该崇尚忠诚和信用，以此取得对方信任；而在残酷的战阵之间，多用一些欺诈的手段迷惑对方也不失为一种很好的手段。欺骗敌军这个办法你可以试一试。"晋文公按照子犯的策略，首先击溃由陈、蔡军队组成的楚军右翼，然后主力假装撤退，引诱楚军左翼追赶，再以伏兵夹击。楚军左翼溃败，中军也被迫撤退。晋国由此取得了胜利，与齐、鲁、宋、郑、蔡、莒、卫等国会盟，成为诸侯霸主。

《孙子兵法·虚实篇》中专门论述了如何利用虚实，并提出避实就

虚、虚实相间，以便能够掌握战争的主动权的战术。优秀将领将这一方法用于作战中的例子有很多，每次使用都会取得意想不到的效果。

俗话说"兵不厌诈"，这是用于战场上，而在当前的和平年代，尤其是在商场上，与自己的竞争对手交往时，运用真真假假，虚虚实实的谋略，让对方捉摸不透，往往也能取得出奇制胜的效果。

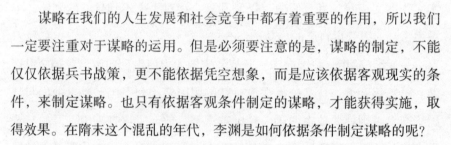

依据条件，制定谋略

谋略在我们的人生发展和社会竞争中都有着重要的作用，所以我们一定要注重对于谋略的运用。但是必须要注意的是，谋略的制定，不能仅仅依据兵书战策，更不能依据凭空想象，而是应该依据客观现实的条件，来制定谋略。也只有依据客观条件制定的谋略，才能获得实施，取得效果。在隋末这个混乱的年代，李渊是如何依据条件制定谋略的呢？

李渊在统一全国、稳定内部社会的同时，也着手处理着与四方临国的种种关系。在这个过程中，他充分利用客观形势所创造的条件，制定相应的应对谋略，为自己赢得了极大的军事政治利益。

自秦、汉时起，能对中原造成强大威胁的国家一向是北方边境上游牧民族建立的各国。前有匈奴，后有突厥，再后就是蒙古，这些游牧民族以游牧掳掠为生。中原物产丰富，人民富裕，所以一向是他们劫掠的最好对象。

由于中原是个统一富强的大国，境外邻国尤其是北方的小国，即使强盛一时也不能在总体国力上成为中原的致命克星。即使在分裂的中国，只要割据政权内部统一，如三国时的曹魏，对境外的强敌依然有足够的抵抗力，这是因为境外政权的综合国力始终远远落后于中原之国。而北方小国之所以能成为中原的强大敌人，主要在于它在军事上经常处于主动地位——游牧民族均精骑擅射，而且迁徙无常，行动异常迅速，这是使以步兵为主的中原之国颇感头痛的问题；而且遇到中原之国统治集团的腐朽和国家的分裂，内乱频起，北方小国就更能乘虚而入，大肆劫掠，甚至占领整个中国，建立国家——元朝和清朝就是这样建立的。

李渊起兵和建唐以前，中国北方早已存在着一个强大的民族——突厥，确切地说，应该是东突厥。在隋文帝时，中国因统一而强大，突厥因分裂（成东、西两部）而弱；到隋炀帝时，情况倒了过来，突厥招收大量中国的难民，征服契丹、室末、吐谷浑、高昌作为它的属地，又扶植中原的割据势力如刘武周、梁师都、窦建德等，利用他们在中原制造战乱，大肆劫掠中国的财富。所以，李渊要对付的最大强敌就是北方的突厥。

隋大业十三年（617年），李渊起兵太原，准备进取关中。但他的基地太原直接受到突厥的威胁，因此李渊采用刘文静的意见，以低姿态交好突厥的始毕可汗，表面上利用他的帮助以征服关中，实际上却提防着他，使突厥不致于与刘武周大举南下。这种形式上的友好关系不仅解除了李渊的后顾之忧，而且避免了像刘武周他们一样的受制于突厥的处境。李渊能顺利进占长安，同他对突厥的政策是分不开的。

李渊做了皇帝以后，突厥始毕可汗认为自己有不可磨灭之功，因此对李渊的态度更加倨傲，他的使者到长安也是趾高气扬，俨然是莅临臣下之地。这很可以理解，因为李渊此时的力量还不足以与突厥对抗，况且李渊攻克长安，突厥确实是给予了配合的——当然，这种配合是需要李渊付出代价的。

李渊很清楚地知道自己刚刚建立政权，国内大局未定之时，万万不能在内敌群起的同时再树一个要命的外敌，因此他对始毕可汗派来的使者每每予以极为隆重的礼遇。唐武德元年（618年）五月，李渊刚刚称帝七天，突厥始毕可汗的使者骨咄禄特勒就到了长安。李渊对骨咄禄特勒的迎接很隆重，在太极殿宴请他，为他奏《九部乐》，还送给他大量金银财物。为了进一步稳住突厥，同年九月，李渊派侄子襄成公李琛、太常卿郑元璹专程前往突厥，给始毕可汗送去中国的女妓。同月，始毕可汗又派骨咄禄特勒到唐朝来。十月，李渊不仅大肆宴请骨咄禄特勒，而且领他登上御座表示恩宠。

武德二年（619年）二月，始毕可汗打算会同刘武周、梁师都进攻太原。可见突厥对李渊的曲意事奉仍然不满足。李渊立即派右武侯将军高静携带礼物出使突厥，请求始毕退兵。恰好，高静走到丰州时，始毕可汗去世，其弟埃利弗设继位为处罗可汗。高静听得此讯，上报李渊，李渊一时思考不周，下令高静将携带的礼物送到当地仓库。突厥听说高静不来送礼了，很气愤，打算入侵。幸好丰州总管张长逊见机得快，让高静将礼物送往突厥，才解了一时之危。处罗可汗又派人到长安告丧。李渊为了表示哀悼，特地罢朝三日，命百官到突厥使者住的地方去表示哀悼；不仅如此，李渊还派内史舍人郑德挺前往突厥，向处罗可汗致悼，并送上布帛三万段。

从这些事例中我们可以看出，在这一段时期，李渊对突厥是极尽臣服之能事，完全是以附庸国的姿态面对突厥的。可是突厥却搞上了"两重承认"：处罗可汗在武德三年（620年）二月，立隋齐王杨暕的遗腹子杨政道为隋王，让他统率在突厥的中原官员百姓，共有一万多人。杨政道虽然是个傀儡王，却也一本正经，设置百官，实行隋朝制度。不仅如此，处罗可汗还纵容、支持刘武周进犯河东，几乎吞并了李渊的这块发家举事的老地盘。而且突厥还和李渊此时的进攻目标王世充交好，互市贸易。唐朝方面也不客气，武德三年（620年）七月，唐潞州总管李袭誉截击偷偷南下到王世充处的突厥使者，夺得牛羊数以万计。同月，李渊召回据报告说与突厥勾结的并州总管李仲文，后来杀了他。武德三年（620年）十一月，处罗可汗打算攻取并州以安置杨政道，他的部下大多认为不可。处罗说："我父亲丧失了国家，靠隋朝才得立为汗（隋文帝立突厥突利可汗为启民可汗，扶持他统率东突厥），如此大恩不能忘却。"结果处罗可汗在准备出兵时去世，处罗可汗的弟弟莫贺咄设继位，号颉利可汗。同月，颉利可汗派使者到唐朝通报了处罗可汗去世的消息，李渊按照对始毕可汗一样的礼节处理了处罗可汗的丧事。可见，李渊这一时期对突厥的态度是，严加提防，继续保持表面上的缓和关系。

突厥颉利可汗继承了父兄的功业，军力强盛，颇有入侵中原的志向。颉利的妻子是隋朝的义成公主，公主的堂弟杨善经在突厥躲避战乱。武德四年（621年）三月，杨善经和王世充的使者王文素一起劝颉利："过去启民可汗遭兄弟迫害，投奔隋朝，全靠文皇帝的力量，才拥有了突厥的领土君权，子孙后代享用不尽。现在唐天子不是文皇帝的子孙，可汗您应当立杨政道为帝并伐唐，以报答昔日文皇帝的恩德。"颉利可汗表示赞同，同月出兵侵犯唐境。其实他的目的也许不是单纯为了报恩，他很可能有自己的想法：乘机掳取中原财富。杨善经、王文素的真实目的也不是希望颉利去报恩，很显然，杨善经希望借突厥之力恢复隋室天下；王文素希望突厥牵制唐军，以解中原王世充之围。因为中原尚未平定，李渊仍然不便于与突厥正面对抗，因此对突厥仍然曲意求和。但颉利可汗态度傲慢，提出无理的要求，由于没得到满足，继续南侵。唐军给予了回击，但仅限于防守，未把战事扩大。

当初处罗可汗与刘武周内外呼应，侵犯并州。李渊派太常卿郑元璹前去晓以祸福，处罗不听。不久，处罗患病身亡，突厥国的人怀疑是被郑元璹毒死的，于是扣留了郑元璹，不许他回国。如今颉利南侵，李渊又派汉阳公李孝恭前往突厥，贿赂颉利，希望他退兵。颉利想让李孝恭行礼，李孝恭不从，颉利一火，又扣留了李孝恭。突厥还扣留了唐左骁卫大将军长孙顺德。李渊很气愤，实行外交报复，也扣留了突厥的使者。双方关系继续恶化，互有攻战，总体上唐军处于守势。

唐武德五年（622年）八月，颉利可汗率领十五万骑兵进入雁门，进犯并州；另外他又派兵进攻原州（治所在今宁夏固原县）。李渊派太子李建成、秦王李世民、云州总管郭子和、左武卫将军段德操分路北上，抵御颉利的攻势。不久，颉利派人到长安来请求和亲。面临突厥反复无常的举动，李渊召集群臣商议，决定是战还是和。已经被突厥放回来的郑元璹认为，交战会加深仇怨，不如讲和为好。中书令封德彝认为，突厥仗着兵力强大，轻视大唐王朝，如果不战而和，就是向他们显示软弱，他们还会卷土重来。不如先战，打败他们以后再讲和，这样可以做到恩威并重。李渊接受了封德彝的意见。这种战而后和的政策最后成了李渊执政时期唐朝对突厥的基本政策。同月，李渊派郑元璹去见颉利可汗。当时突厥十多万骑兵充斥着从介休到晋州的几百里山谷。郑元璹见到颉利，一面指责他背叛盟约，一面予以不劳而获之利。颉利心动，退兵而去。但突厥并未停止支持梁师都、苑君璋等部侵犯唐境，而唐朝方面也予以坚决回击。

唐武德六年（623年）六月，苑君璋的部将高满政以马邑来归降唐朝。此前，唐前并州总管刘世让调任广州总管，即将赴任。李渊向他询问边防策略。刘世让认为，突厥之所以屡屡入侵，就是因为有马邑作为中途休整的基地。如果派勇将戍守崞城（今山西省原平县北崞阳镇），经常派兵前往北面的马邑城下劫掠，毁掉他们的庄稼，破坏他们的谋生之道，不出一年，敌人就会因为没有粮食而投降。李渊大喜，即派刘世让戍守崞城，实施计划。马邑人大多不愿意隶属于突厥。李渊又派人前去招降苑君璋。高满政劝苑君璋杀死所有突厥守军投降唐朝，苑君璋不听。高满政利用人心向唐的趋势，半夜袭击苑君璋。苑君璋察觉异动，逃入突厥。高满政杀死苑君璋的儿子以及突厥的二百名守军，以马邑归附了唐朝。获得马邑后，李渊派右武侯大将军李高迁与高满政联合戍守马邑城，打退了苑君璋率领的突厥部队的数次进攻。七月，突厥侵犯原州、朔州（治所在今山西省朔州市，辖马邑城）。李高迁战败而逃，行军总管尉迟敬德带兵前去救援。同时，李渊派太子李建成统军驻扎北部边境；秦王李世民驻扎并州，共同防备突厥。九月，颉利因为痛恨成为他们的威胁的刘世让，派人到长安，说刘世让和突厥颉利可汗密谋，准备叛乱。李渊相信了这些谣言，于十月杀死了刘世让，没收了他的家产。李渊这样简单轻率地处理此类问题，一方面固然反映了他是个心机善疑的人，另一方面也反映当时唐朝对突厥存在着恐惧心理。十月，颉利可汗出动大军攻打马邑，同时又派使者向唐求婚。李渊回答说："先撤了马邑的围困，才能够谈婚姻问题。"颉利想撤军，隋义成公主坚持要求攻打，于是突厥仍然继续攻打马邑。马邑城中粮食断绝，援军未到。高满政想突围去朔州城，右虞侯杜士远见突厥兵力强盛，恐怕突围不成，于是杀死高满政，献马邑投降了突厥。颉利再次向唐请求和亲，表示愿意归还马邑。李渊同意了此议，派将军秦武通为朔州总管。

在这次战役中，李渊既不示弱，也不拒绝和亲，显然是在推行既定政策：战中求和。但是，李渊明白与突厥的和解只是暂时的，因此他随即采纳并州大总管府长史窦静的建议，在太原实行屯田，接着又接受李世民建议，在并州境内增设屯田。此举是为了解决抗击突厥所需军粮的运输问题。李渊能采纳这些积极意见，显然他准备随时抵御突厥的进攻。

武德七年（624年），突厥又大举进犯唐北部边境。唐朝廷里有人认为，突厥之所以频频侵犯关中，是由于唐朝的人口、财富都集中在长

安地区，所以应该烧毁长安，迁都别处，突厥就不会再进犯了。李渊居然认为此言不错，派宇文士及到樊邓一带寻找迁都地点。由于李世民坚决反对，迁都之议才作罢。八月，李世民使用反间计，暂时使突厥退了兵。但突厥没有停止侵扰唐境，直到李世民通过政变上台时依然如此，唐朝依然采取防御战略。

从李渊太原起兵到他被迫退位这段时期，李渊及其唐政权对突厥的政策经过了三个发展阶段：第一阶段是北事突厥而称臣。这一时期，李渊对突厥实质上是以臣子的姿态出现的，极尽恭奉迎合之能事。第二阶段是通过打击突厥扶植的势力如刘武周、刘黑闼等而暗中与突厥进行对抗。李渊要统一全国、巩固李唐政权，就必须消灭这些割据或反抗势力，就必然与突厥产生摩擦。第三阶段是李唐政权与突厥的直接冲突。唐朝北面的中间缓冲势力被消灭后，唐与突厥就直接面对彼此了。突厥有南下的要求，唐有抵御入侵的必要，于是冲突的要求产生冲突的行动——最简单的就是战争了。不过，在这三个发展阶段中，唐朝在总体上都处于防御地位，即使在第三阶段的剧烈武力对抗中，唐朝也是采取且战且和的政策。这种防御和且战且和的战略对唐朝很重要，为它换来了统一全国、巩固政权、恢复生产的宝贵机会。所以，李渊采取防御战略是非常明智的。这种战略表面上确实显得很软弱，但在当时的条件下，李渊只能选择这种防御战略，而且这一战略也确实收到了积极的效果。在唐朝势力巩固、强大后，就改变了战略，对突厥实行强硬政策——如果没有前一时期的怀柔政策，唐朝能否在太宗时期推行进攻的强硬政策还很难说。

对西突厥，李渊实施了另外一种政策。

在隋文帝时，统一的突厥分裂为东、西两部，势力削弱。隋文帝乘机笼络东、西突厥以为己用。

隋炀帝时，杨广扶植西突厥酋长射匮代替处罗可汗，处罗可汗被迫与弟弟阙达设和特勤（可汗子弟）大奈入朝，隋炀帝赐处罗可汗为曷娑那可汗，让他跟随自己左右。

同时入朝的特勤大奈在随隋炀帝最后一次进攻高丽失败以后，恰好碰上了李渊起兵，于是大奈率其众追随李渊进军关中。李渊建唐后，大奈又参加过平定薛举、窦建德和镇压刘黑闼的战争，所以受到李渊多次赏赐，并赐他为史姓，拜他为光禄大夫。

曷娑那可汗在隋炀帝被杀之后，又随宇文化及北上。宇文化及失败后，曷娑那归附唐朝，到了长安。李渊亲自走下御榻，领他上去一起坐，并封他为归义郡王。武德二年（619年）西突厥的宿敌东突厥要求唐朝杀掉曷娑那，李渊不答应。但是由于唐朝还不便于刺激强大的东突厥，所以很多大臣劝李渊不要因为保护一个人而得罪了一个国家。李渊迫不得已，听任东突厥使者杀了曷娑那。

在处罗可汗被隋炀帝扣留后，射匮可汗统治西突厥，开拓疆土，与东突厥对抗。射匮死后，其子统叶护继位为可汗。统叶护勇而有谋，并吞北面的铁勒，西拒波斯，南接厨宾（今克什米尔一带），东连唐朝，拥兵数十万，据有广阔的西域。

不过，西突厥虽然强大，却并未进攻唐朝，非但如此，武德三年（620年）西突厥反而向唐朝进贡。李渊还打算联合西突厥，共同对付东突厥。东突厥的颉利可汗听说此讯，大为恐慌，立即派人和统叶护恢复了和平，约定互不伐讨。所以李渊的目的才没有达到。

武德八年（625年），西突厥的统叶护可汗派遣使者到唐朝求婚。李渊征求裴矩的意见说："西突厥与我们相距甚远，一旦发生危急，无法前来相助。如今西突厥请求通婚，应该怎么办？"裴矩赞成通婚："现在北狄正强盛，为国家当前的利益着想，应该远交近攻，所以臣认为应当答应与西突厥通婚，以便威慑颉利。等几年以后中原地区稳定、富裕了，足以抵御北狄的时候，再从容不迫地考虑对策。"

第五章 李渊对你说谋略

李渊采纳了裴矩的建议，派高平王李道立前往西突厥，议通婚之好。

从裴矩的建议可看出，李渊实际上是没有与西突厥通婚的意思的，只是为了抵御北面的东突厥，不便于再与西突厥敌对。所以，李渊与西突厥通婚只是权宜之计。

从总体上看，李渊对西突厥的政策是和平友好的，而这种友好的政策是同唐与东突厥的敌对状态紧密联系在一起的。与西突厥交好，使唐朝避免了另树强敌的尴尬局面，从而赢得加快统一、恢复元气的时间，使唐强大起来，为唐太宗时灭西突厥、重创东突厥准备了条件，积蓄了力量。所以，李渊对东、西突厥的政策是非常成功的。

除此之外，李渊还同东北方的高丽交换难民，保持着和平关系。但与西北面的吐谷浑、党项却时有攻战，不过这几支势力都不能对唐朝造成严重威胁。到唐太宗时，唐朝改变了防御型的对外政策，采取扩张政策，逐渐吞并了周围邻国，建立了一个疆域广阔的强大王朝。

正是李渊能够依据客观条件，制定相应的谋略，应对形势的变化，才能够在混乱的局面中，不断地发展壮大自己，才有了后来李世民的强大的军力，和对外扩张的资本。

在后人看来，采取防御型对外政策的李渊远远不及采取进攻型对外政策的李世民威风，这确实是事实。但是李渊能够依据客观条件，制定相应的谋略，为自己谋取最大的政治军事利益，这是李渊谋略的成功之处。

有什么条件就打什么仗，如果在应该防守时却进攻，那是莽夫之举；如果在应该进攻时却防守，那是懦夫之举。李渊的防守战略确实不及李世民的进攻战略那样威风凛凛，但它的价值丝毫不低于后者——在列强环伺的情况下，要成功地实施防守战略同样需要高超的决策及外交艺术，没有一个出色的头脑，是无法作出这样的决策的。可以这样说，如果没有李渊统治时期韬光养晦的对外政策，唐朝不可能在唐太宗时期就变得如此强大。

在评价领袖、英雄人物时，不能只看他建立了多少军功政绩，而是要看他在多大程度上巧妙地利用了当时的客观条件，建立了怎样的功绩——这种功绩不一定是那种耀眼的功伐战绩。

物质世界是客观的，有着其固有的发展规律，是不以人的意志为转移的。人类的发展，要受到客观规律的限制。人类发展规划的制定，也要遵守客观存在的规律，要依据不断发展变化的客观条件，因地制宜，因时制宜，实事求是地制定相应的谋略。

谋略制定要依据客观条件，因为谋略的应用同样具有客观性。谋略运用离不开一定的客观物质条件，具体表现为客观条件对谋略运用的制约上。这种制约主要表现在两个方面。首先是客观条件的发展水平制约着谋略运用的思路和手段。存在决定着意识及实践活动的水平。其次是客观条件的基本状况制约着谋略主体能动性的发挥程度。

李渊制定的谋略，好象都遵循了客观的条件一样，在运用中，适应了客观条件的约束，能得到实施，并能获得成功。在李渊刚刚起兵的时候，实力弱小，想要制定征讨突厥的策略显然是痴人说梦，即使硬性地对突厥进行攻占，其最终结果也只能是失败，因为现实的客观条件制约了这种不符合实际的谋略的运用。所以，李渊的因地制宜，因时制宜来制定谋略的方式是正确的，是不容置疑的。

总之，我们现代人在制定谋略的时候，无论是个人的人生规划，还是团队的竞争方案，都要依据客观条件，制定相应的谋略，也只有这样，才能使自己的谋略得到最好的发挥，为自己或团队谋取最大的利益。

第五章

李渊对你说谋略

第六章

李渊对你说 人生成败

　　追寻成功是我们每个人的理想，但是很多人却并不知道，在我们走向成功的过程中，需要注意些什么。因此，我们就应该向成功人士学习他们的成功之处，为我们自己走向成功奠定坚实的基础。在每个成功人士的成功之路上都有许多值得我们借鉴的地方，因此，观古鉴今，往往能够给予我们很大的启迪。

善于向成功者学习

与成功者为伍，分享他们成功的经验，就能从他们身上学到很多对自己有益的东西，让自己尽量少走弯路。同时，他们的精神品质还可以激励我们更尊崇高尚，激发出我们对事业更大的热情和干劲来。李渊在很小的时候就非常善于向别人学习，借鉴别人的成功之处，也正是因为这样，他才能在那个时代打下自己的天地。

身为贵族子弟，李渊在7岁那年做了北周的唐国公，不过，这只是从父亲那里继承的遗产，并没有多少实际意义。到了公元581年，隋文帝杨坚代周自立，因为李渊是独孤皇后的外甥，所以一方面把李渊家族的大野氏姓氏恢复为李氏，一方面让16岁的李渊做了千牛备身，也就是皇帝的亲身护卫。隋王朝建立不久，李渊便踏上了仕宦生涯。这个职务并没有多大权力，但是有跟随皇帝的特殊便利条件，所以在当时，这个位置是让贵族子弟非常羡慕的。李渊正是在这个位置上，亲眼见隋文帝杨坚如何处理政务，可以说，隋文帝杨坚是李渊成为政治家的启蒙老师。为此，要了解李渊的政治思想和谋略，应当从隋文帝谈起。

隋文帝从北魏王朝灭亡的历史中汲取了教训，不再依靠鲜卑族的猛将武夫维持政权，改为重用汉族官僚和汉化程度较高的鲜卑贵族。在他夺取政权之前，在他的政治集团中，汉族官僚有刘昉、郑译、李德林、高颖、韦孝宽、柳裘、皇甫绩、卢贲等人，鲜卑贵族有元谐、元胄、宇文忻等人，在汉化的前提下，大量吸收少数民族参加汉族封建中央政权，这是国家得以稳定的一个重要原因。为了巩固这个篡夺来的政权，隋文帝进行了大量改革工作，这些都给年轻的李渊留下了很深的印象，后来历史上出现唐承隋制的现象，决非偶然。

在职官制度方面，隋文帝废除宇文泰模仿《周礼》所置六官，因为宇文泰之所以要推行《周礼》，在于《周礼》保留的原始习俗与鲜卑人的文化传统较为接近，宇文泰虽然有推行汉化的要求，却不敢离开鲜卑传统太远，隋文帝实行的是三省六部制。三省，指负责制订政策计划的内史省，负责审议讨论修改的门下省，执行中央各项决策的尚书省。三省长官，即内史省的监、令，门下省的纳言，尚书省的令和仆射，都是宰相。六部是尚书省下属的吏、礼、兵、都官、度支、工这六个主管各个不同门类的机构。其中吏部主管官吏的升迁调配，礼部主管祭祀活动礼仪和科举，兵部主管军队后勤供应和参谋、情报等，都官部主管司法刑狱诉讼，度支部主管百姓户口、财赋徭役，工部主管国家工程建设和河防等。公元583年，隋文帝下令将都官部改名刑部，度支部改名户部，每部长官为尚书，总管部务。此外，有主管督司百官的御史大夫，主管典籍图书的秘书监、丞，主管皇室外戚户籍的宗正卿，主管农功仓廪的司农卿，主管金帛府帛的太府卿，主管牧马的太仆卿，主管宫室用具制作的少府卿，主管宫门屯兵的卫尉卿，主管宫殿门户的光禄卿，主管引导外来参拜者的鸿胪卿等各部门负责人。

在地方行政制度方面，隋文帝于公元583年采用河南道行台兵部尚书杨尚希的建议，改过去的州、郡、县三级制为州、县两级制，从而裁汰了大量多余官员，为政府节约了许多开支，又提高了行政效率。所有官吏的任用权在北魏末年已经由吏部行使，而从隋文帝建立隋朝开始，又再次收归中央。

为了得到政权建设中的人才，隋文帝对曹魏政权在公元220年创立的九品中正制进行了大刀阔斧的改造，这就是继承自西魏宇文泰开始实行

第六章 李渊对你说人生成败

的不全凭门第，也注意凭才干选拔官吏的办法，废除九品中正制，改为由各州岁贡三人的作法。从公元598年开始，尝试科举考试办法，为隋炀帝时"始建进士科"，打下了基础。

针对北周宣帝严刑重典引起社会动荡的教训，隋文帝在刑法上有许多创新。早在公元581年夺得政权之时，他就命令高颎、郑译、杨素、常明、韩睿、李谔、柳雄亮等人，在北魏、北齐刑律基础上，制订新律。到了公元583年，也就是隋文帝开皇三年，隋文帝又命令苏威、牛弘2人主持修改新律，这就是历史上的《开皇律》，分为《名例》、《卫禁》、《职制》、《户婚》、《厩库》、《擅兴》、《盗贼》、《斗讼》、《诈伪》、《杂》、《捕亡》、《断狱》等十二篇，刑名有五，一为死刑，分绞、斩二等；二为流刑，分为一千里、一千五百里、二千里三等；三为徒刑，分为一年、一年半、两年、两年半、三年五等；四为杖刑，就是打板子，分为六十、七十、八十、九十、一百共五等；五为笞刑，分为十一、二十、三十、四十、五十共五等。隋文帝主张减省刑律，特别授意废除过去的鞭刑、枭首、车裂、宫刑之法，为此苏威、牛弘重定《开皇律》时，减去死罪81条，流罪154条，徒、杖等罪千余条，总刑律共留下500条，这是对古代法律体系的一次认真总结与改造。虽然《开皇律》有对官僚贵族的"八议"特权，即所谓"议亲"、"议故"、"议贤"、"议能"、"议功"、"议贵"、"议勤"、"议宾"，以及七品以上官吏犯罪皆减罪一等治罪。不过，法律仍然贯彻了"明主治吏不治民"的基本方针，其中如谋反、谋大逆、谋叛、谋逆、不道、大不敬、不孝、不睦、不义、内乱等十恶不赦大罪，主要是针对官僚集团内部反叛势力而言，"盗贼"、"捕亡"明显是对广大人民的统治，"职制"、"厩库"则是对一般下级官吏的要求，"斗讼"、"户婚"、"诈伪"有明显的全社会性质，所以《开皇律》已经形成"法律的阶级性和社会性统一"这一中国法系的基本特征，为后来作为中国古代法系代表的《唐律》出现奠定了基础。

隋文帝在保留鲜卑族汉化成果方面做了大量工作，不过，他对鲜卑族的文化优势也看得很准，对宇文泰创立的府兵制，采取了全部保留的办法。宇文泰所创府兵制，与鲜卑族部落兵农合一传统有关。府兵是均田制保证的主要对象，凡列入军户者，可以从国家那里得到一份土地，除当兵外，一般不再负担赋税徭役，生活比一般农民要好。如北朝民歌《木兰辞》中，花木兰家就是府兵，她家有自己的院子，可以"耶娘闻女来，出郭将扶将"；她家养有牲口，所以会有"小弟闻姊来，磨刀霍霍向猪羊"。不过，这种自食其力的生活又是以"有事出征"为代价的，在"阿爷无大男，木兰无长兄"的情况下，花木兰作为女孩子，也要女扮男装上战场。这种制度有利于军队战斗力提高，因为府兵有自己的产业家小，有保卫乡土的观念。同一军府的农民实际是邻里乡亲，符合中国"打虎亲兄弟，上阵父子兵"的习惯。为此，隋文帝规定全国各地设军府，一般每个军府在800人至1200人之间，这些军府后来被隋炀帝改名为"鹰扬府"，军府长官称"鹰扬郎将"。各军府分别隶属于十二卫，这就是左右翊卫、左右骁卫、左右武卫、左右屯卫、作业御卫、左右候卫。每个卫都设一名大将军做长官。当然，隋文帝把全国军队分为十二支军队，让各卫大将军相互牵制，皇帝居中驾驭，从而控制住天下兵马。这是隋文帝在军事上加强中央集权的重要措施。

李渊在隋文帝身边还看着他怎样使用"飞鸟尽，良弓藏；狡兔死，走狗烹"的办法，把那些有可能成为国家统一障碍的功臣们分别处置。例如隋文帝篡周的主要同谋刘昉和郑译，刘昉早在宇文泰治西魏时就官任东梁州刺史，郑译也在北周武帝时官任左侍上士，周宣帝时封沛国公，任内史上大夫。他俩后来帮助杨坚夺取皇位，人称杨坚之成功是"刘昉牵前，郑译推后。"可见这两个人出了不少主意。杨坚当了皇帝后，立刻对这两个人不放心了。因为他们既然能把自己推上皇帝宝座，

难道就不会再把别的什么人推上来吗？所以隋文帝登基做了皇帝后，立刻疏远刘昉，给了刘昉一个柱国、舒国公的爵位，却不授予任何实权。刘昉心中怨恨，有一年，关中遇自然灾害，粮食欠缺，隋文帝下令禁酒，以便节约粮食耗费。刘昉偏要给皇帝一个难堪，他在长安市上租了一间房子，叫他的妾当炉沽酒，使隋文帝的政令受挫。不久，刘昉发现柱国梁士彦和宇文忻也失了宠，便与二人悄悄勾结，发泄心中不满。终于有人报告这三人相聚谋反，隋文帝乘机将三人斩首，还把三人家里的财物放在宫殿内，让百官自己随意取走，以教育百官，不可再居功自傲。至于郑译，见刘昉得此下场，虽然自己已被隋文帝封上柱国，仍然不寒而栗。郑译想来想去，还是觉得走为上策，于是请求解职回家去做富翁。隋文帝赐郑译一部《孝经》，让郑译熟读，表面是劝他和母亲住在一起，实际上是警告郑译，可以治他"不孝"之罪。郑译对隋文帝这些办法已经心领神会，于是老老实实回家过日子。隋文帝见郑译确实不敢反抗，这才临时派郑译一些审阅律令、修订乐谱的工作。郑译得以勉强全身告终。受到隋文帝打击的功臣还有王谊、元谐、王世积、虞庆则等人。李渊以少年警卫的身份在隋文帝身边供职，自然没有这些功臣们所面对的风险，他一方面由此懂得政治的险恶，另一方面，也由此学习了如何使用政治权势的方法。他作为千牛备身的这几年，政治上有很大的收获。

公元588年左右，隋文帝见李渊已经是22岁的青年了，就不再让他继续做警卫，而是派他去做地方官。因为李渊和独孤皇后有亲戚关系，在隋朝建立时才十五六岁，与那些有可能威胁中央权威的功臣们没有太深的关系，派李渊一类的年轻人去替换在地方任职的功臣，有利于隋朝政局的稳定。在隋文帝执政时期，李渊先后做过谯州（今安徽省亳县）、陇州（今陕西省陇县）、岐州等州的刺史。隋文帝在公元589年派晋王杨广、秦王杨俊、清河公杨素并为行军元帅，同晋王杨广出六合节度诸军，杨俊出襄阳，杨素出信州，刘仁恩出江陵，王世积出郸春，韩擒虎出庐江（安徽省合肥市），贺若弼出广陵（江苏省扬州市），燕荣出东海（江苏省连云港市），共90人总管51.8万人，大举攻陈，实现南北统一。李渊这时刚刚在地方为官，来不及参加这次大规模行动，只能按照隋文帝的安排，做一些后勤供应工作。全国统一后，社会一时稳定下来，李渊也以安分守己的态度对待隋朝中央政治，于是没有受到任何指责和怀疑。如果说李渊在这一历史阶段有什么值得人们重视的活动的话，那就是他在公元589年、599年、601年、602年由妻子窦氏生下四个儿子，即长子李建成、次子李世民、三子李玄霸早死、四子李元吉。其中三子李玄霸，没有什么表现，李建成、李世民、李元吉在李渊建立大唐王朝的过程中，起了极其重要的作用。尤其是次子李世民，就是后来的著名政治家唐太宗，他曾回忆自己少年时代受到父母多方面的教育：他的母亲窦氏善于书法，对他经常指点；他幼年得了重病，父亲李渊曾带他到佛寺求佛消灾；他自己从小练习弓马骑射，充满鲜卑贵族子弟的雄健气概，他自己说："朕小好弓矢，自谓能尽其妙。"又说："朕少尚威武，不精学业。"还说："朕少不学问，唯好弓马。"李世民的回忆反映出李渊对子女的教育，基本沿袭鲜卑族重武轻文的传统。这样，当李渊起兵反隋时，身边就有了得力的猛将和助手。

开始，他入宫任千牛备身。此职掌御制的千牛宝刀，为皇帝的亲身护卫，多由贵族子弟充任。虽然品级不高，但因是皇帝的侍从武官，却也十分威风。由于经常跟随皇帝左右，有机会表现宣扬自己的才华，取得信任，提升得较快，故被世人视为一种美差。每当上朝时，他立于仗下，耳闻目睹君臣讨论军国大事，开阔了自己的眼界。尤其是那些谋臣所献的奇谋妙计，使他顿开茅塞。

俗话说，物以类聚，人以群分。一个人是什么样的人，从他所交往的人中就能看出来。道理很简单，虽然我们总是赞美荷花出污泥而不

染，但污泥对于莲花而言却是非常有用的东西。正是有了这个职位，李渊才得以开阔自己的眼界，借鉴别人的成功之处。

"告诉我你和谁在一起，我就知道你是怎样的人。"这句话蕴含着深刻的智慧和哲理。如果你与一个成功的企业家在一起，很可能意味着你在商界也很成功，或者说你将要成功。一位医生朋友对我说，如果你想把一个沉迷于酒精或者毒品的人解脱出来，首先要做的就是切断那些引诱他们上瘾的"朋友"的联系。在人的一生中，我们无法选择自己的出生，无法选择自己的父母，这是事实。但另一方面，我们完全有能力选择和谁在一起，不和谁在一起。如果你与消极的人交往过密，你就会被他们的消极情绪所感染。在通往成功的路上，你可以选择靠自己不懈奋斗，也可以选择向已经成功的人士学习，像他们那样思考和行事。前一种选择节省了学习的成本，但却极有可能走更多的弯路，相比较起来有些得不偿失。而且，当一个人仅仅依靠自己的知识、经验、资源等奋斗的时候，这条通往成功的路必将缓慢无比，结果很有可能是资源耗尽，信心全无。而选择了后者就意味着选择了一条通向成功的捷径。

行销大师赖兹说："很少人能单凭一己之力，迅速名利双收。真正成功的骑士，通常都是因为他骑的是最好的马，才能成为常胜将军。"成功人士就像登山的向导一样，他们知道哪里有曲折，哪里有陷阱；什么是该做的，什么是不该做的。他们的经验会帮助我们避免别人常犯的错误。

向成功人士学习，不仅要学习他们认识事物的方式，更重要的是要学会像他们那样去思考。

成功人士并不仅仅局限于拥有金钱。拥有金钱当然是衡量成功人士的一项重要标准，但是所谓成功人士，还应该包括在其他方面有卓越成就的人。例如，美国总统布什算是公认的成功人士，但他入选并不只是因为他能够赚钱。因此，我们应该根据各自不同的目的，选择向不同的成功人士学习。比如，你如果想向赚钱专家请教，你可以向他们求教致富的途径。他们可以给你非常宝贵的启示，并且别人对他们的成功感兴趣对他们自己来说也是很光荣的事情，他们会因感到受人尊重而高兴。虚心求教，是你能给他们的最大恭维。一些生活态度积极、精神富有的成功人士，也是你学习的榜样，你需要学习的就是他们对待人生的乐观豁达的心态，尤其是在你遇到挫折或困难时，他们的帮助则显得更为重要。还有一些成功人士具有良好的习惯，学习他们的好习惯会让你更快地富有起来。因为你的一切行为、想法，甚至是无意识中的反应，都会受到习惯的束缚。习惯可以压制人的思维，使人难以接受外在世界的变化。因此，当你认识到自己存在一些不良习惯，还在为无法迅速改变而苦恼时，可以找一个与你习惯相反的人，多和那个人接触，一起做事或者研究问题。时间久了，你就会发现自己正不自觉地朝着自己希望的方向发展。

一般情况下，成功并不是自己孤军奋战的结果。在现代社会，一件事情往往需要两个人或多个人共同协作，而不是仅仅靠一个人的努力就能够完成的。因此，要想实现目标就必须与人合作。如果只是一个人单打独斗，那么取得的成就是非常有限的。

现代社会，即使最优秀的人物也很难凭一己之力成就一番伟业。在通往成功的道路上走得越远，你就会越来越发现真正重要的不是金钱、环境、生产资料，而是和自己一样渴望获得成功，并且愿意为此而倾尽全力的志同道合者。金钱、环境、热情当然重要，但如果没有志同道合者的支持，通往成功之路就会崎岖不平。

与成功人士或者是那些正在全力以赴的潜在成功人士合作，组成一个有战斗力的团队，就能在通往成功的道路上，充分发挥团队的整体作用，更快实现目标，从而让团队的合作者共同受益，一起获得成功，实现多赢。与成功者为伍，是一种聪明的合作方式，是实现多赢的捷

第六章　李渊对你说人生成败

径。如果你现在还和那些消极的人混在一起，你就真的需要好好反省一下了。一定要记住：穷，也要站在富人堆里；多和比自己优秀的人交往，自己也会优秀起来；与成功者为伍的人绝对不会是一个失败者。赶快加入到成功者的行列中来吧，那么，在不久的将来，你也会成为其中的一员！

提前给自己挖一口井

一个人要想走向成功，就要不断地充实自己，扩大自己的实力，这就好比给自己挖一口井，在自己口渴的时候，随时都能有水喝。临时抱佛脚，往往不能感动佛祖，所以还是要提前做好准备，充实自己，扩充自己的人脉，为自己将来的成功打下基础，只有这样，在面对突发状况或机遇时，才能够做到游刃有余，应对自如。

杨坚受禅而废北周，建立隋朝，称隋文帝。李渊的姨妈独孤氏理所当然地成了独孤皇后。

虽然有姨妈的特别关爱，李渊在隋文帝时并不是特别显达，仅先后位千牛备身（皇帝亲身护卫）和谯州（今安徽省亳县）、陇州（今陕西省陇县）、岐州（今陕西省凤翔县）的刺史，没有多大的实权。到了隋炀帝杨广即位后，作为杨广的表兄弟的李渊才逐渐得到重用，手中的实权也逐

唐高祖李渊武德四年废弃五铢

渐强大起来。隋大业初年，李渊被任命为荥阳（今河南省荥阳县）、楼烦（今山西省静乐县）二郡太守，不久又被任命为殿内少监。

隋大业九年（613年），隋炀帝发动侵略高丽的战争（隋第二次远征高丽），李渊受命在怀远镇（今辽宁省辽阳市西北）负责督运隋朝远征军的粮草。兵马未动，粮草先行，历来行军打仗，粮草的接济、保护都是非常重要的任务。因为重要，所以也特别辛苦。隋炀帝把这样一件关系着隋军安危的使命交给李渊，表明李渊在他心目中的地位还是不同一般的。虽然这种信任有一部分是出自于对亲戚的信任，但也必定有李渊的实际能力在其中起着重要作用。正是这两种因素逐渐使李渊在隋朝政权中占据越来越不可低估的地位。

隋炀帝接连征兵进攻高丽，还下令征发男丁十万人去修筑大兴城，致使国力空虚，老百姓苦不堪言，怨声载道，民众的厌战情绪非常强烈；再加上前几年隋炀帝倾全国的人力、物力、财力营造东都、修西苑、开凿京杭大运河，男丁已经非常缺乏，甚至开始役使妇女了。民不聊生，各地民众纷纷起义反抗。

世道纷乱，不仅布衣白丁惨遭荼毒，连一些无权少势的殷富之家也在隋炀帝的敲榨勒索下破产。在拒谏诛贤的暴君领导下的隋朝统治阶级也熙来攘往，明哲保身之余胡作非为，捞取政治资本，鱼肉百姓。可想而知，民心该有多怨愤。

在隋炀帝征讨高丽之时，开国重臣、已故相国杨素之子礼部尚书杨玄感利用民心思变、天下大乱的形势，起兵反隋。杨玄感的大军直向东都洛阳逼来。

李渊事先觉察到杨玄感要举旗造反，于是马上派人带着紧急文书去报告远在辽乐的隋炀帝，而另一面却和宇文士及密商反隋大计。

隋炀帝得到这个消息，慌忙草草收兵，班师回朝，同时命令李渊为弘化（今甘肃省庆阳县）留守，指挥潼关以西各郡的兵马，抵抗杨玄感的进攻。

不久，杨玄感在隋朝大军的团团围攻之下，兵败身死。而李渊就留守在弘化郡了。在此期间，李渊广树恩德，结交江湖豪杰，有很多人都去依附他，表示愿意为他效力。隋炀帝疑心本来就很重，他知道了这些事情后，就开始对李渊有了猜忌之心。

隋炀帝想来想去不放心，就派人去叫李渊来见他，恰好李渊重病缠身，没有前去。而李渊有一个外甥女王氏在隋炀帝处办事，于是隋炀帝就问王氏："你的舅舅为什么迟迟不来见我？"王氏告诉他说，舅舅病了，所以不能前来拜见皇上。隋炀帝听了这话，心情更加恶劣了，阴阳怪气地问："他死了没有？"王氏听了这话，心中大惊，一时找不出个计策来应付隋炀帝这个杀人如麻的昏君，只得低眉顺眼地站在那里，一声不响。隋炀帝倒也没有难为她，说完就走了。王氏毕竟知道此事非同小可，随后把事情告诉了在弘化留守的舅舅李渊。

李渊得知此事，大吃一惊，深悔平时太过招摇，暴露了心机，如果再这样下去，一定非得给隋炀帝猜忌封杀不可。心气浮躁何以成大事？于是李渊开始故意成天酗酒，而且装得非常贪心小器地收受贿赂。他希望这种自我败坏光辉形象的做法能够把自己称雄天下的豪情壮志给掩盖起来，消除隋炀帝的戒心，有效地避免杀身之祸，防止隋炀帝喜怒无常的心思再兴起这样一个念头——像抄斩大将军李浑家族一样把李渊的家族也给报销了！而且，这种韬光养晦的做法能够尽量躲开隋炀帝眼线的监视，坐观事态的变化，并且暗中扩张势力，等待时机成熟，乘机举兵而起，取隋朝而代之。李渊显然明白，杨广不是可以长久侍奉的君王，在他身边办事不仅如同陪伴一只害了疯病的老虎，而且对自己的政治抱负也是一种压抑。李渊准备自己主宰天下。

隋大业十一年（615年），隋炀帝降下圣旨，任命卫尉少卿李渊为山西、河东慰抚大使，承担该地区郡县选拔、抽调的文武官员的升迁贬退的工作，还负责调集河东的隋军去镇压起义的农民军。（河东郡在今山西运城市）。

李渊领命，携带家眷往河东任所而来。当他们到达龙门的时候，遭到毋端儿率领的数千名农民起义军的狙击。李渊率军击溃了毋端儿部，并连续打败另外两支势力敬盘陀、柴保昌部，收服数万人，声威更加强劲，而且势力也明显变强了。第二年，李渊受命迁任为太原道安抚大使。隋大业十二年（616年），李渊被任命为右骁卫将军，调任为太原道安抚大使。战功得到了奖赏，图霸天下的力量也在集聚。隋大业十三年（617年），李渊被任命为太原留守，郡丞为王威，副将为武牙郎将高君雅。李渊更有长留太原的趋势了。

太原是隋朝军事重镇，兵源充足，粮草丰沛，府库储粮可耐久战。能够在离乱变迁的时候把持这样一块兵家宝地，李渊必定有正中下怀，幸甚至哉的畅快吧。李渊的部下温大雅在他写的《大唐创业起居注》中这样描述李渊得镇太原的心态：帝以太原黎庶，陶唐旧氏，奉使安抚，不腧本封，因私喜此行，以为天授。所经之处，示以宽仁，贤智归心，有如影响。等到隋炀帝任命李渊为太原留守时，李渊又是一阵窃喜，对二儿子李世民等说：唐固吾国，太原即其地焉。今我来斯，是为天兴。与而不取，祸将斯及。然历山飞不破，突厥不和，无以经邦济世也。

由此可见，李渊早已有反隋的决心，他时刻都在思考谋图大业的事。时刻都在等待举兵时机，而不是一个浑浑噩噩，惰于思考的庸才。温大雅长期跟随李渊南征北战，对李渊的起居言行很熟悉，而且他的《大唐创业起居注》成书于隋义宁至唐武德年间，下距玄武门之变尚有八九年的时间，因此能够比较诚实地记述李氏父子反隋兴唐的事迹和各自的作用。李渊有重大图谋已是确定事实，不过，正如他自己所说，强大的农民起义军"历山飞"和外族突厥威胁着太原的南、北两方，不剪除这两股势力，非但谋取天下无望，就连固守太原也是不易的。因此，李渊到太原后的最大任务就是铲除"历山飞"农民起义军，为他巩固在太原的势力扫清道路，同时缓和与强劲的突厥的关系。只要这两股贴近太原郡的危险势力消除了，李渊就能在太原站稳脚跟，然后以此地为根据地，削平四周的割据势力，吞并隋朝天下就指日可待了。而在发展自己的势力，观察隋朝政局变化的过程中，李渊仍有必要以信誓旦旦的护围忠臣面目出现，韬光养晦，等待时运而突起异兵。

隋大业十二年（616年），隋炀帝巡游江都（今江苏扬州市）。太原留守李渊利用昏君远游不能及远的机会，乘机扩充自己的实力。"历山飞"起义军首先遭遇到李渊的攻击。"历山飞"是太原郡附近的一支农民起义军王须拔部的手下大将魏刀儿的自号。王须拔自称漫天王，定国号为燕。李渊任太原留守后，即率领郡丞贲郎王威等人和太原郡以及从河东郡带来的兵马，前去镇压连战连捷的"历山飞"。李渊巧施计谋，将辎重放于中军，安排老弱病残压阵，将精锐骑兵放于两翼，等到起义军在中军抢夺财物时，骑兵进行冲杀，此一役大获全胜，李渊招降"历山飞"部属男女老少数万人，继而从根本上铲除了这支起义军的势力根基。

对于北部的突厥，还有一个小插曲，对于突厥的战斗多次失利，巡游中的杨广勃然大怒，派出使者要拘捕李渊进行治罪。一时李渊手下一阵慌乱，李渊临危不惧，细心地分析情况，决定静观其变，果然，想明白局势的杨广，随后就派了另一批使者前来赦免李渊。

这次险遭拘捕事件使李渊加快了举兵起事的准备。他命令长子李建成留在河东郡，广结英雄豪杰，命令次子李世民在晋阳城秘密招揽有才能的朋友。李建成、李世民都很有谋略，经常广施钱财，接济贫困，而且广泛结交各种朋友，不管出身高低贵贱，也不管他是商贩还是赌徒，只要有一技之长，都收罗门下，即使有些失礼的举动，建成、世民也不会说什么，因此两兄弟都非常得人心，门下能人异士数不胜数。李渊自己也广泛接触各色人等，不分贵贱贫富，李渊只要见过一面，就会长期不忘。而且他还经常研究天下的山川要冲和风俗习惯。经过父子三人的努力，李渊麾下罗致了大批能人，史书记载的比较有名的就有：刘文静、刘弘基、殷开山、刘正会、温大雅、唐俭、武士彟、王长阶、权弘寿、姜宝谊、长孙顺德、杨毛、窦琮等。这些人对李渊替隋建唐立下了汗马功劳。

大将已有，兵马已足——李渊镇压数起农民起义军，收罗了大批降将降兵，加上李渊父子三人有意扩张势力，其粮草兵马迅猛增长——李渊意已动。他感到起兵的时机已经到了，因为这时太原郡四周郡县几乎全被造反背隋的贵族军队、农民起义军占领。

李渊在离开了杨坚之后，凭借着在杨坚身边学到的东西，在仕途上走得还算不错，即使是面对杨广这样的昏君，李渊还能够保住自己的性命，并于此同时，还能不断发展自己，为自己的未来发展打下了坚实的基础。李渊不断扩充自己的实力，吸纳人才，也为将来可能遇到的变化做好了应对的准备。

"有一天我可能会口渴，那时我就会需要一口井来打水喝，为了口渴的时候有水喝，现在我就开始动手挖井。"被誉为"世界第一人际关系大师"、同时被《财富》誉为"万能先生"的哈维·麦凯如是说。

这个道理其实很简单，比如你突然感觉口渴，于是你打开冰箱，却发现库存的冰水早就用完了。就算此刻你立即去买水或是烧水然后等待水温冷却，那么至少也得等一段时间以后你才能喝上水；相反，如果你在冰箱中提前储备好冰水，那么此刻你口渴的时候，就会很惬意地喝着冰水了。

这就是要求我们未雨绸缪，在某件事情还没发生的时候提前做好准备，这样就算困难突然来袭或是危机骤然而生时，你也能方寸不乱，成竹在胸，因为你提前准备了应对之策！

第六章 李渊对你说人生成败

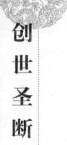

很多时候，当我们正舒适地享受着某些成果的时候，都将这些统统抛在脑后了！明明知道这个朋友对你以后的事业会有帮助，你却置之不理、冷漠处之；关键时刻，需要这位朋友帮把手时，你却高枕无忧，天真地以为你们有过一面之缘，朋友是不会见死不救的。然而，你错了！你平时对他的忽略和冷漠，他都心知肚明，平时你毫不关心也不过问人家，此刻你妄想人家发发菩萨心肠，救你于苦海之中？别做梦了！真实的友谊其实含有着公平交换的含义，你能享用朋友的资源绝不会是理所当然的，那是建立在需要你也为之付出的基础之上的。

该准备时你不准备，祸到临头了，你才大喊大叫，怎么可能有人理你，怎么可能有人睬你呢？世界上任何一件大事的成功，之前必定要有数年甚至数十年的准备工作。吴王夫差立志为父报仇，打败当时的强大的楚国，是因为他做了充分的准备；当越国沦为阶下囚时，越王勾践卧薪尝胆、励精图治以图复国，最终将侮辱自己的吴国打得落花流水，这也是未雨绸缪。

可见大凡做大事者，必须有"提前打井"的精神。"平时不烧香，临时抱佛脚"，这是现代社会很多人的通病。临时抱佛脚的人往往不会得到好的结果，即使获得了一时的成功，那也只是昙花一现而已！所以，学会在口渴前把井挖好是很必要的。在你下定决心去从事某个行业的时候，行动之前，一定要先去结交那些精通该行业的人，如果能结识到该行业内优秀的领军人物，那是最好不过了。能够结识这些人，将是你事业成功的关键。

有一种意识你应该时刻注意，那就是：你想做的事情会用到不同的人脉，这些人脉都是在平时就要留意结交的，虽然他们暂时不会对你有所助益，但也许有一天，他们会在你的事业上助你一臂之力，这就是"提前挖井"的智慧。反之，如果你意识到非常需要某些人的帮助时，才忙不迭地跟人家套近乎，恐怕没有人会愿意理你。"平时不烧香，临阵抱佛脚"，这样的人最蠢。这样的蠢事做多了，人生的尴尬与事业的矛盾就会接踵而至，结果只是陷入苦恼的沼泽之中无法自拔。这也是一种缺乏战略思考或者说战略性思考不够严密的行为。

在现实生活中，需要提前"挖井"的事有很多，这就需要我们多做一些前瞻性和宏观性的思考，在苦难还没有来临之前，多做准备，多结交一些有益的朋友，是百利而无一害的。

巩固自己的根基

万丈高楼平地起，坚实的基础，是建筑物高度的保障。人的发展也不例外，想要获得长远的发展，就一定要有一个稳固的根基。因此在我们走向成功的道路上，要选择好自己的根基，不断巩固自己的根基，以保证自己的长久发展。李渊就是在巩固了自己的根基之后，才决定起兵反隋的。而且巩固了自己的根基，成功的可能性也会随之增大。

李渊起兵之后，决定进取关中，以关中作为自己的根据地谋求发展。攻下长安表示李渊已控制了关中之地的主要权力。这时候的李渊并不急于去扩张更大的地盘，而是把精力放到了对于关中这一片区域的治理和稳固上。

李渊攻取长安后，立即就"以书谕诸郡县，于是东自商洛，南尽巴、蜀，郡县长吏及盗贼渠帅、氐羌酋长，争遣子弟入见请降，有司复书，日以百数。"尽管这样顺利，但河东的屈突通，金城（今甘肃省兰州市）的薛举，仍然直接威胁着长安。因此，怎样对付屈突通和薛举，是急需解决的问题。

李渊西进后，屈突通命尧君素留守河东，自己率军数万人西援长安，但为刘文静所遏，迟迟不能前进，双方在潼关相持一个多月。当他得知长安已被李渊攻破以后，遂留桑显和镇守潼关，自己引兵东向，欲赴洛阳。屈突通刚离潼关，桑显和就投降了刘文静。刘文静派窦琮和桑显和共同追击屈突通，屈突通被俘送往长安，后来也投降了。河东虽然还为尧君素所固守，但这支隋军的力量已是强弩之末，构不成对长安的威胁了。

薛举原是隋朝金城府校尉。隋朝末年，在全国农民起义的影响下，陇右一带也爆发了农民起义。金城令郝瑗命薛举带数千人去镇压农民起义。义宁元年（617年）四月，薛举与其子薛仁果乘机夺取权力，囚禁郡县官吏，"开仓以赈贫乏。自称西秦霸王，建元为秦兴，封仁果为齐公，少子仁越为晋公。"同时，"掠官收马，招集群盗"，扩大其队伍。有一支起义军的领袖名叫宗罗睺，就是被薛举"招集"而加入其队伍，又被"封为义兴公"的。另外，还有羌人锺利俗领导的一支二万人的起义军，也归降了薛举。不久，又攻克袍罕（今甘肃省临夏县东），消灭了隋军一万人。接着，又攻克鄯州（今青海省乐都县）、廓州（今青海省贵德县东）等地，"尽有陇西之地，众至十三万。"

义宁元年（617年）七月，薛举在金城称帝。不久，薛仁果攻克秦州（今甘肃省秦安县西），薛举因西边大败于李轨而迁都于此。十二月，薛仁果又东进扶风（今陕西省凤翔县）。早在大业十年（614年），就有一支唐弼领导的十万人的起义军，占据扶风郡的汧源（今陕西省陇县），并且拥李弘芝做天子，唐弼自称唐王。这时，薛仁果派人招诱唐弼，唐弼先杀了李弘芝，然后率部投降薛举。薛仁果却乘其不备，突然袭击，唐弼仓惶逃往扶风，被扶风太守窦璡所杀，其众完全并入了薛仁果的队伍。这时，薛仁果号称三十万人，准备进攻长安。

薛仁果得知李渊已攻克长安的消息，遂又围攻扶风。这对正要巩固关中的李渊来说，当然是很大的威胁。于是，李渊派李世民于扶风大败薛仁果。

武德元年（618年）七月，薛举又出兵至豳州（今陕西省彬县）、岐州（今陕西省凤翔县）一带，适逢李世民患疟疾，委托刘文静、殷开山主持军务。刘、殷二人由于麻痹轻敌，被薛军打得落花流水，"士卒死者什五六，大将军慕容罗睺、李安远、刘弘基皆没。"八月，薛仁果又进围宁州（今甘肃省宁县），郝瑗又向薛举建议道："今唐兵新破，将帅并擒，京师骚动，可乘胜直取长安。"薛举接受了这个意见，但因为薛举患病，不久即死而未得行动。由此可见，薛举是唐高祖巩固关中最大的威胁。

薛举死后，薛仁果继承其帝位，住在折墌城（今甘肃省泾川县东北），继续与唐为敌。唐高祖又任李世民为元帅，西征薛仁果；同时，另派人赴凉州（今甘肃省武威县）联络李轨，使其从西方给薛仁果形成威胁。

薛仁果叛隋，不仅没有解除广大人民的痛苦，即使在统治阶级内部也很不得人心。他阴险毒辣，残酷异常，"所至多杀人，纳其妻妾。"对于不投降者，"磔于猛火之上，渐割以啗军士。初，拔秦州，悉召富人倒悬之，以醋灌鼻，或杙其下窍，以求金宝。"这样一来，势必"与诸将帅素多有隙。及嗣位，众咸猜惧"。薛仁果内部这样矛盾重重，当然是有利于李世民进兵的。

十一月，李世民兵至高墌（今陕西省长武县北），薛仁果派宗罗睺多次挑战，李世民均置之不理，坚壁不出。相持六十多天，薛仁果军粮用完，其部将梁胡郎即向李世民投降。至此，李世民才认为时机已到，先派梁实率军于浅水原（今陕西省长武县东北）引诱薛仁果，待宗罗睺急攻多日，已经疲惫不堪的时候，李世民率大军出其不意地掩袭而来，"唐兵表里奋击，呼声动地"，宗罗睺溃不成军，被"斩首数千级"。

第六章 李渊对你说人生成败

227

李世民亲率二千骑猛冲直追，直至折墌城下。沿途，薛仁果军多有投降。薛仁果入城拒守，妄图顽抗。由于"守城者争自投下"，军心动摇。薛仁果看到大势已去，只得举城投降了。

东败屈突通，西平薛仁果，唐高祖巩固关中的两大障碍消除了。接下来，李渊将自己的下一个战略目标确定为李轨。

李轨原是隋朝武威（今甘肃省武威县）鹰扬府司马，薛举在金城割据称雄以后，他感到随时有被进攻的可能，于是，他和同郡的曹珍、关谨、梁硕、李赟、安修仁等人密谋，打算割据于武威。义宁元年（617年）七月，李轨自称河西大凉王，署置官属，成为一支不可忽视的势力。不久，薛举派常仲兴率军进攻李轨，李轨派李赟率军迎战于吕松（今甘肃省武威县东南）。经过激战，常仲兴全军覆没，被杀二千人，其余全部被俘。接着，李轨相继攻陷张掖（今甘肃省张掖县）、炖煌（今甘肃省敦煌县东）、西平（今青海省乐都县）、袍罕（今甘肃省临夏县东），尽有河西五郡之地。

武德元年（618年）八月，李渊为了进攻薛举，派人到凉州（武威）联络李轨。李轨非常高兴，派其弟李懋到长安入贡，高祖李渊授李懋大将军头衔，又拜李轨为凉州总管，并封凉王。当唐高祖的册封使节张俟德于第二年二月到达武威以后，李轨虽然已自称皇帝，但曾"欲去帝号，受其封爵"。曹珍劝他说："唐帝关中，凉帝河右，固不相妨。且已为天子，奈何复自贬黜！"听了曹珍的话，李轨又动摇了。遂派邓晓到长安入见李渊，奉书称"皇从弟大凉皇帝臣轨"而表示"不受官爵"。李渊怒不可遏，扣留了邓晓，打算以武力解决李轨。

李轨做了一个河西一隅的皇帝，不惜对唐高祖称臣、称弟，仍然得不到允可。他愿奉唐高祖在长安做他头上的皇帝，唐高祖却不许他做臣属的地区皇帝。这充分说明唐高祖是唯我独尊，决不允许中国有第二个皇帝存在。也就是说，唐高祖是要做全中国的至高无上者，而不做一隅之地的割据者。李轨则鼠目寸光，缺乏政治远见，只求在河西的小天地里称孤道寡，毫无统一全国的打算，这就决定他只能为李渊所统一，别无其他途径。

在封建社会里，任何一个政治集团内部，争权夺利的斗争都是不可避免的。李轨由于缺乏政治远见，不能采取有力措施处理其统治集团内部的矛盾，因而，其内部的矛盾激化了。吏部尚书梁硕和户部尚书安修仁的矛盾更为突出，安修仁联合李轨的儿子李仲琰共同促使李轨杀了梁硕。梁硕是李轨依靠的谋主，杀了梁硕，当然是李轨的一大损失。另外，李轨还迷信神仙，胡人一巫者说："上帝当遣玉女白天而降"。他就"发民筑台以候玉女，劳费甚广"。当"河右饥，人相食"的时候，围绕着是否开仓赈粮的问题，又展开了两派的斗争。结果，李轨采纳了错误的意见，拒不赈济贫困的人民，"由是士民离怨"。这些错综复杂的矛盾，是李轨政权不能久存的内在原因。

当唐高祖已经决定对李轨用兵的时候，安兴贵自告奋勇，愿去说服李轨，归附唐朝。安兴贵是李轨部将安修仁之兄，他想利用安修仁和李轨的关系，前往武威，劝说李轨。他到武威后对李轨说："凉州僻远，人物凋残，胜兵虽余十万，开地不过千里，既无险固，又接蕃戎，……今大唐据有京邑，略定中原，攻必取，战必胜，……今若举河西之地委质事之，即汉家窦融，未足为比。"李轨听了，初是"默然不答"，后则反唇相讥道："彼虽强大，其如予何？君与唐为计，诱引于我，酬彼恩遇耳。"安兴贵既未达目的，又有大祸临头的危险，于是他就一不做，二不休，与其弟安修仁密谋，发动兵变，围攻李轨。这时，李轨内部矛盾重重，互不谐调，从而很快分崩离析，自己也成了俘虏。至此，唐朝又平定了河西。向东进军，也就没有后顾之忧了。这是唐高祖巩固关中的又一步骤。

李渊很懂得基础的重要性，正是依靠着关中这片根基，李渊才能在

后来不断的征战中，于混乱的局势中，取得最后的胜利。

一颗种子，想要发芽，就先要扎下自己的根，而想要长成参天大树，就要相应地扎下更深的根。一栋建筑物，在建立之前，首先要打好基础，而且基础的坚实程度，决定了建筑物能够建立的高度。

有些人在发展的过程中，不注重根基，只看重前方的利益，于是一路向前，最终在遭遇挫折的时候，无所依靠，落得失败的下场。在古代战争中这样的例子比比皆是。明末农民起义军李自成，一路率军转战南北，却一直没有一个根基，流寇主义严重，最终兵败身死。所以我们一定要注意在发展之前打好根基。

根基的确立，还要注意维护，要巩固自己的根基，只有根基稳固，才能发展长远。古时候有一个国君，一直觊觎邻国的土地，想要攻打邻国，以夺取更多的土地。再一次议事中，他提出了要攻打邻国的计划，鉴于国君的暴躁脾气，大臣们都不敢劝阻，并为此感到担忧。其中一个大臣在听到这个消息之后，决定劝阻国君，于是在议事的时候哈哈大笑起来。国君对此感到好奇，想要知道他发笑的原因。于是大臣说道："大王，我并不是取笑大王您的计划，我只是想起了我邻居的事情。我的邻居有一个漂亮的妻子，但是他是个好色之徒，经常出去拈花惹草。一次，在送妻子回娘家的路上，他看到路边有一个漂亮的妇人，就跑过去搭讪，不经意间回头，却发现被自己晾在一边的妻子，正在遭受一个流氓的调戏，这件事难道不好笑吗？"这位君主领悟到了其中的内涵，于是打消了自己的念头，转而开始专心的治理自己的国家。

一个人想要获得成功，就不能太过浮躁，把自己的目标放在空洞的目标之上，而是要稳固了自己的根基之后，再决定自己的发展。只有不断地巩固自己的根基，有了稳固的根基作为支撑，才能够在竞争中获得坚实的支持，立于不败之地，最终走向成功。

做掌控全局的领头羊

　　一个人走向成功，就要掌控全局，不把精力浪费在无谓的事情上，成功的人总是善于做领导者，他指明了方向，其他的让自己的追随者来进行、完成。只有这样，才能够将自己的能力全部发挥出来，获得最大的成功。

　　高祖即位以后，统一全国的战争才刚刚开始，他仍然需要为战争操劳费心。但由于形势的发展，他的地位也起了变化，所以，他不再像从太原向长安进军途中那样，亲自在战场上指挥作战，对每个战役与具体的战术都做周密的安排，而是对统一全国的战争做战略上的原则部署。因此，衡量高祖这一阶段的军事才能，决不能忽视这种历史条件的变化。以致只看到李世民平定薛仁果、李轨，消灭刘武周，攻破洛阳，打败窦建德等的赫赫战功，而看不到高祖为统一全国而做的战略部署。当李世民平东都，获窦建德以后，高祖赐李世民的手诏中说："闻获建德，竟如汝所料，画策者虽吾，平定者汝也。"显然，这既是高祖的自谦之词，也是对李世民的表彰。高祖在自谦之词中认为自己在统一战争中只是起了出谋画策的作用，从而可知李世民是各个战场上的指挥作战者，只是整个统一战争的一个方面的具体执行者。弄清这种关系，就不会只看见李世民等能征善战的将军才能，看不见高祖统一部署全国战争的统帅本领了。其实，李世民自己也承认："重以薛举、武周，世充、

建德，皆上禀睿算，幸而剋定。三数年间，混一区宇。"两人的口气完全一致，都认为高祖是统一战争的全面部署者，李世民是几个战役的具体指挥者。父、子的历史功绩，体现着全体与局部的相互关系。

大业十三年（617年）十一月，高祖进兵长安。这时，他虽然还未正式做皇帝，但已开始进行统一安排，为做统一国家的皇帝做准备了。

十二月，薛仁杲兵围扶风（今陕西凤翔），欲东进长安，高祖遂派李世民率军西向，迎击薛仁果军。同时，又派姜謩，窦轨出散关（在今陕西宝鸡西南），安抚陇右（今甘肃六盘山以西），还命李孝恭招抚山南（秦岭的南，嘉陵江以东，伏中山以西，长江以北），李孝恭自金州（今陕西安康）出巴、蜀，"檄书所至，降服者三十余州。"另外，还曾派张道源招抚山东（函谷关以东）。武德元年（618年）正月，命李建成、李世民率军十余万人进军东都。二月，遣太常卿郑元出兵商洛（今陕西商州东南）、南阳（今河南邓县），另遣左领军司马马元规徇安陆（今湖北安陆）及荆（今湖北江陵）、襄（今湖北襄樊）。四月，用软硬兼施的手段，迫使依靠突厥，割据五原郡（治所在今内蒙古五原南）的张长逊归附。五月，李渊做了皇帝。六月，又遣太仆卿宇文明也招慰山东。十月，诏右翊卫大将军淮安王李神通为山东道安抚大使，黄门侍郎崔民于为副使，山东诸军并受其节度，这时，大规模的统一战争尚未展开，各地农民起义军与割据势力仍在各占一方，称王称帝。也就是说，高祖还没有被视为是全国的皇帝。直到武德三年（620年）八月，王世充还认为"唐帝关中，郑帝河南"，唐军不应当东进。武德四年（621年）三月，唐军已兵临东都的时候，窦建德还要求李世民"退军潼关，返郑侵地"，这都充分说明，武德初年高祖的帝位还未得到全国各地的承认。

高祖的招抚活动是与统一相辅相成的。李孝恭安抚巴、蜀、是为沿江东下，进攻萧铣做准备的，李孝恭就是因献平萧铣之策而受高祖器重的；郑元、马元规分别向南阳、安陆、荆襄一带发展势力，是要在萧铣与王世充两大势力之间扩大自己的影响。李神通等人进兵山东，也并非是为了用武力统一中原与河北广大地区。这是因为：其一，是所率兵力不足，如与宇文化及残余势力在聊城（今山东聊城东北）作战失利，与窦建德农民军作战又全军溃败；其二，是关中尚未巩固，高祖不能派大军增援，李建成、李世民率军东进又迅速撤回就是这种原因。因此，李神通东进的真正目的是宣扬唐军的声威，在窦建德与王世充两大集团之间发展势力，为武力统一山东创造条件。在长安立足未稳的时候，高祖的这些安排，无疑反映了他远大的战略眼光。

在统一战争中，高祖对强大的敌人实行重点进攻，对几支强大敌人之间的分散敌人实行见缝插针，分别消灭。这是高祖军事思想的闪光之处。

李渊所面临的统一任务，是西易东难。不过，西方的对手虽然力量不强，但却虎视眈眈，时刻准备进兵长安。大业十三年（617年）十二月，薛仁果号称三十万人，欲东犯长安，在扶风（今陕西凤翔）被唐军打败。武德元年（618年）八月，薛举又欲乘唐军受挫之机再犯长安，但由于薛举因病而死未能行动。这时，东方的瓦岗军正与王世充进行殊死的战斗，他们都不能考虑西进的问题。刘武周还在太原以北，构不成对关中的威胁，窦建德更没有远图关中的打算。因此，高祖开始先易后难，先西后东的统一战争，这是符合实际情况的。

武德元年（618年）十一月，平薛仁果、武德二年（619年）正月，平河西、执李轨，东进的后顾之忧完全解除。本来，应该东进中原，但武德二年初，刘武周勾结突厥屡次南下，威胁太原。九月，李元吉弃太原而逃，刘武周长驱南下，威胁关中。高祖又不得不于武德二年十一月命李世民率军渡河，回击刘武周。这也是以王世充没有西图关中的打算为前提的。

武德三年（620年）四月，平定了刘武周，燃眉之急的问题都已解决。七月，李世民奉命东进中原。面临唐军压境，王世充还是采取被动的守势。这又说明，高祖先西后东的战略部署是以对当时的全国形势做了正确的分析为基础的。

以上几次大规模的战争，都是在高祖有计划有步骤的安排下进行的。在与这些大规模战争进行的同时，高祖还组织了多处见缝插针的小规模出击。武德元年（618年）十月，正当李世民西进薛仁果时，抚慰使马元规与邓州（治所在今河南邓县）刺史吕子臧也正在进击朱粲。朱粲是一支土匪军的首领，曾称楚帝于冠军（今河南邓县北），最强大时有二十万之众，"剽掠汉、淮之间，迁徙无常，每破州县，食其积粟未尽，复他适，将去，悉焚其余资；又不务稼穑，民馁死者如积。"消灭这样的土匪武装力量，当然有利于全国的统一。但在邓州之战中，因马元轨未能与吕子臧很好地配合，他们均被朱粲军所杀。

不仅如此，就是在大规模战争的间歇阶段，如多次主持重点进攻的李世民正在休整的时候，统一长江中下游的战争还在准备阶段时，见缝插针的军事行动仍然没停止。

武德元年（618年）十一月，李世民刚刚击败薛仁果回到长安。十二月，又被任命为陕东道大行台，蒲州、河北诸府兵马并受节度。但他并未离京，到武德二年（619年）正月，又奉命出镇长春宫（在今陕西大荔东旧朝邑境内）。五月，李世民除了原来的太尉、尚书令、雍州牧、陕东道大行台的头衔未变外，又加上了右武侯大将军、凉州总管职务，一直到十一月去征刘武周的一年时间里，他未出征。就在这时，太常卿郑元于武德元年（618年）十二月大破朱粲于商州（今陕西商州），李神通于武德二年（619年）正月进击宇文化及于魏县（今河北大名西），迫使宇文化及退走聊城（今山东聊城东北）。当年四月，高祖又遣大理卿郎楚之安抚山东，秘书监夏侯端安抚淮左。郎楚之于十月和窦建德作战被俘，后又获释；夏侯端到黎阳（今河南浚县）得到李世勣帮助，"传檄州县，东至于海，南至于淮，二十余州，皆遣使来降。"八月，萧铣遣其将杨道生进攻峡州（今湖北宜昌），被州刺史许绍所败。武德三年（620年）十二月，正当李世民进逼洛阳时，许绍又攻取了萧铣的荆门镇（今湖北荆门）。这时，许绍南与萧铣，北与王世充常有战争。萧铣与王世充，俘获唐军士卒皆杀害，而许绍俘虏萧铣、王世充的士卒则皆"资给遣之"，采用这种政治上的瓦解手段，削弱萧铣、王世充两军的士气，使许绍的地盘逐渐稳定下来。

在王世充与窦建德两大势力之间，有李神通、郎楚之，夏侯端等唐军的活动，在王世充与萧铣两大势力之间，又有许绍的唐军活动。高祖这种见缝插针，乘虚而入的政策，正是大规模军事行动的辅助手段，它必然为大规模的军事行动减少障碍，提供方便。也可以说，重点进攻与见缝插针是相辅相成的。

从太原起兵夺取长安到全国统一，充分显示了高祖的军事思想有许多独到之外。避实攻虚，使其避开了东方强大的敌人，取得了占领关中，夺取隋都的胜利。先西后东，使其巩固了统一全国的根据地关中。全面招抚、重点进攻与见缝插针，取得了统一全国的最后胜利。由此可见，高祖从建国称帝到统一全国的胜利，是其军事思想的胜利。

以上情况，说明高祖在统一全国的战争中已经不是具体战役的指挥者，而是全盘考虑统一战争的战略部署者。明确这一点，就不会把高祖与李世民进行简单地类比，只看到李世民在具体战役中所取得的胜利，而忽视高祖对全国统一战争战略部署的作用，从而认为"高祖所以有天下，皆太宗之功"。这种局部与全体的关系，正是因为高祖与李世民所处的地位不同而其所发挥的作用也不同。事实上，李世民只是指挥并取得了对薛仁果、刘武周、王世充、窦建德战争的胜利，其他战场，还有别人的功劳。例如，对萧铣的战争，武德二年（619年）即开始准备，武德四年（621年）九月，唐军在李孝恭、李靖统率下沿江东下，到武德五年（622年）十月，全部统一长江中游与岭南。武德六年（623年）八月，李孝恭、李靖又沿江东下，镇压了辅公祏起义，统一了长江下游与东南一带。这些都是统一战争的组成部分，都是在高祖统一部署下进行的。

从另一方面说，如果高祖不采取先西后东的战略，而是先战王世充、李密、继而战窦建德，那么，薛举东下长安，刘武周南进关中，都是可能实现的。这样一来，李世民的军事指挥才能也很难充分发挥出来。总之，战略上的成功，是战役上取得胜利的保证和前提。高祖从太原进军长安的胜利，既说明他在具体战役的指挥上以及治军政策上有卓越的才能，也反映了他避开强大农民军与割据势力的锋芒，而乘关中空虚攻取长安的战略成功。

综上所述，高祖在政治上有远见卓识，他不愿割据一方，称王称帝，而要做全国的皇帝。所以，当时只有他能够实行改朝换代，再建统一帝国。他的军事思想是为其政治目的服务的。因而，他做了皇帝以后，千方百计地采用军事征服、政治瓦解、各个击破等手段，消灭政敌，发展自己的势力，最后统一全国。由此可见，高祖确实是一个智勇兼备的政治家、军事家。

李渊自一开始，就懂得不能万事亲力亲为，只要自己能够掌控住大局的走势，其他的问题就交给自己的追随者去完成，正是懂得这种抓大放小的发展思路，才能够有精力掌控大局形势，获得发展的成功。

一个人想要获得成功，就要有一种领袖的气质，让别人追随自己，协助自己走向成功。这样的人首先有一种远见卓识能为自己的追随者指明前进的方向，能在大家茫然无措的时候，找到迷雾中的路标。这就需要有一种超越常人的远见卓识，只有这样，才能将自己的追随者凝聚起来，和自己一起走向成功。

想要获得成功，就要具有掌控全局的意识。在发展的过程中，不需要自己去亲力亲为，只要自己在制定方向路线后，对追随者加以启发，让追随者进行具体的操作。这样的做法能够最大限度地减少工作量，能够集中精力做更多的事，并且这样也能给予下属最大的空间，让他们能自主进行奋斗，无疑是扩大了领袖能力的实战范围。

成功者为了掌控全局还要用自己的乐观与自信去感染周围的每一个人，给他们以勇气和力量。成功人士总能站在"领头羊"的位置，他的价值就是把一群人带动组织起来，为了自己的制定的目标和方向，不断前进。想要获得成功就应该知道，要使追随者能共同奉献于团队的愿景，就必须使目标深植于每一个追随者的心中，必须和每个追随者信守的价值观相一致，否则，就无法激起追随者的这种热情。

如果说团队是一辆载满乘客的巨轮，那么成功人士要做的就是这艘巨轮的船长，他掌控着这艘巨轮远航的命运。成功人士是组织的行动灵魂和精神领袖，这就是成功人士必须要拥有的定位。一个想要获得成功的人必须完成的第一件要事就是为自己明确定位，主动承担自己的责任，时刻牢记并扮演好自己的角色。

目光要放长远

成大事者都是具有远见的人，因为只有把目光盯在远处，才能有大志向、大决心和大行动。那么，远见是一种什么东西呢？远见是我们对于未来的规划，远见是我们奔向未来的方向，远见是我们走向成功的动力。如果李渊没有长远的目光，那么历史上就不会有唐朝数百年的光辉。

关中，历来是兵家必争之地。隋朝末年，关中的地位更显得重要。因为：第一，长安是首都所在，颇有政治影响；第二，隋炀帝建东都，修运河，进攻高丽等劳民伤财、破坏生产的活动，对关中影响较小，因而阶级矛盾比较缓和，可以作为稳定的根据地；第三，面对矛盾尖锐、战火燃烧的山东来说，有黄河、函谷关等险要屏障，进可以攻，退可以守，有利于军事行动。这样一来，当时的关中必然是各家争夺的地方。李渊也把关中作为猎取的目标，也就显得他确有远见了。

大业九年（613年），杨玄感起兵时，李密提出上、中、下三策，就是以进攻关中作为中策的。李密说："关中四塞，天府之国，……若经城勿攻，西入长安，掩其无备，天子虽还，失其襟带。据险临之，固当必克，万全之势。"当杨玄感围攻东都失败的时候，李子雄也建议道："不如直入关中，开永丰仓以赈贫乏，三辅可指麾而定。据有府库，东面而争天下，此亦霸王之业。"杨玄感虽然最后采纳了这个建议，但已为时太晚。

义宁元年（617年）五月，正当李渊积极策划起兵，瓦岗军围攻东都不下的时候，柴孝和向李密建议道："秦地阻山带河，西楚背之而亡，汉高都之而霸。如愚意者，令仁基守回洛，翟让守洛口，明公亲简精锐，西袭长安，……既克京邑，业固兵强，方更长驱崤函，扫荡东洛，传檄指捴，天下可定。但今英雄竞起，实恐他人我先，一朝失之，噬脐何及！"在这方面，李密优柔寡断，缺乏远见，以其部下都是山东人，见洛阳未下，不会随其西进为理由，贻误了战机，把进军关中的机会轻易让给李渊了。

武德四年（621年），当河北起义军的领袖窦建德与李世民率领的唐军相持于武牢（虎牢）的时候，凌敬又向窦建德建议道："大王悉兵济河，攻取怀州、河阳，使重将守之，更鸣鼓建旗，逾太行，入上党，徇汾、晋，趣蒲津，如此有三利：一则蹈无人之境，取胜可以万全；二则拓地收众，形势益强；三则关中震骇，郑围自解。为今之策，无以易此。"如果窦建德威胁关中，就可以使唐军后撤，以解洛阳之围。可见唐视关中为有关国家安危之地，这也说明关中地位的重要。但这种"无以易此"的策略，却也未得到窦建德的重视，因而他不仅失败了，同时也为李世民对东都王世充之战的胜利提供了条件。

在进取关中的问题上，李渊比杨玄感、李密、窦建德等人都显得善于捕捉战机，更有远见。李渊改朝换代成功，与此有重要关系。这也说明，李渊是封建时代的政治家。

公元617年九月下旬，李渊已经从太原打进了关中。现在，李渊已经进入他梦寐以求的关中大地，古往今来，多少王朝在这里兴起，那么李渊是否也能如愿以偿呢？李渊自然满怀希望，不过，他还需要拼搏努力，才能证明自己。

关中虽然是隋王朝的国都所在地，但由于隋炀帝一系列倒行逆施的政策所致，致使反隋力量比比皆是。李渊一踏上关中大地，就发现隋朝已经到了土崩瓦解的时刻，改朝换代是必然之势了，他暗自庆幸自己选择了起兵反隋，更为选择了夺取关中的战略方针而兴奋。不等李渊义军全部集合完毕，隋朝的冯翊太守萧造就率领所属官吏前来投降。李渊正想派兵去取永丰仓，守卫永丰仓的隋华阴县令李孝常派妹夫宝轨前来联系归顺。李渊住进隋朝邑长春宫后，"三秦士庶，衣冠子弟，郡县长吏，豪族弟兄，老幼相携，来者如市。"李渊自己也以为自己是天命所归的圣人了，连忙命令以少牢形式祭祀黄河，又对前来归顺的关中父老说了一番将要济世救民的豪言壮语。如《大唐创业起居注》卷二所载：

义旗济河，关中响应。辕门辐凑，赴者如归。五陵豪杰，三辅冠盖，公卿将相之绪余，侠少良家之子弟，从吾投刺，成畏后时。扼腕连镳，争求立效。縻之好爵，以永今朝。关中降者听后更为高兴，纷纷说："这才是真命天子说的话。他来得太晚了！"李渊见关中形势比自

己想象的要好得多，就让李建成率领刘文静、王长谐、姜宝谊、窦琮等数万人驻扎在永丰仓，把守潼关，防止屈突通进军关中援救。命令李世民率领刘弘基、长孙顺德、杨毛等人和数万军队，沿着高陵道，去进攻泾阳、云阳、武功、周至、户县，为进攻长安扫清障碍。

李世民领命单独率领大军出征，在泾阳消灭了不肯归顺李渊的胡人刘鹞子领导的农民起义军，当他进军到户县、周至等地时，意外地与李神通、平阳公主等亲戚率领的军队会合。

李神通是李渊的从弟，他的父亲也就是李渊的叔叔李亮，在隋文帝执政时做过隋朝的海州刺史。平阳公主是李渊和窦皇后所生的第三女，也就是柴绍的妻子。在得到李渊起兵的消息之后，两个人分别发展自己的势力，此时都具有很雄厚的力量。李渊还有一个女婿名叫段纶，他在陕西蓝田一带活动，等到李渊大军入关中，他这支军队也达到1万余人。

李渊进入关中后，李神通、平阳公主、段纶所领导的义军全部加入到李渊所派出的李世民所率领的队伍里，李世民麾下一下有了13万军队，足够与长安的隋朝统治者交锋了。

李世民西进不断获胜的捷报传到驻扎在永丰仓的李渊、李建成父子那里，这父子二人全都坐不住了。李渊见屈突通并没有马上派兵来攻打潼关，而是留在河东看动静，立刻抓住这一有利时机，和李建成一道率领义军主力进军长安，并且在这一年的十月在长安东门外宿营，准备对长安城发动攻击。李世民也率领沿途收编来的军队逼近长安城郊。两支军队加起来有20多万人，这在当时的全国各地义军中，也算是比较有实力的。

面对李渊已兵临城下的形势，隋朝代王杨侑一下子失去了主张。按照隋炀帝去江都时的规定，辅佐代王杨侑的京师留守是刑部尚书兼京兆内史卫玄、左翊卫将军阴世师、京兆郡丞骨仪这三个人。

公元617年十一月，李渊所率领的起义军开始进攻隋朝国都长安。李渊命令李建成负责攻打东、南两个方向，李世民负责西、北两个方向，他自己在春明门外坐镇指挥。在士兵准备好了攻城器械后，他还特别下了一道命令，以示他对隋朝的"忠诚"。他说："弘弩长戟，吾岂不许用之？所冀内外共之，以安天下。斯志不果，此外任诸公从民所欲。然七庙及代王并宗室支戚，不得有一惊犯。有违此者，罪及三族。"义军听到允许攻城的命令后，奋勇争先，那位在李渊北渡黄河时参加李渊义军的关中义军首领孙华就是在进攻长安城时中流矢而亡的。十一月十一日，李建成部所属军头雷永吉率先登城，守城隋军溃散，李渊率领义军进入长安城，实现了他在太原起兵时制定的主要作战目标。

李渊入城后，仿效当年汉高祖刘邦进入秦都咸阳的办法，封府库，收图籍，禁止军队抢掠居民的财产。他想当年周文王在这里消灭崇国建立丰京，周武王在这里建立镐京，然后消灭了商王朝，封建天下。秦穆公在这里成为春秋五霸之一，并且在秦王嬴政时，实现统一全国的业绩。秦始皇在这里推行的一系列统一天下的措施，至今还在沿袭使用。刘邦以这里为根据地，打败项羽，建立汉朝。后来王莽篡位，刘秀起兵推翻王莽新朝，建立东汉，虽然把首都放在洛阳，但依然把长安作为国都，每年都到这里来祭祀祖先。魏晋以降，不但汉献帝、晋愍帝在这里短暂停留，刘曜的前赵，苻坚的前秦，姚苌的后秦，还有西魏、北周，都在这里建都。隋文帝在长安改建出大兴城来，正是希望在长安做一番伟大事业，不想碰上隋炀帝这样一个败家子，不守住父亲打出来的家业，到处巡游玩耍，给了天下英雄建功立业的机会。现在，李渊已经掌控了长安，也就是掌握了取隋朝而代之的权力。剩下的事情，只是如何运用好这个权力的问题了。

秦中自古帝王都，李渊现在不禁要庆幸自己战略选择的成功了。虽然，他那统一天下建立新王朝的目标还有待通过艰苦的努力，才能达到。

李渊起兵之后，并没有将自己目光局限在太原这样的小地方，而是放眼天下。按照自己的战略，第一步，他要找一块属于自己的根据地，经过分析，以长远的目光来看，关中是最合适的地方，于是，李渊兵进关中，攻取了长安。

要想成功，不能没有远见，要把目光盯在远处，用远大之志激发自己，并咬紧牙关、握紧拳头，顽强地朝着自己的人生方向走下去。没有这种品性的人，是绝对不可能成大事的，甚至连小事都做不成。

作家乔治·巴纳说："远见是在心中浮现的，将来的事物可能或者应该是什么样子的图画。"

沃尔特·迪斯尼是一个有远见的人。他想象出一个这样的地方：那里想象力比什么都重要，孩子们欢天喜地，全家人可以一起在新世界里探险，小说中的人和故事在生活中出现，触摸得到。

后来这个远见成为了事实，首先是在美国加州迪斯尼乐园，后来又扩展到美国的另一个迪斯尼乐园，还有一个在日本、一个在法国……

没有远见的人看到的只是眼前的、摸得着的东西。而有远见的人看到的则是整个世界。"远见"与一个人的职业无关，货车司机、银行家、大学校长、职员、农民……都可以有远见。世界上最穷的人并不是那些身无分文的乞丐，而是没有远见的人。

根据实际情况，问问自己今后想要干什么，想成就什么，并把它定为你的长远目标。这个目标不能虚无缥缈，也不能太伟大，因为这是需要你努力去实现的，如果不符合实际的目标，就会难以实现，会对你产生负面影响，导致自信心丧失，产生失败感。

树立长远目标是至关重要的，如果没有长远的目标，人们就很容易知足，面对眼前的利益津津乐道，以致于过高估计自己的能力，还以为自己所谓的成功是很容易获得的，根本用不着花大力气。于是，你为自己设定的手到擒来的目标沾沾自喜，久而久之，你就放松了素质的培养和能力的锻炼，聪明才智随之退化。一旦遇到难度更大、要求更高的事情时，你就会无能为力，只能跌足长叹了。

如果你没有长远的目标，会很容易被短暂的挫折所打败，会认为在通往成功道路上的艰难险阻是不可战胜的，所谓的目标只是不可实现的"乌托邦"，因而选择了放弃。实际上，每个人在通往成功的道路上，都不可能一帆风顺，总会遇到各种各样的困难。这些困难有的来自于种种外在的因素，也有的来自你可能遇到的家庭问题、疾病、灾难等无法躲避的意外；还有一些你无法控制的情况等等。如果你目光短浅，就会经不起一时的挫折，甚至怀疑有人在故意阻碍你的道路，从而将怨恨撒在别人身上。这是一种非常有害的情绪，它将成为你前进时的阻碍。其实，没有人能够真正阻碍你，能够阻碍你的人就是你自己。其他因素最多只能让你暂时停下脚步，只有你自己才会让自己永久停下脚步。

有长远目标的人，不会陶醉于眼前的成功，更不会跌倒于暂时的挫折。因为他们懂得，在实现目标的过程中，艰难险阻是在所难免的，如果轻而易举就能实现目标，只能说自己的目标定得太低。试想，如果所有的困难轻易地就被排除得一干二净，还会有人愿意去尝试有意义的事情吗？只要你脚踏实地，一步一个脚印地去处理前进道路上的所有障碍，不久的将来，你一定会顺利到达目的地。